개혁신학과 창의적 목회

최덕성

본문과현장사이

REFORMANDA

제2종교개혁을 지향하는 사람들

www.reformanda.co.kr
www.cosamo.net

머리말

나팔은 분명한 소리를 낼 때 가치를 지닌다. 목회자와 신학자 역시 분명한 소리를 외쳐야 하고, 그 소리는 시의(時宜) 적절해야 한다. 압력과 협박, 음해에도 굴하지 않고 맞서는 신학자와 자기가 옳다고 생각하는 진리를 당당히 외치는 목회자가 자기 시대의 사명을 성실히 감당하고 하나님 나라 건설에 진정으로 이바지할 수 있다.

목회자와 신학자는 교회와 사회가 제기하는 질문들에 대한 합리적·신앙적 답을 창의적으로 제공할 의무를 가지고 있다. 자기 시대와 동떨어지지 않은 목소리를 외쳐야 탁월성을 가질 수 있다. 그런 관점에서 볼 때 바울, 어거스틴, 위클리프, 루터, 칼빈, 찰스 하지, 박형룡, 박윤선은 자기 시대의 사명에 충실한 사람들이었다. 그들이 교회가 직면하는 여러 가지 문제들을 붙잡고 용감하게, 창조적으로 씨름한 덕분에 오늘날까지도 교회에 유익을 주는 많은 지적 유산들이 남아 있다.

새 천년기가 시작된 오늘날의 한국교회가 직면하고 있는 문제들은 무엇인가? 한국교회 안에는 사도신경을 둘러싼 두 가지 기류가 흐르고 있다. 한편에서는 그것이 로마가톨릭교회의 잔재이므로 프로테스탄트교회는 사용하지 않아야 한다고 주장한다. 이신칭의나 성경관 같은 중요한 교리를 담고 있지 않다고 한다. 다른 한편에서는 교회연합과 일치운동과 관련하여 사도신경이면 고백공동체로 충분하다고 말한다. 사도신경을 교회연합과 일치의 충분조건으로 본다. 신학과 생활과 제도가 어떠하든지 간에 그것을 고백하는 교단, 교파들은 무조건 단일화 해야 한다고 본다.

사도신경을 비교리의 전형(典型)으로, 교회의 연합과 일치의 충분조건으로 보는 것은 그 밖의 신조나 신앙고백서가 불필요하다는 뜻이다. 그러나 보수주의계 장로교회들은 사도신경으로 충분하다고 보지 않는다. 웨스트민스터신앙고백서를 교회의 연합과 일치의 조건으로 본다. 나아가 그것을 가지고 교회의 신앙을 규제하기도 한다.

한국교회는 일제말기에 저지른 과거사와 관련하여 무엇을 어떻게 청산할 것인가에 대해 서로 다른 태도를 보이고 있다. 한편에서는 과거사를 거론하여 덕 볼 게 없다고 생각하고, 다른 한편에서는 수치를 무릅쓰고라도 과거사를 솔직히 시인하고 참회고백을 해야 내일을 향해 건실하게 나아갈 수 있다고 본다.

한국교회 안에는 죄를 공개적으로 참회해야 한다고 말하는 사람들이 있는가 하면 그러한 주장을 하는 사람들을 이단자로 규정하려는 사람들도 있다. 전자는 공중 앞에서 죄를 공개적으로 참회했을 때 유익한 점이 있다고 생각하여 그것을 강변하며, 후자는 공개적인 죄 자백이 신앙공동체에 해를 가져다 주고, 죄를 천편일률적으로 공개적으로 자백하라고 하는 성경적인 근거도 없고 설득력도 없다고 본다.

현대 목회자들의 두드러진 특징 가운데 하나는 교회사 지식과 역사 통찰력의 결여이다. 그들은 교회사 지식이 설교와 목회활동에 그다지 중요하지 않다고 본다. 교회사를 공부하고 신앙선배들의 발자취를 돌아보아야 그들의 성공과 실패를 자신들의 것으로 삼을 수 있다는 점을 고려하지 않는다. '제3의 성경'인 교회사를 교회교육과 설교의 통합성에 필수요소로 여기지 않는다.

공립학교 교정에 세운 단군상 조형물 철폐운동에 대해 한국의 진보주의계 기독교 일각에서는 냉소적인 시각으로 보는 반면에 보수주의계 교회들은 그것을 철거하는 것이 우상숭배를 미리 막는 일이라고 본다.

진보주의계 신학자들은 기독교의 초기 역사들, 곧 그리스도의 성육신, 동정녀 탄생, 대속죽음, 육체부활, 승천 등을 기독교 신앙의 토대가 아니라고 본다. 초기 기독교 공동체가 예수를 종교시장에 상품화하기 위해 그를 '그리스도' 또는 '하나님의 아들'이라고 신화화 하거나 고백한 것으로 보는 신자들도 있다. 예수 부활이 역사적 사실이 아니라는 것이다. 그러나 절대다수의 한국교회의 신자들은 그것들이 실제로 있었던 사건이라고 믿는다. 그렇다면 역사는 과연 기독교 신앙의 토대가 될 수 있는가?

예수를 믿지만 인격성숙이 이루어지지 않는 이유는 무엇인가? 그리스도의 십자가 아래서 신앙발달, 인격성숙이 저절로 이루어지는 것으로 보는 사람이 있는가 하면 그렇지 않다고 보는 사람이 있다. 신앙성숙은 전적으로 하나님의 역사에 맡겨야 하는가 아니면 인간적인 노력이 필요한가?

한국교회의 과제 가운데 하나는 민족 문제이다. 북한은 1990년대 중반에서부터 극심한 식량난을 겪고 있다. 근년에는 다소 나아진 감이 있으나 여전히 굶어 죽는 사람들이 많다. 남녘의 교회들이 보내는 식량이 배고픈 백성들보다는 고위간부나 인민군에게 배급될 뿐이라는 소문도 들린다. 그래서 더이상 지원할 필요가 없다고 하는 사람이 있는가 하면, 동족이 아사(餓死)되는 것만은 막아야 한다고 생각하는 사람도 있다. 굶주린 동포에 대한 기독교인들의 과제는 무엇인가?

한국교회는 교회의 직분을 계급개념으로 이해하는 경향이 있다. 서열개념의 직분 이해, 이대로 좋은가? 기독교 목회자의 모델은 어떻게 변천해 왔으며, 21세기가 요구하는 이상적 목회자 상(像)은 무엇인가? 오늘날에도 교회를 개척하는 것은 필요한가? 새 시대를 위한 창의적인 신학교육은 어떤 형태로 수행되어야 하는가?

이 책은 우리 시대의 교회가 상반된 견해를 보이고 있는 이러한 주제들을 개혁신학의 관점으로 다루어 교회가 새 천년기의 사명을 창의적으로 감당하도록 돕고자 저술했다. 한국교회가 부단히 씨름하고 있는 친일파 전통, 에큐메니칼 운동, 교회관과 교회사관, 개혁주의 신학의 정체성과 활력 등은 다른 책들에서 논의한다.

출간을 격려해 준 동료 교수들과 고려신학회 회원 교수들과 사랑하는 아내에게 감사를 표하는 바이다.

고려신학대학원 교정에서
저자

차례

머리말/ 3
차례/ 7

1. 사도신경은 로마가톨릭교회의 잔재인가?/ 9
2. 교회연합 일치운동의 우상/ 17
3. 사도신경이면 고백공동체로 충분가? / 25
4. 웨스드민스터신앙고백서/ 72
5. 과거사, 무엇을 어떻게 청산할 것인가?/ 97
6. 죄 고백은 공개적으로 해야 하는가?/ 138
7. 교회사 공부와 목회의 통합성/ 156
8. 예수 부활은 역사적 사실인가?/ 177
9. 우상숭배는 나라와 민족을 망친다/ 193
10. 굶주린 동족, 외면할 것인가?/ 204
11. 신앙발달과 인격성숙/ 216
12. 한국교회의 계급적 직분이해/ 244
13. 목회자 모델의 역사/ 257

14. 21세기 목회현장과 창의적 목회/ 279

15. 불타는 전도자와 교회 개척/ 301

16. 창의적 목회자 교육/ 313

17. 개혁교회와 신앙고백공동체/ 333

맺음말: 개혁신학과 창의성/ 341

색인/ 347

1

사도신경은 로마가톨릭교회의 잔재인가?

1. 사도신경 논란

기독교계 일각에는 사도신경(사도신조)의 사용을 거부하는 사람들이 있다. 성경이 말하는 교리들을 사도신경이 충분히 담고 있지 않으며, 로마가톨릭교회의 잔재라는 것이 그 중요한 이유이다. 교황의 교회가 사용하던 것을 종교개혁자들이 버리지 않고 사용했다고 생각한다.

사도신경을 누가 만들었는지 정확히 알 수는 없다. 사도들이 한 가지씩 제시한 것을 합성했다는 말이 전해져 내려오지만 그렇지 않다는 것은 중세학자 로렌조 발라(Lorenzo Valla, 1406-1457)가 이미 밝힌 바 있다. '사도신경'이라는 이름은 고대교회가 사도들과 속사도들의 권위를 중요하게 여기고 가명을 사용하는 일이 흔한 풍습에 따라 붙인 것으로 보인다. 사도신경은 100년경에 그 골격이 잡혔고, 150년경에 지금의 형태로 사용되었다고 한다. 서방교회는 니케아공의회가 만든 신경을 사용해 오다가 '필리오케' 문제로 동방교회와 갈등을 겪으면서 1천년 경부터 다시 사도신경을 사용했다. 사도신경은 '로마신경'이라고도 일컬어진다.

사도신경은 세례문답용이었다. 세례자가 '그대는 천지를 창조하신 하나님 아버지를 믿는가?' 하고 물으면 피세례자가 '예' 하고 답하는 형식에 따라 만들어졌다. 아버지·아들·성령에 대해 신앙고백을 한 것이 오늘날의 형태로 발전한 듯하다.

초대교회는 사도신경을 가지고 정통신학과 이단(영지주의와 몬타누스주의)를 식별했다. 참된 기독교 신앙의 징표(symbol)로 삼았던 것이다. 신조학을 영어로 '심볼릭스'(Symbolics)라고 말하는 것도 이러한 역사적인 배경에서 유래했다. 사도신경의 각 조항은 영지주의를 크게 의식하고 있다. 영지주의자들은 이원론을 핵심으로 하는 헬라사고 양식(mode)에 근거하여 하나님이 물질세계를 창조했다는 것을 거부했다. 실재하는 것은 영적인 세계뿐이며, 하나님의 아들인 진짜 예수 그리스도는 악에 속하는 물질—육체를 가지지 않았다고 믿었다.

사도신경은 물질세계를 포함한 모든 것들이 전능하신 하나님의 통치 아래 있다고 고백한다. 예수 그리스도께서 태어나시고 고난을 당하시고 죽으시고 부활하신 것은 그가 육신을 지녔다는 뜻이다. '거룩한 공회'를 믿는다고 하는 고백은 영지주의와 몬타누스주의를 거부하고 정통교회의 권위를 강조한 것이다.

2. 새 번역 사도신경

한국기독교총연합회와 한국기독교교회협의회(KNCC)는 2004년에 사도신경을 공동으로 번역했다. 당시 필자는 한국기독교총연합회 사도신경 번역위원으로 봉사했다. 한국기독교총연합회 번역팀이 여러 차례 회합을 하여 번역 안을 만들었고, 그것을 가지고 한국기독교교회협의회 위원들과 합석하여 함께 검토했다.

번역팀은 사도신경을 우리말로 번역을 할 때 원문에 충실하면서도 '정중한 현대어 표현'에 맞게 번역하는 원리를 따랐다. 국문학자들을 초빙하여 함께 단어와 문장을 면밀히 검토했다. 이 새 번역문은 이렇다 할 반대가 없으므로 조만간 한국교회 전체가 수용할 것으로 보인다.

사도신경 번역 과정에서 '장사된 지'와 '사흘 만에' 사이에 '지옥(음부)으로 내려가셨다가'를 넣을 것인가 말 것인가 하는 것 때문에 오랫 동안 논의를 했다. '지옥에 내려가셨다'는 문구는 기존 사도신경에는 없지만 750년에 공인된 사도신경의 최종 본문(Forma Recepta)은 포함하고 있을 뿐 아니라 웨스트민스터신앙고백서나 하이델베르크 교리문답에도 같은 내용이 나온다.

번역위원회는 이것을 본문에 넣지 않는 대신에 각주에 "공인된 원문에는 있으나 대다수의 본문에는 없다"는 문구를 삽입하여 설명하기로 했다. 번역위원회가 이 문장을 본문에 넣지 않은 근거는 최종 본문을 포함해 12개의 원문 가운데 3개에만 들어있고 나머지 9개의 원문에는 빠져있다는 것이 있다. 그리고 이 문구에 대한 신학적 해석이 교단마다 다르므로 하나됨에 걸림돌이 되는 것은 피해야 한다는 현실적인 이유가 추가됐다.

한편 '예수가 지옥에 내려갔다'는 그리스도께서 천국과 지옥을 모두 통치하신다는 것을 드러내므로 이 문장을 뺀 것은 하나님을 지옥과 무관하게 만들며, 이원론적인 신앙에 빠지게 할 가능성이 크다고 하는 말도 있었다.

번역 팀은 사도신경을 "나는… (하나님·예수 그리스도·성령을) 믿습니다" 형태로 번역하여 삼위 하나님을 믿는 것이 선명하게 드러나게 했다. 또 '외아들'은 '유일하신 아들'로, '저리로서'는 '거기로부터'로, '공회'는 '공교회'로, '다시 사는 것'은 '부활'로, '영원히 사는 것'은 '영생'으로 번역했다.

'외아들'을 '유일하신 아들'로 바꾼 것은 숫자상 하나밖에 없다는 뜻이 아니라 하나님과의 관계에서 유일함을 나타내기 위함이다. '저리로서'를 '거기로부터'로 바꾼 것은 현대어에 맞게 번역한 것이며, '공회'를 '공교회'로 옮긴 것은 보편적인 교회라는 뜻을 명확히 드러내기 위함이다. 또 '영원히 사는 것'을 '영생'으로 바꾼 것은 구원받은 사람이 끝없는 시간을 사는 것이 아니라 그리스도와 함께 산다는 이유 때문이다.

3. 로마가톨릭교회의 잔재인가?

사도신경은 로마가톨릭교회의 잔재인가? 이단 교리를 반영하거

사도신경[1]

나는 전능하신 아버지 하나님, 천지의 창조주를 믿습니다.

나는 그의 유일하신 아들, 우리 주 예수 그리스도를 믿습니다. 그는 성령으로 잉태되어 동정녀 마리아에게서 나시고, 본디오 빌라도에게 고난을 받아 십자가에 못 박혀 죽으시고, 장사된 지[2] 사흘만에 죽은 자 가운데서 다시 살아나셨으며, 하늘에 오르시어 전능하신 아버지 하나님 우편에 앉아 계시다가, 거기로부터 살아 있는 자와 죽은 자를 심판하러 오십니다.

나는 성령을 믿으며, 거룩한 공교회와 성도의 교제와 죄를 용서 받는 것과 몸의 부활과 영생을 믿습니다. 아멘.

---

[1] '사도신조'로도 번역할 수 있다.
[2] '장사 되시어 지옥에 내려 가신지'가 공인된 원문(Forma Recepta)에는 있으나 대다수 본문에는 없다.

나 강화하는가? '거룩한 공회를 믿으며'로 번역된 원문의 '거룩한 가톨릭교회'는 현대 로마가톨릭교회(the holy catholic church)를 지칭하는 말이 아니다. 사도신경은 비성경적 교리와 미신적 종교 행습과 교황주의로 탈바꿈한 오늘날의 '로마교'가 등장하기 전에 만들어졌다. 동방교회와 서방교회는 1054년에 분리되기까지 보편적인 하나의 교회(a catholic church)를 구성하고 있었다.

사도신경에 나오는 '성도의 교제'는 신자들과 죽은 성자와 교통이 이루어진다고 해석하는 로마가톨릭교회의 교리를 뒷받침하기 위해 만들어진 것이 아니다. 사도신경은 성자 또는 성자숭배 개념이 정립되기 전에 만들어졌다. 종교개혁신학자들은 '가톨릭'이라는 단어를 시간과 공간을 초월하여 존재하는 보편적인 그리스도의 교회를 뜻하는 것으로 이해했다. '죄 사함'을 믿는다고 하는 고백도 사제나 성자가 죄를 사한다는 뜻은 아니다.

사도신경이 구원론과 성경관을 담고 있지 않다고 하여 그것을 평가절하 하는 것은 후대의 시각과 기준으로 옛 고백문을 판단하는 오류이다. 이신득의의 교리, 천국과 지옥, 성경관 등은 사도신경이 만들어진 뒤에, 세월이 많이 지나서 체계화 되었다. 대신 사도신경은 영지주의와 관련하여 초대 기독교인들이 중요하게 여긴 것들을 개괄적으로 고백하고 있다. 그것은 우리가 믿고 고백해야 하는 교회 조항들을 총망라하기 위해 만든 것이 아니다.

사도신경을 만든 교회가 완벽하지 않고 그 교부들이 완전한 인물이 아니라는 점을 들어 그 고백문을 평가절하 하는 사람도 있다. 월북 시인의 작품이라고 하여 즐겨 부르는 동요를 애창하지 말라고 하는 것과 같은, 인신공격(ad hominem)의 오류이다. 오늘날의 교회와 마찬가지로 완전하지 초대교회는 않았다. 진리는 완벽한 교회나 개인에게만 주어지는 것은 아니다. 탁월한 신앙고백문들을 만든 사람들 가운데 아무도 완전한 사람은 없었다.

16세기 종교개혁운동이 전개되기 전에 만들어진 신앙고백 문헌과 신조를 모조리 로마가톨릭교회의 잔재로 보는 논리대로라면 갑파도기아 신학자들이 정리한 삼위일체 교리, 니케아공의회(325)에서부터 칼케돈공의회(451) 사이에 발전한 기독론, 중세수도사 안셀무스가 밝혀 낸 그리스도의 속죄론도 거부해야 한다. 니케아신경, 아타나시우스신경, 서방교회의 교황 레오가 틀을 제시하여 채택된 칼케돈신경도 폐기처분해야 한다. 오렌지공의회(529)가 반펠라기우스주의를 거부한 것과 서방교회의 교회관을 공유했던 어거스틴의 신학도 모두 거부해야 하지 않겠는가!

사도신경은 고내교회가 물려순 탁월한 역사적 고백문헌이다. 보편적인 기독교신앙과 이단사상을 구분하는 어떤 기준은 그때나 지금이나 항상 필요하다. 그 역할을 사도신경이 감당해 왔다. 다. 다양한 교파들과 이단들이 존재하는 상황에서 우리는 '최소한 이것은 고백해야 한다' 고 동의하고 의심하지 않고 대화할 수 있으며 함께 머리를 맞댈 수 있는, 어떤 기준이 필요하다. 사도신경은 오래전부터 자연스럽게 그 역할을 해 왔다. 기독교계 안에 종교다원주의, 자유주의 신학, 포스터모더니즘이 번성하는 오늘날에도 사도신경은 여전히 그러한 구실을 하고 있다.

사도신경을 예배시간에 사용하지 않아야 한다는 말은 그것을 반드시 사용해야 한다고 주장하는 것과 같은 잘못이다. 그것은 세례문답용이었지 예배시간에 암송하려고 만든 것은 아니다. 그러나 예배의 신앙고백적, 교육적 기능을 고려하면 그것을 예배 때 사용하는 것도 무방하다. 장로교회가 예배를 드릴 때 웨스트민스터신앙고백서 전체를 매 예배시간마다 암송할 수도 있을 테지만 그렇게 하기에는 너무 분량이 많다. 사도신경은 삼위일체 중심의 기독교 교리의 핵심을 요점적으로 담고 있다. 간결하여 사용하기에 편리하다. 성경이 가르치는 바를 포괄적으로 제시하지 않는다는 까닭으로 예배에 사용하고 싶지 않다면 그렇게 하면 된다. 개인이나 특정 공동체가 결정할 문제이다.

　이단을 경계하고 로마가톨릭교회의 미신과 비성경적인 잔재를 버린다는 미명 아래 초대교회가 물려준 소중한 신앙고백문을 도외시(度外視)하거나 폄하(貶下)하는 것은 목욕물을 버리려다가 아기까지 버리는 격이다.

2

교회연합 일치운동의 우상

　한국교회는 너무 많이 분열되어 있다. 교회분열은 신자들의 친교를 단절하고 효과적인 선교활동을 방해한다. 교회분열과 교단난립은 어떤 형태로든지 조속히 바로잡아야 할 과제이다.

　근년의 이르러 증후군처럼 일어나는 한국교회의 연합일치운동은 일면 바람직하다. 교회의 하나됨 운동은 기독교인들의 상호 관용의 태도, 다른 사람의 견해를 존중하는 마음, 다양성의 풍요로움을 일깨우는 유익한 면을 갖고 있다.

　그러나 이 운동은 무조건 따라갈 수 없는 심각한 문제점을 갖고 있다. 진보주의와 보수주의를 아우를 수 있는 신학을 창출하려고 하고 세계교회협의회(WCC)가 지향하는 신학적 포용주의를 따르고 있다. 자유주의 신학과 종교다원주의를 포함한 여러 가지 신학사조를 포용하는 '세계교회의 흐름'을 따라가고 있다. 진리에 등을 돌리고 세상지혜와 거짓교사의 가르침에는 마음을 열고 기독교의 신학적 정박지의 이동을 재촉한다.

1. 교회연합일치운동의 방향

교회연합 일치운동에 앞장서는 어느 신학자는 교회 간의 신학의 차이가 연합일치를 거부할 만큼 본질적이고 심각한 것인지 따져보자고 말한다. "오늘의 신학은 교리논쟁의 신학에서 벗어나 다원화 사회에서 대화를 통해 미래를 내다보는 신학이어야 할 것이다"고 한다. "신학이 복음의 해석 작업이라면 항상 새롭고, 시대와 환경에 따라 다양할 수 있음을 인정할 수밖에 없지 않은가? 어찌 함께 부름을 입었음을 알면서 홀로 옳음을 주장하며 남의 소리를 외면해 버릴 수 있을 것인가?"고 말한다.

그는 또 "생명력을 상실한 고답적인 교리지상주의만을 외치고 있지 않은지… 고민해야 한다"고 말한다. 신학적 다양성 수용을 거부하는 정통주의 태도를 '교리지상주의'로 단정하고 지탄한다. 특정 교단이 연합운동의 주류에서 멀리 있는 것과 자유주의계 교회들로 구성된 한국기독교교회협의회(KNCC)의 비가맹교단이라는 점을 안타깝게 여긴다. 세계개혁교회연맹(WARC)에 가입하지 않는 것을 개탄한다. 이러한 발상은 모두 자유주의 신학을 추종하는 에큐메니스트들의 시각과 일치한다.

한국장로교연합회의 모체인 한국장로교협의회는 교단의 총회장들의 이름으로 '교회 일치를 위한 공동선언문'을 발표한 바 있다. 한국의 장로교단들은 신앙의 본질에 해당하는 항목들에 결코 분열될 만큼 의견의 차이를 갖고 있지 않으며, 우선 협의회를 통해 다양성 속에서 일치를 지향하다가 결국은 하나의 한국장로교가 되도록 해야 한다고 표명했다. 다양성 속에서 일치를 모색하다가 종국에 단일 교단으로 통합하도록 한다는 것이다.

한국장로교연합회의 어느 관련자는 교회가 "과거 분열하는 과정에서 비롯된 허위구조, 즉 정통성 수호라는 미명 아래 교인들에게 강요해 온 모든 허위구조를 과감히 떨쳐버리고 하나가 되기 위해 노력하는 것이 그 어느 때보다 필요하다"고 말한다. "개인구원, 사회구원을 각기 외치면서 교회가 진보, 보수로 나뉘는 것은 원칙적으로 잘못이며," 한국의 진보교회와 보수 교회가 일치하려면 '타협'이 필요하다고 말한다. 보수계 교회들이 "성경만이 유일한 계시다"고 하는 입장을 고수하는 한, 교회일치는 대단히 어렵다고 한다.

한국교회 에큐메니칼 운동에 큰 몫을 담당하고 있는 한국기독교목회자협의회는 보수와 진보를 아우를 수 있는 새로운 신학 수립을 주창하고 있다. '교회화합과 일치를 위한 신학 수립'을 호소한다. 보수신학과 진보신학, 장로교·감리교·성결교·침례교가 가진 다양한 신학과 교리를 포괄할 수 있는 신학을 만들자고 한다. '열린 신학,' '특정 교리에 매이지 않는 신학'을 강조한다. 교회연합 일치운동 단체들은 "신학의 창조적 다양성을 인정하자," "정통신학과 자유주의 신학을 동시에 포용하자," "신학에 대한 고집이 곧 한국교회 일치의 저해요인이다"고 말한다.

세계교회협의회(WCC)는 지난 반세기 동안 다양한 신학과 교리를 수용하는 포용주의(Inclusivism)라고 하는 신학을 만들어 냈다. 모든 종류의 신학을 포용하는 반면에 어느 것도 절대적인 것은 없다고 하면서, 기독교만이 유일한 구원의 길이라는 것을 부정하는 종교다원주의를 공적으로 표방한다.

고대교회의 공의회 운동은 진리를 향해 나아가는 에큐메니칼 운동인 반면에 세계교회협의회를 비롯한 현대교회의 일치운동은 진리를 등지는 운동이다. 전자는 '진리 안에서 일치운동'이고 후자는 진리를 등진 '기구만의 일치운동'이다.

한국교회의 일치운동은 보수주의 신학과 진보주의 신학을 아우르고, 칼빈주의와 알미니우스주의를 뛰어넘고, 사도적 신앙과 탈사도적 신앙을 포용하는 방향으로 나아가고 있다. 보수와 진보를 초월하는 새로운 신학을 생산하려고 한다. 궁극적으로는 기구의 일치─통합을 추구하고 있다. 보수주의계 교단 목회자들도 신앙고백을 전제 조건으로 하지 않는 이 운동에 무조건 가담하고 있다.

2. 한국기독교총연합회와 한국기독교교회협의회의 단일화

한국기독교총연합회는 보수계 62개 교단으로 구성된 에큐메니칼 단체이다. 대정부관계, 대사회관계, 구호사업, 민족사업, 정의실현, 평화, 민족문제, 윤리실천에 관심을 보이고 있다. 교회 자정운동, 가족회복운동, 사회봉사운동, 교회중흥운동을 전개한다. 이 단체의 활동은 진보계 교회들의 연합체인 한국기독교교회협의회가 펼치는 것과 크게 다르지 않다. 공립학교 교정의 단군상 조형물을 철폐하는 운동에 관심을 보이고 있다. 보안법철폐반대운동을 펼치는 것이 다른 점이다.

한국기독교총연합회는 보수계 교회들의 연합체이지만 기대하는 만큼 정통교리, 성경진리에 적극적인 관심을 보이지 않는다. 교리에 느슨한 태도를 보인다. 한국기독교장로회와 대한기독교감리회와 같은 자유주의 신학을 수용하는 교단들까지 받아들이려는 움직임을 보이고 있다. 그러한 교단 인사들에게 설교를 부탁하기도 하고, 자유주의 신학을 용인하는 교단의 인사가 회장직을 맡기도 한다.

한국기독교교회협의회는 대부분 자유주의 신학을 지향하거나 그것에 대해 포용적인 입장을 가진 교회들로 구성되어 있다. 어떤 특정 교리나 법규를 고집하지 않으며 모든 회원교회들이 간직하고 있는 교회의 전통과 경험을 존중하고 인정하면서 사회, 통일, 인권, 평화, 민족문제, 가톨릭교회와의 일치, 시국대책, 노동환경 등에 관심을 드러내고 있다.

한국기독교교회협의회는 1924년에 조선예수교연합공의회로 출범했다. 일제말기에는 신도이데올로기를 '고백'하는 단체였다. 광복 후에도 친일파 인사들이 주도해 왔다. 이 단체는 이단과 오설(誤說)에 대해 완벽하게 침묵하고 있다. 자유주의 신학, 종교다원주의, 세속주의를 포용하고 있다. 세계교회협의회의 한국지부 격 단체이며, 그 단체의 로고를 자신의 로고로 사용한다.

고신교단 총회는 한국기독교총연합회와 한국기독교교회협의회의 단일화를 지지하는 결의를 한 바 있다. 두 단체가 합병하면 고신교단을 포함한 보수계 교회들은 결국 세계교회협의회에 종속될 것이다. 이런 저런 형태로 자유주의 신학, 신신학, 종교혼합주의, 종교다원주의를 포용하게 될 것이다. 주를 사랑하여 바친 교인들의 헌금은 그리스도의 유일성과 기독교의 중추 교리를 불신하는 선교사들을 위해 사용될 것이다. 성경의 권위는 무시되고 다양한 신학사조의 지배를 받게 될 것이다. 미국북장로교회의 좌경화와 그 뒤의 역사가 이러한 사실을 잘 말해 준다.

세계교회협의회의 최종 목표는 로마가톨릭교회의 일치이다. 한국기독교교회협의회도 한국천주교회와의 일치를 위한 연례행사를 가져오고 있다. 한국교회의 연합일치운동의 최종 목표는 로마가톨릭교회와의 단일화이다. 고신교단이 한국기독교총연합회와 세계교회협의회의 기구 단일화를 찬성하기로 결정한 것은 로마가톨릭교회와 통합을 찬성한 것이나 마찬가지이다.

3. 포용주의

종교개혁자 칼빈은 사소한 교리나 도덕의 문제로 교회가 분리하는 것을 잘못이라고 하면서도 우상숭배를 행하는 거짓교회, 중추 교리를 거부하는 집단에서 분리하는 것이 마땅하다고 보았다. 교회라고 하는 이름은 가진 거짓교회가 있다. 그 교회는 거짓교사, 이단자를 용납한다. 그러한 교회와의 교제를 단절하고 성별하는 것이 그리스도와 일치하는 일이다. 이것이 프로테스탄트 정신과 개혁교회관의 핵심이다.

진보계 교회들의 특징은 표리부동이다. 교회의 공적 고백문서는 이단 교리를 명시하지 않으나 거짓교사보다 더 교묘하고 다양한 종류의 자유주의 신학자와 종교다원주의자를 자파 신학교 강단에 세운다. 교회 구성원이 그릇된 교리를 주장해도 제재하지 않고 묵인, 방조한다.

한신대학교의 모 교수는 여호와, 알라, 하늘님이 이름만 다를 뿐 모두 동일한 신이라고 말한다. 등정로(登頂路)가 다를 뿐 정상에 이르는 것은 마찬가지이듯이 기독교, 불교, 도교, 힌두교, 이슬람은 모두 절대자에게 이르는 구원의 길이라고 한다. 한국기독교장로회는 이러한 종교다원주의자를 제재할 의사가 없다. 오히려 그러한 사상을 가진 신학자를 선호하는 것처럼 보인다.

김경재는 장로교 목사로 안수를 받은 사람이다. 이 경우에도 "예수를 믿으면 이미 우리는 하나이다. 성령세례로 모두가 한 몸의 지체가 되어 있다"고 할 것인가?

에큐메니스트들이 자주 인용하는 "성령의 하나 되게 하심을 힘써 지키라"(엡4:3)는 말씀은 기구의 단일화나 포용주의 운동을 의미하지 않는다. 현재 진행되고 있는 한국교회의 연합일치운동에 해당하는 말씀이 아니다. 사도들이 전해 준 복음교리로 하나된 교회에 분열을 가져오는 이단사상과 거짓교사를 경계하고 순수한 복음사역에 더욱 전력할 것을 가르치는 말씀이다.

진리와 오류, 정통과 비정통, 거짓과 참을 하나 되게 하는 일은 헛된 노력이다. 정통신학을 천명하는 교회가 교리, 성경관, 신앙고백을 양보하고 타협을 해야 비로소 연합일치가 가능하다고 보는 것은 배교적인 발상이다. 사도신경을 고백하면 고백공동체로 충분하며 나머지 교리는 사치스런 것이라고 보는, 곧 사도신경이 교회

연합과 일치의 충분조건이라는 것은 사도들의 가르침과 종교개혁 전통에 역행한다.

한국교회의 연합일치운동은 '대사회적 신인도 제고와 영향력 확대'라는 동기로 진행되고 있다. 뭉쳐서 "온 지면에 흩어짐을 면하자"(창11:4)고 한다. 단결하여 기독교의 힘을 과시하자는 것이다. 그리스도적인 동기(진리 안에서의 일치)가 아니라 아볼로적인 동기(개인적인 이유, 인도주의)로 추진되고 있다. 자유주의 신학, 로마가톨릭주의, 신정통주의, 기타 여러 가지 사변신학을 수용하고 신학과 교회의 순수성을 포기하는 탈정통신학으로 치닫고 있다.

한국교회가 교리와 신학에 대한 느슨한 태도를 가진 교회연합 일치운동을 무조건 추종하는 것은 교회를 괴멸시킬 폭탄장착을 허용하는 것과 같다. 같은 신앙을 고백하는 교회들끼리 기구적으로 하나 되는 것은 언제나 바람직하다. 그러나 신앙고백의 조건을 무시한 포용주의에 바탕을 둔 하나 됨 운동은 회칠한 무덤이다. '진리 안에서 일치'가 분명한 조건으로 제시되는 하나 됨만이 그리스도의 인정을 받을 수 있다.

한국교회가 유럽과 미국의 주류 프로테스탄트교회들이 무분별한 교회연합일치운동 때문에 교인수가 추풍낙엽처럼 감소되고 정체성을 상실하고 사회기구(social organ)로 퇴락한 것을 아는지 모르는지, 교회의 본질과 사명과 존재의의가 무엇인가를 알고 있는지, 답답하기만 하다. 필자의 『에큐메니칼 운동과 다원주의』(2005)는 이러한 주제들을 상론한다.

3

사도신경이면 고백공동체로 충분한가?

─이성구 교수의 에큐메니칼 사상 분석*─

이성구 교수(고려신학대학원, 구약신학)는 교회연합과 일치운동과 관련하여 "사도신경을 고백한다면 고백공동체로 충분하다. 나머지 고백들은 사변적 신학이다"고 말한다. 교회의 "연합과 일치의 전제조건으로 고백일치가 선재되어야 하지 않는가" 하는 질문에 대한 답으로 한 말이다. 또 "한국장로교 안에는 자유주의 신학자가 없다고 생각한다"고 하고, 고신교단과 관련하여 "완전주의적 분파주의는 잘못이다"[1]

---

*이 글은 대한예수교장로회(고신) 총회의 요청에 따라 쓴 것이다. 동료 신학자의 사상을 분석하는 난감하고 곤혹스런 작업을 하지 않으면 안 되는 교회의 정황이 원망스럽다. 필자는 교회가 요구하는 것을 거절할 수 없는 처지에 있다. 교회의 방향과 생명력과 직결되어 있는 아주 중요한 주제이고, 한국교회와 고신교단의 신학적 정체성과 신앙노선을 확고히 해야 할 시점에 있기에 기꺼이 응하였다.

고 지탄한다.

　이러한 주장에 이의가 제기되자, 이성구는 위 내용을 보도한 매스컴의 기사가 자신의 말을 "크게 왜곡하거나 유감스러워 보이는 점은 없다"[2]고 말했다. 그리고 자신의 주장을 정당성을 논하는 다섯 편의 해명의 글을 썼다.[3] "이제 우리는 한국교회의 분열에 좀 더 책임을 느끼고… 교회의 나아갈 방향을 제대로 설정할 수 있도록 기도하자. 우리 신학교와 교수들이 교회의 분열에 자주 그 도구가 된 신학교와 신학자들의 전통을 벗어나 연합과 일치를 이루는 신학적 토대를 제공하는 선구적 사명을 다하도록 기도하자"[4]고 한다. "신학을 통한 교회연합과 일치운동의 길을 모색해 낼 것"[5]과 "자신의 관점이나 주장을 절대화하려는 유혹에서 벗어나 보편적인 하나님의 교회를 세우는 작업에 일조할 수 있는 교단이 되도록 신학적 작업을 선도하자"[6]고 한다.

　이와 관련하여 이성구는 보수와 진보라고 신학의 양극화 현상이 사라지고 있으며, 신학적 다양성을 인정해야 한다고 말한다. 성경론이 과연 어디까지 영향을 끼쳐야 하는가, 신학자들이 대단히 위험하다고 여기는 신학적인 차이가 과연 교회를 분리할 만큼 심각한 것인가 하고 반문한다.

　이러한 주장들은 자유주의 신학자들의 사상을 반영한다. 종교다원주의, 포용주의, 신앙무차별주의(Indifferentism)에 입각한 현대 에큐메니칼 운동과 일치한다. 이성구의 에큐메니칼 사상은 자유주의 에큐메니즘과 정확하게 일치하는 반면에 역사적 기독교, 특히 전통적인 개혁주의 신학과 상반된다. 그의 사상은 고신교단의 신학적 정박지(碇泊地)를 위협하며 신앙고백을 부정하는 것으로 보인다.

1. 사도신경을 고백하면 고백공동체로 충분한가?

한국의 보수계 장로교회들과 마찬가지로, 고신교단은 지난 반세기 동안 칼빈주의라고도 하는 개혁주의 신앙노선을 지향해 왔다. 성경관(무오성, 완전영감, 유기적 영감), 예정론, 하나님의 주권사상, 언약신학, '오직은혜,' '오직성경,' '오직믿음,' 개혁교회론, 칼빈주의 문화관 등을 표방해 왔다. 장로교 정치원리, 권징조례, 예배모범을 중요하게 여기고, 계시의존 신학, 인간의 전적 부패, 이신칭의, 칼빈주의 5대 교리, 개혁교회의 3대 표지, 개혁주의 성령론을 수납해 왔다. 웨스트민스터신앙고백[서]와 대·소교리문답으로 신앙을 고백해 왔다.

그런데 이성구는 "사도신경을 고백한다면 고백공동체로 충분하다. 나머지 고백들은 사변적 신학이다"고 말한다. 사도신경이 교회연합과 교단통합, 교파통합의 충분조건이라고 본다. '사변적'이란 '생각으로 도리를 변별하는 것'을 뜻한다. 사변적 신학이란 덧없는 신념체계 혹은 이론에 지나지 않는 신학사상이라는 뜻이다. 이 말은 교회의 연합과 일

---

[1] "이성구 교수 '내 혈관에는 개혁주의 피 흐른다'," 『뉴스앤조이』 (2003.11.25).
[2] 이성구, "이승미 교수의 질문에 대한 대답과 논의 과제" (2003.12.29.).
[3] "이승미 교수의 질문에 대한 대답과 논의 과제" (2003.12.29.); "질의서" (2004.3.19.); "이승미 교수의 '해명'에 대한 대답과 질문" (2004.4.7.); "뉴스앤조이 기사 의문점에 대한 해명" (2004.4.27.); 이성구, "이승미 교수가 열거하는 주장에 대한 반론"(총회 신학위원회에 제출한 소명서, 2004).
[4] 이성구, "하나의 교회로 나아가자," (2000.6.14.), www.kts.ac.kr 자료실.
[5] 이성구, "한국교회연합운동과 고신," 『기독교보』 (2002.9.4.).
[6] 이성구, "뉴스앤조이 기사의 의문점에 대한 해명" (2003.4.27.).

치가 방해를 받아서는 안된다는 뜻으로 한 것이므로 사도신경 외의 신학적 주지(主旨)들, 예컨대 칼빈주의 성경관, 예정론, 이신칭의, 전적부패 교리, 은총론, 5대 구원교리, 개혁교회 3대 표지 등을 염두에 두고 말한 것으로 풀이된다.

　이성구가 사도신경 외의 고백들을 '사변적 신학'으로 단정하는 것은 세 가지 뜻을 담은 것으로 해석된다. (1) 개혁교회와 장로교회가 그 동안 고백해 온 것과 고신교단이 지난 반세기 동안 믿어 온 교리. 특히 성경관은 한낱 이론에 지나지 않는다. (2) 역사적 개혁주의 신앙고백인 웨스트민스터신앙고백과 대·소교리문답이나 하이델베르크교리문답과 벨직신경 등은 사변적인 것에 지나지 않는다. (3) 그리스정교회와 로마가톨릭교회도 사도신경을 고백하므로 고신교단이 그 교회들과 일치할 수 있다.

　이성구는 고신교단과 로마가톨릭교회의 일치가 가능한가 하는 질문이 제기되자 "대답을 하기에 앞서 분명히 할 사[항]을 우선 살펴보자"고 하면서 사도신경을 고백한다면 어느 집단과도 연합이나 일치를 거부할 까닭이 없다고 한다. 사도신경의 유래, 사도신경과 웨스트민스터신앙고백서의 차이, 칼빈의 『기독교강요』의 순서 등을 언급한 뒤에 "장로교회의 고백과 감리교회나 다른 교회의 고백이 무엇이 다르며, 왜 다른 교회의 고백이 거부되어야 하는가? …사도신경을 고백하는 자들과의 연합과 일치를 반대할 이유가 없다…. 교회연합에 그[사도신경] 이상의 어떤 신학적 조건이 필요한가"[7] 하고 말한다. 이러한 발상은 그가 호감을 가지고 있는 세계교회협의회(WCC)와 한국기독교교회협의회(KNCC)가 로마가톨릭교회와 하나됨을 추진하고 있는 것과 일치한다.

이성구는 "사도신경을 고백한다면 고백공동체로 충분하다"는 말에 이의가 제기되자 자신의 그 주장이 교회의 일치가 아니라 연합에 대한 것이라고 해명한다.[8] 연합과 일치를 나누면서 사도신경을 고백하는 것 외에 성도간의 '연합'에 그 어떤 조건도 필요치 않다고 말한다. 그러나 과연 '일치'가 아닌 '연합'만을 두고 한 말인가?

이성구는 '한국장로교대회'의 '연합과 일치분과' 주관으로 열린 '교회의 연합과 일치에 관한 포럼'(한신교회당, 2000.6.14.)에서 "하나의 한국교회로 나아가자"는 제목의 연설을 했다. 그 내용을 고려신학대학원 새벽기도회 시간에도 발표한 바 있다.[9] 그는 줄곧 한국교회의 연합뿐만이 아니라 일치를 주창해 왔다.

이성구는 장로교 기장 창립 50주년 희년 행사로 개최된 '하나의 교회를 위한 한국교회 대토론회'(2003.6.9.) 석상에서 "예장 고신은 신사참배문제로 갈라져 나왔지만 현재 신사참배 반대 혹은 찬성한 당사자들이 모두 사라진 시점에서 더 이상 분열의 명분은 존재하지 않는다…, 이제 새 판을 짜야할 시기다"[10]고 말했다. "나는 이유여하를 막론하고 한국장로교회 분열의 시발점이 된 고신교회가 결자해지(結者解之)의 심정으로 교회 연합과 일치운동의 선봉에 서야 한다고 믿고 있다"[11]고 말

---

[7]이성구, "질의서" (2004.3.19.).
[8]이성구, "뉴스앤조이 기사의 의문점에 대한 해명" (2003.4.27.).
[9]이성구, "하나의 교회로 나아가자"(2000.6.14.). 고려신학대학원[이성구] 홈페이지. 고려신학대학원 새벽기도회의 설교문이다. 이 설교문에서 그가 말하는 "우리의 입장"은 고신교단의 입장이란 뜻으로 보인다. 그가 어떤 절차를 "우리의 입장"을 알게 되고, 도 고신교단의 대표성을 가졌는가는 알 수 없다.
[10]"보수도 진보도 '교회일치' 원칙적 '찬성'," 『뉴스앤조이』 (2003.6.10.).
[11]앞의 글.

했다. 이성구가 말하는 '새 판짜기'는 연합이 아니라 일치행위이다.

이성구가 적극 지지하는 한국장로교협의회는 회원 교단장들의 이름으로 '교회일치를 위한 공동선언문'(1993.5.)을 발표한 바 있다. 이 선언문은 한국교회의 분열에 신학적 정당성이 없다고 선언하고, 장로교단들이 궁극적으로 하나로 통합되어야 한다고 표명한다. "우리 한국의 장로교단들은 신앙의 본질적인 항목들에 있어서 결코 분열될 만큼 의견의 차이를 갖고 있는 것은 아닙니다. 우리의 남은 문제는 우선 협의회를 통하여 다양성 속에서 일치를 지향해야 하고, 결국은 하나의 한국 장로교가 되도록 해야 할 것입니다"[12]고 한다. 한국장로교계의 에큐메니칼 운동은 연합만이 아니라 가시적 일치, 곧 교단통합을 목표로 하고 있다.

한편, 한국기독교교회협의회와 한국기독교총연합회의 대표자 18인 위원회는 "한국교회 연합운동의 역사와 정신을 계승"할 것을 천명하고, 한국기독교교회협의회와 한국기독교총연합회의 단일화를 추진하고 있다. 이성구는 2003년과 2004년에 이 단체의 "한국교회 연합을 위한 모임 실무 9인위원회"의 서기로 활동했다. 그는 기장의 권오성 목사와 함께 "한국교회 연합을 위한 선언 전문(前文) 및 기본 원칙"을 작성하여 18인 위원회에 제출했다. "한국교회 연합을 위한 기본원칙"은 "다양성 속의 일치를 지향하며… 하나의 연합기구의 조직은 한국교회 연합운동의 목적이거나 최종 결과가 아니라 시작이며, 분열된 교회들의 연합, 건전한 신학교육을 통한 한국교회의 궁극적인 일치를 지향한다"[13]고 선언한다.

연합과 일치는 바늘과 실의 관계이며 동전의 양면과 같다. 이성구가 주도적인 인물 가운데 한 사람으로 활약하고 있는 한국교회 연합일치운동은 교단, 교파 단일화를 목표로 나아가고 있다. 그러므로 "사도신경이면… 충분하다"고 한 말이 '일치'가 아닌 '연합'만을 두고 한 말이라는 것은 사실과 다른, 구차한 변명으로 보인다.

사도신경을 고백한다고 하여 건전성을 가진 교회라고 단정할 수 없다. 독일고백교회는 나치 치하의 독일교회가 불의와 야합하는 데에 대항하여 '바르멘신학선언'(1934)이라는 고백문서를 작성하여 선포했다. 신사참배거부운동교회는 한국교회가 우상숭배를 강요하고 백귀난행을 저지를 때 '장로교인 언약'(1940)이라는 고백문서를 만들어 배교하는 교회에 저항하는 까닭이 무엇인가를 밝혔다. 나치 치하의 독일교회나 일제말기의 한국교회는 각각 사도신경을 고백하고 있었지만, 우상숭배를 행하는 교회, 배교하는 교회, 그리스도의 교회의 보편성을 상실한 교회였다. 그리스정교회와 로마가톨릭교회도 그것을 고백한다. 프로테스탄트교회가 이단 혹은 불건전한 기독교 집단으로 여기는 '교회'들 가운데는 사도신경을 고백하는 그룹들이 있다.

사도신경은 귀중한 역사적 신앙고백문이다. 개혁주의 전통은 사도신

---

12 이성구, "하나되게 하신 것을 힘써 지키라: 5개 장로교단 총회장 공동선언문,"『기독교연합신문』(1993.5.30.); "'하나된 장로교' 향한 첫걸음,"『크리스챤 신문』(1993.5.29.). 세계교회협의회 중앙위원 박종화 목사는 "그 동안 에큐메니칼 운동이 에반젤리칼[복음주의] 운동과 대립 구도로 자리 매김되는 축소된 위상을 지녀왔으나 이런 이분법적 구도는 신학적이라기보다는 심화된 상태의 '적대적 냉전 구조'에서 파생되고 강화된 현상이다"고 말했다(박종화, "교회일치운동의 역사와 현황,"『교회연합신문』, 2000.2.13., 8). 자유주의 교회들은 자신들의 신학은 포기하지 않으면서도 보수계가 진리에 대한 민감성을 가진 것을 적대적 냉전구조의 산물이라고 지탄한다.

13 "한국교회 연합을 위한 기본원칙," 한국교회연합을 위한 교단장협의회 제4차 정기총회 자료 (2004.12.2.).

경을 "믿을 만한 기독교 신조"(하이델베르크 교리문답 제7문답)로 보고 교의학 스펙트럼을 그것을 중심으로 발전, 확대시킨다. 그러나 "믿을 만하다"는 말은 그 내용이 건전하다는 뜻이지 교회연합과 일치에 필요한 충분한 조건을 갖추었다는 뜻은 아니다. 사도신경의 건전성과 교회의 하나됨의 조건은 서로 다른 문제이다. 개혁주의 전통은 사도신경을 교회일치의 충분조건으로 규정하지 않는다. 그것을 고백하는 것만으로 교회의 연합과 일치가 가능하다거나 신앙고백공동체의 하나됨의 조건으로 충분하다고 단정하지 않는다.

사도신경은 기독교인이 믿고 고백해야 할 조항들을 망라하기 위해 또는 교회연합과 일치의 최소한의 조건을 제시하기 위해 만들어진 것이 아니다. 신약성경이 가르치는 "하나됨"의 조건을 담은 고백문이 아니다. 그것은 영지주의(Gnosticism)의 도전에 대항하여 중요한 교리들을 간단히 열거하고 있다. 그러나 선지자들과 사도들이 가르친 교리의 핵심들을 충분히 담고 있지는 않다. 십자가의 도리, 죄의 회개, 이신득의(以信得義), 은혜의 교리를 포함하고 있지 않다. 천국과 지옥, 내세와 상벌, 성경의 권위와 그것의 신적 속성에 대한 언급도 없다.

이성구의 위 주장이 제기하는 더 큰 문제는 '교리'에 대한 부정적 시각이다. 교리란 무엇인가? 바울은 "우리나 혹은 하늘로부터 온 천사라도 우리가 너희에게 전하는 복음 외에 다른 복음을 전하면 저주를 받을 지어다"(갈1:8, 9)고 한다. 바울이 이 말을 할 때 염두에 둔 거짓교사들은 (1) 그리스도를 믿고 (2) 최선을 다하여 하나님의 율법을 지키면 (3) 의롭다함을 받는다고 가르쳤다. 그러나 바울은 (1) 그리스도를 믿어 (2) 하나님 앞에서 의롭다 함을 받고 (3) 율법을 지키기 시작한다고 가르쳤다.

사도신경은 "그리스도가 죽으셨다"고 고백한다. 이는 역사적 사실을 말한다. 그러나 바울은 "그리스도께서 우리의 죄를 대신하여 죽으셨다"고 가르친다. 이것은 교리이다. 그는 교리체계를 제시한 뒤에 "다른 복음을 전하면 저주를 받을 지어다"고 말한다. 교리는 신앙공동체가 믿고 고백한 것을 체계화 한 것이다. 역사적 개혁주의가 표명하는 신앙고백과 교리는 구구절절 성경에 바탕을 두고 있다. 개혁주의 교리는 사변 신학의 산물이 아니라 성경의 가르침을 체계적으로 요약한 것이다.

이성구가 교회연합과 일치와 관련하여 "사도신경이면 고백공동체로 충분하다"고 한 말은 교리를 무시하는 자유주의 신학자들의 시각을 반영한다. "사도신경이면 충분하다"는 말은 자유주의 에큐메니스트들의 상투적인 주장이다. 미국북장로교회의 좌경화와 관련이 있는 자유주의 신학자 호레이스 부쉬넬(Horace Bushnell)은 기독교의 포괄성을 신학 강령으로 삼고서 모든 진리를 통합하고자 했다. "칼빈주의가 알미니우스주의를 받아들이고, 알미니우스주의가 칼빈주의를 받아들이게 하자. […] 좀 더 포괄적이 될수록 우리는 더욱 지혜로워질 것이며, 좀 더 많은 진리를 소유할수록 우리가 통합에 가까워진다는 것을 의심하지 않는다"[14]고 했다. 모든 교파를 해체시켜 마침내 거대한 포괄적 통합을 이루고자 했다. 그는 교회와 교회 사이에 교리적으로 불일치하는 부분이 진리 자체가 아니라 진리에 대한 형식이라고 하면서, 교리지상주의는 배제되어야 한다고 주장했다. 교리, 신조, 신학 때문에 발생하는 분파, 분

---

[14] Horace Bushnell, *Building Eras in Religion* (New York: Charles Scribner's sons, 1881), 289-301.

열은 정당하지 않다고 말했다.15 그는 사도신경이면 연합일치의 조건으로 충분하며, 나머지 교리는 사치라고 보았다. 사도신경은 비교리적 복음의 완전한 본보기이며, 사변적이지 않으며, 순수하게 역사적이며, 교리라고 부르는 범주에 해당하지 않는다고 말했다.

미국북장로교회의 좌경화에 크게 이바지한 외국선교부 총무 로버트 스피어(Robert Speer, 1929년 총회장)는 사도신경을 기독교 통합과 교회일치와 선교의 유일의 토대로 보고 그것을 고백하면 신앙고백공동체의 조건으로 충분하다고 주장했다. 진리가 인간의 언어를 넘어서 존재한다고 보았다. 자유주의 신학에 교회의 문을 열어주었다. 자유주의자들은 기독교의 본질이 교리가 아니라 생활이며, 신조가 신앙과 학문과 사상의 자유를 억압하고 유린한다고 본다. 교리는 교회의 연합과 일치의 방해물이므로, 따라서 비교리의 전형(典型)인 사도신경을 고백하면 고백공동체로 충분하다고 말한다.16

한국장로교연합회의 한 관계자는 "내가 마땅치 않게 여기는 교파도 같은 사도신경을 믿고 있으며… 교리도 크게 다르지 않다"고 하면서 "사도신경을 고백하면 연합과 일치를 마다할 이유가 없다"17고 한다. 이성구가 주도적인 구실을 하고 있는 한국교회의 연합일치운동은 보수와 진보를 아우를 수 있는 새로운 신학을 창출하자고 한다. 신앙고백, 교리, 신조를 연합과 일치를 방해물로 보는 자유주의 신학을 따라 움직이고 있다. 이성구가 사도신경을 교회연합과 일치의 충분조건으로 보는 것은 자유주의 에큐메니칼 신학을, 포용주의, 다원주의, 신앙무차별주의를 바탕으로 하는 에큐메니칼 사상을 고스란히 반영한다.

2. 교리지상주의, 성경론

이성구는 사도신경을 제외한 나머지 교리와 신학이 '사변신학'이라고 한 말에 대한 해명에서 "신학은 시대의 산물이요, 우리의 믿음을 인식하는 인간적인 틀일뿐이다. 여러 가지 역사적 신앙고백서들을 우리가 배우지 않아도 구원에 전혀 문제가 없다. 심지어 신학적인 지식이 없어 구원에 이르지 못하는 경우는 없다. 사도신경 외에 여러 가지 신조를 이야기하고 신앙고백서를 운위하지만, 이 땅의 보통의 그리스도인들이 얼마나 그러한 사실을 알고 있는가?"[18]라고 말한다.

또 교회가 나누어지지 않을 수 없는 교리의 마지노(marginal)선이 무엇인가 하고 묻고, "예수 그리스도와 그를 통한 구원의 확신 문제"라고 스스로 답한다. 종교개혁자들이 생각했던 것처럼, 로마가톨릭교회 신자 가운데도 구원받을 사람이 전혀 없다고 단정하여 말할 수는 없다. 한국교회가 이단으로 규정하는 구원파는 '예수 그리스도를 통한 구원의 확신'을 존재 의의로 삼고 있다. 그렇다고 하여 그 교단과 하나됨을 도모할 것인가? 연합일치의 조건과 구원의 문제가 별개는 아니지만, 우리가 따지는 것은 신앙고백과 관련된 교회의 연합과 일치의 문제이다.

---

[15] Horace Bushnell, *God In Christ, Discourses Delivered at New Haven, etc.* (London: Richard D. Dickinson, Md.), 304.
[16] 최덕성, 『에큐메니칼 운동과 다원주의』 (서울: 본문과현장사이, 2005), 제16장 "사도신경이면 충분한가"에서 상론한다. 박형룡, 『신학난제선평』 상권 (서울: 한국기독교교육연구소, 1978), 41-45를 참고하라.
[17] 『기독교보』 (1997.6.21.)
[18] 이성구, "뉴스앤조이 기사의 의문점에 대한 해명" (2004.4.27.).

자유주의자들이 성경의 권위를 격하시키고 교리를 하찮은 것으로 여기는 배후에는 성경관이 자리 잡고 있다. 그들의 신학에 따르면 성경은 유태 기독교인들의 경험의 변천 과정을 토막토막 써 놓은 것이다. 신학과 신앙고백과 교리와 신학을 시대정신에 맞게 수시로 개조해야 한다. "종교는 교리(dogma)를 전하려는 게 목적이 아니다. 교리는 신앙심을 북돋우기 위하여 동시대가 만들어 놓은 신학적 산물일 뿐이요, 신앙심을 두텁게 하기 위한 수단일 뿐이지 교리 그 자체는 진리도 아니요 하나님의 말씀도 아니다."[19] 이성구가 "역사적 신앙고백서는… 배우지 않아도"라고 말하고, "사도신경 외에 여러 가지 신조를 이야기 하고 신앙고백서를 운운하지만"이라고 하는 말은 기독교의 역사적 신앙고백서들과 교리와 신학을 평가절하 하는 자유주의 신학자들의 발상이다.

이성구는 "성경론이 과연 어디까지 영향을 끼쳐야 하는가? …사실 신학자들이 대단히 위험하다고 여기는 신학적인 차이가 과연 교회를 분리할 만큼 심각한 것인지 다시 생각해 보아야 한다. 오늘의 신학은 교리 논쟁의 신학에서 벗어나 다원화 사회에서 대화를 통해 미래를 내다보는 신학이어야 할 것이다"[20]고 말한다. "신학이 복음의 해석 작업이라면 항상 새롭고, 시대와 환경에 따라 다양할 수 있음을 인정할 수밖에 없지 않은가? 어찌 함께 부름을 입었음을 알면서 홀로 옳음을 주장하며 남의 소리를 외면해 버릴 수 있을 것인가?"[21]라고 지탄한다. 과연 무엇이 이 시대 교회를 위한 신학인지 치열하게 씨름해야 한다고 하면서 "생명력을 상실한 고답적인 교리지상주의만을 외치고 있지나 않은지… 고민해야 한다"[22]고 말한다.

위 주장들에서 드러난 것은 이성구가 (1) 개혁주의 성경론을 그다지 중요한 것으로 여기지 않으며, (2) 다양한 신학을 인정해야 한다고 말하며, (3) 교리를 소중히 여기는 개혁주의 전통을 "생명력을 상실한 고답적인 교리지상주의"라고 지탄한다는 점이다. 이러한 사상은 자유주의 신학자들이 성경론을 과소평가하고, 신학적 다양성을 인정해야 한다고 말하고, 교리지상주의를 질타하는 것과 정확하게 일치한다. 역사적 기독교를 '성경문자주의자,' '교리지상주의,' '엄격한 신조주의'[23]라고 맹렬히 비난하는 자유주의 신학의 발상과 전혀 다르지 않다.

우리는 이성구가 "성경론이 과연 어디까지 영향을 미쳐야 하는가?"라고 하는 말에 특히 주목해야 한다. 개혁신학의 마지막 보루는 성경관이다. 고려신학교의 박윤선 교수는 성경론과 관련하여 "계시의존 사색으로만 구원받음"[24]이라는 이상한 표현을 마다하지 않을 정도로 기독교 신앙에서 성경론이 차지하는 중요성을 강조한다. 박윤선의 시각은 박형룡 박사와 이근삼 박사 등 고려신학교의 교수들의 시각과 일치한다. 이성구의 시각은 박윤선, 박형룡, 이근삼의 시각과 매우 대조적이다.

자유주의 신학을 추종하는 에큐메니스트들은 보수계의 성경론이 연합 일치의 걸림돌이라고 본다. 진보주의를 따르는 교회와 보수주의를 따르는 교회가 일치하려면 타협을 해야 하는 바 보수주의계 교회들이 '성경

---

[19] 이강무, "평화를 부르는 마음," 『뉴스앤조이』 (2000.10.31.).
[20] 이성구, "한국교회연합운동의 역사와 전망," 한국기독교목회협의회 제4회 전국수련회 발표논문 (2002.6.17., 사랑의교회 수양관), 6-7.
[21] 앞의 글, 9.
[22] 앞의 글, 9.
[23] 브래들리 롱필드, 『미국장로교회논쟁』 (서울: 아가페문화사, 1992), 59.
[24] 박윤선, 『성경신학』 (서울: 영음사, 1972), 17.

이 유일한 계시다'고 하는 생각을 버려야 한다고 말한다. 그렇게 하지 않고 그것을 고수하는 한 교회일치가 어렵다고 한다. 교리를 따지면 끝이 없다고 한다. '신학에 대한 고집이 교회일치의 저해요인이라고 한다. "과거에 한국교회가 김재준 목사를 성경론 때문에 이단자처럼 취급한 것은 잘못이다"25고 말한다. 성령론 때문에 교회가 싸움을 하거나 교단을 분리하는 것은 옳지 않다는 말이다.

이성구는 (1) 성경론과 관련하여 "사실 신학자들이 대단히 위험하다고 여기는 신학적인 차이가 과연 교회를 분리할 만큼 심각한 것인지 다시 생각해 보아야 한다"고 한다. (2) 오늘의 신학은 교리논쟁의 신학에서 벗어나야 한다고 한다. (3) 교회가 나누어지지 않을 수 없는 교리의 마지노(marginal)선을 "예수 그리스도와 그를 통한 구원의 확신 문제"로 단정한다. (4) "한국교회 안에는 자유주의자가 없다고 생각한다"고 말한다. 이러한 사상은 고신이 기장과 '새 판짜기'를 하지 못할 이유다고 하는 생각과 성경론 때문에 갈등을 겪은 김재준 교수가 자유주의자가 아니라고 하는 소신을 드러낸 것으로 보인다.

이성구는 개혁주의 성경론, 특히 무오성, 축자영감, 유기영감을 믿는가? 전승된 교리가 없다면 지금 우리의 신앙이 기독교적인지, 비기독교적인지 어떻게 구분할 수 있는가? 기독교 교리를 통하지 않고서 기독교의 생명력인 '그리스도 안에서 당신 자신을 제물로 내어 주신 하나님을 믿는 신앙'이 어떻게 유지될 수 있는가? 교회사는 기독교의 생명력이 정통신학과 교리를 무시하고 새로운 인간적인 비전을 만들어야 생기는 것이 아니라 오히려 전승된 교리와 성경적 신학을 더욱 깊이 이해하고 하나님의 말씀에 따라 시의(時宜) 적절한 창의적 신학을 주조해 낼 때 유지된다는 사실을 가르쳐 준다.

오늘날의 교회는 뛰어난 목회방법과 급변하는 시대 상황에 역동적으로 대처하는 능력과 새롭게 제기되는 질문에 답을 제공하는 창의적 신학활동을 요청한다. 신학자는 교회가 당면한 현실 문제들에 대한 답을 제시하고 다가올 변화에 능동적으로 대처할 수 있는 통찰을 제공해야 한다. 사회, 민족, 전쟁, 핵무기, 도시화, 공해, 인권, 인종차별, 평화 등은 개혁주의 교회들과 신학자들의 관심의 지평을 넓혀야 할 분야이다.

그러나 교회가 자신을 시대에 맞게 계발, 보완해야 할 점이 있다는 것이 역사적 기독교 교리와 신학을 포기해야 하는 것을 뜻하지는 않는다. 사도들이 가르치고 종교개혁자들이 재확인하고 고신교단이 지난 반세기 동안 닻을 내렸던 신학적 정박지를 '고답적인 교리지상주의'로 여기고 시대정신이 넘치는 자유주의 신학 사상에 영혼을 맡겨야 하는 것을 의미하지 않는다. 성경에 충실한 정통신학운동은 생명을 주는 신앙운동이다. 신학자는 미진한 영역을 보완, 개선, 체계화하는 것과 아울러 물려받은 신앙과 신학을 보존, 유지, 전승하는 책무를 지니고 있다.

교리를 중요하게 여기는 고백주의(Confessionalism)는 역사의 한 시점에서 만들어진 신앙고백을 절대시하는 위험성을 담고 있다. 그러나 이 점이 성경에 바탕을 둔 신조, 교리, 신앙고백을 평가절하 해야 할 근거는 아니다. 고백되지 않는 신앙은 죽은 신앙이다. 신앙이 참으로 존재하는 곳에는 언제나 신앙고백이 존재한다. 신앙고백이 없이 그리스도를 믿거나, 공식화된 신조 없이 성경을 완전히 이해할 수 있다고 상상

---

25 『크리스찬신문』(1993.5.1.), 3. 이상의 주장들에 대한 전거(典據)는 졸저, 『에큐메니칼운동과 다원주의』(2005), 제8장, 180-185를 보라.

하는 것은 하나의 신화이다. 신조와 신앙고백은 신자들을 연합시키며 강건하게 한다.[26]

고신교단이 신앙고백문으로 채택한 웨스트민스터신앙고백서와 대·소교리문답은 하나님의 말씀을 체계적으로 간추려 고백한다. 성경과 동등한 권위를 가진 것은 아니지만 우리가 믿고 고백해야 할 바와 교회연합과 일치의 조건을 담고 있다.

에큐메니칼 운동 단체들은 간단한 공적 신앙 문건을 가지고 있으나 그것이 회원의 신앙을 통제하는 기능을 갖고 있지 않는다. 자유주의자들은 신조의 송영(doxological) 기능을 강조하는 반면 규제 기능을 인정하려 하지 않는다.[27] 그러나 역사적 개혁주의 교회들은 교리와 신앙고백 문서에 입각하여 교회 구성원의 신앙을 규제한다. 이것에 따라 권징을 시행한다.

주목할 것은 신학과 교리와 신앙고백의 관계이다. 신학은 신앙고백과 교리를 사유(思惟)하는 학문이다. 신앙고백을 사유하려면 해석학상 특정 관점을 따를 수밖에 없다. 그 관점은 신앙고백을 어떻게 이해하고 해석하는가를 결정한다. 예컨대 신앙이 인간 감정의 순화와 자발성에서 나온다는 관점으로 사유하면 신학은 개인감정의 순화를 위한 학문 이론이 된다. 어떤 관점으로 신앙고백을 사유하는가에 따라 어떤 신학을 가지는가 하는 것이 결정된다. 신학은 사유의 산물이기 때문이다.

"사도신경만 고백하면…" 연합과 일치가 가능하다는 것은 그렇게 말하는 사람이 평소에 교리와 신앙고백들을 어떻게 이해하고 있는가를 시사한다. 교리와 신앙고백은 뗄 수 없는 관계가 있다는 사실을 간과한다. 그는 신앙고백을 가치 있는 것으로 생각하지 않는다. 고신교단이 수용하고 고백하는 개혁주의 신앙고백에 별로 의미를 두고 있지 않다. 무엇보다도 개혁주의 정통신학의 관점에서 그것을 사유하지 않는다.

신학자는 미진한 것을 창의적으로 발전시키는 작업을 하는 동시에 전승된 신앙고백들을 전승된 신학의 관점으로 사유하여 그것을 유지, 보호, 변증, 수호하는 사명을 가지고 있다. 신학자의 과업은 신앙고백과 교리를 신학의 관점에서 사유하는 것이다. 신학교에서 가르치는 신학은 신앙고백으로 결정(結晶)된다.[28] 신학교는 교회의 신앙고백을 따라 가르치고 배우는 곳이다. 신학, 교리, 사도신경에 대한 이성구의 위 주장들은 신앙고백과 신학자의 학문 활동이 어떤 관계에 있어야 하는가 하는 것과 신학자의 책무와 고신교단의 신학적 토대를 무시한다.

3. 세계교회의 흐름에 동참해야 하는가?

현대 에큐메니칼운동의 수제는 '세계교회'(church universal)이다.[29] 에큐메니칼 신학의 아버지 존 매카이(John Mackay)는 세계교회협의회

---

[26]M. Eugene Osterhaven, *Our Confession of Faith* (Grand Rapids: Baker Book House, 1964), 12; 존 헤세링크, 『개혁주의 전통』(서울: 본문과현장사이, 2003), 35-36.
[27]헤세링크, 36를 보라. 학자의 자유로운 사유(思惟)는 창조적 발전의 원동력이지만 해석학은 지식인의 겸손을 요청한다. 세상의 지혜와 철학은 그 어느 것 하나도 온전한 것이 없다. 사상사, 철학사는 오류사(誤謬史)이다. 하나님의 초자연적 계시를 기록한 성경만이 무오한 진리를 담고 있다. 기록된 하나님의 말씀만이 신앙과 행위의 유일한 표준이다. 성경에 근거하지 않은 자유로운 사상은 우둔한 세상지혜(롬1:22)에 불과하다. 자유주의 신학과 현대주의 사상은 상대주의, 주관주의에 기초해 있다. 진리를 자유롭게 사유하고 사상의 다양성을 수용하는 것은 참 진리의 상실을 의미한다.

와 관련하여 교회는 "본질적으로 공동체, 곧 그리스도의 공동체로서, 예수 그리스도와 끊으려고 해도 끊을 수 없는 줄로 굳게 맺어져 있는 영적 실재이다. 이렇게 보면, 세계교회는 예수 그리스도가 그 주(主)로 되어 있는 모든 이들의 교제이다"[30]고 정의한다. 매카이가 언급하는 '세계교회'는 자유주의 신학을 바탕으로 하여 '신학적 다양성'을 포용하고 있다.

자유주의 신학을 수용하거나 추종하는 교회들의 일반적인 특징은 교단의 공적 고백문서가 표명하는 것과 실제 고백이 일치하지 않다는 점이다. 고백문서가 서술하는 것과 상반된 신앙을 가진 구성원을 규제하지 않는다. 교리, 신앙고백, 신학의 중요성을 간과하고 이단자, 적그리스도, 거짓교사와 다를 바 없는 종교다원주의자, 자유주의자, 불가지론자가 교단 신학교에서 가르치는 것을 허용한다. 이런 저런 형태의 자유주의 신학을 용납한다. 이러한 교회들은 대개 교회를 진리의 기둥, 신앙고백공동체로 이해하기보다는 친교(fellowship)나 사회단체(social organ)로 본다.[31]

한신대학교의 김경재 교수는 '유일신 신앙'을 본격 비판하면서, "하나님은 많은 이름을 가졌다"고 한다. '여호와,' '알라,' '하늘님,' '태극,' '도'는 문화 콘텍스트에 따라 표현된 서로 다른 이름이며, 동일한 궁극적 실재라고 한다. 산(山) 정상에 오를 수 있는 등정로(登頂路)는 여럿 있으며, 어느 종교를 통하든지 절대자, 궁극적 실재에 이를 수 있다고 한다. 예수 이름을 듣지 못하고 죽은 "조상을 모두 구원받지 못한 자리로 내몰고 마는 그런 신앙과 신학이론에 안주하는 것은 지독한 종교적 이기심이 아닐 수 없다"[32]고 한다. 그런데도 기장교단은 종교다원주의

자인 그의 신학을 문제 삼지 않으며 그가 신학교에서 가르치는 것을 제재하지 않는다.

역사신학자 존 리이스(John Leith)는 미합중국장로교회(PCUSA)가 직면하고 있는 최대의 위기가 주님께서 그의 제자들에게 질문하신 "너희는 나를 누구라 하느냐?"에 대한 답변을 신약성경처럼 분명하게 할 수 없다는 점이라고 말한다.[33] 자신이 지켜본 미합중국장로교회의 가장 심각한 위기는 다름 아닌 예수 그리스도가 누구인가에 대한 고백이 분명하지 않다는 것이다. 이러한 풍토가 지난 몇 십 년 동안 시행해 온 신학교육이 낳은 재앙이라고 지적한다. 리이스는 미국합중국장로교회 강단에서 예수 그리스도의 복음이 선포되지 않는 현실을 안타깝게 생각하면서 미국인들, 특히 젊은 세대의 미국인들이 가장 듣고자 하는 것은 예수 그리스도의 구원의 복음이라고 말한다.

---

[28]이성구는 신학적 논쟁은 분명한 저술(책, 학술논문, 일정한 기준을 갖춘 잡지)을 근거로 하여 제기하는 것이 상식이라고 하면서 인터넷 매체가 실은 면담기사를 가지고 시비를 거는 것은 센세이셔널리즘을 수용하는 것이라고 한다(이성구, "이승미 교수가 열거하는 주장에 대한 반론"(총회 신학위원회에 제출한 소명서, 2004). 그러나 신학교수의 사상은 논문과 저서만이 아니라 설교, 강연, 강의, 면담, 기타 활동 내용을 통해 드러난다. 총신대학교는 교수들의 다양한 표현이 성경과 교단의 헌법에 명시된 개혁주의 신학사상에 부합하는가 여부를 따져 승진, 재임용, 정년보장을 결정한다. 졸저, 『에큐메니칼 운동과 다원주의』(2005 출간예정), 418-419에서 상론한다.

[29]존 매카이, 『에큐메닉스: 세계교회운동원론』, 민경배 역 (서울: 대한기독교서회, 1966), 62. 영문 부제는 "세계교회학"(The Science of the Church Universal)이다.

[30]앞의 글.

[31]Anders Nygren, This is the Church (Philadelphia: Muhlenberg, 1952), 6. 신신학의 교회관은, 매카이, 54를 보라.

[32]김경재, 『이름 없는 하느님』(서울: 도서출판 삼인, 2002), 13.

[33]Leith, John H. Crisis in the Church: The Plight of Theological Education (Lousville: Westminster John Knox Press, 1997), 114.

캐나다연합교회(UCC)의 총회장 빌 필스 목사는 그리스도의 신성과 육체의 부활을 부인했다. "예수가 하나님께 이르는 유일한 길이라고 믿지 않는다. 예수가 부활했다는 것은 과학적 사실이라고 생각지 않는다"고 말했다. 항의가 빗발치자 그는 85명의 교단 집행위원들을 소집하여 며칠 동안 대책회의를 열었다. 이 회의는 교단의 신학노선과 총회장 신임을 재확인하는 성명서를 발표했다. "캐나다연합교회는 개인 신앙의 다양성을 포용하는 것을 전통으로 삼고 있다…. 총회장의 개인적 신앙고백을 존중한다"[34]고 밝혔다.

미국연합감리교회의 감독 조셉 스프라그(Joseph Sprague)는 2002년 6월 25일에 미국 콜로라도 주 덴버의 아일리프신학교에서 한 강연에서 "나는 예수의 부활을 믿으나 그의 부활이 그의 육체적 몸의 회생(回生)을 포함한다고 믿을 수 없다"고 말했다. "나는 예수가 하나님의 구원의 선물을 위한 유일한 길이라고 주장하는 그리스도 중심적인 배타적 생각들과 의견을 달리 한다…. 나는 다른 종교들이 열등하며 하나님의 영원한 구원 계획 밖에 있다고 혹평하는 것보다 예수의 계시를 나의 삶과 교회생활에서 실천하는 것에 훨씬 더 많은 관심을 가지고 있다…. 십자가 위에서 한 사람의 희생 죽음이 신의 진노를 만족시키는 것으로 묘사하는 대속의 이론을 찬성하지 않는다…. 피의 제사 개념은… 미신이다"[35]고 말했다.

영국국교회(성공회)의 성직자 3분의 1은 예수님의 육체적 부활을 의심하고 2분의 1은 동정녀 탄생을 의심하거나 불신한다고 한다.[36] 호주성공회 목사 존 세퍼드는 예수의 동정녀 탄생, 부활, 승천, 재림 등의 교리가 역사적인 내용이 아니고 하나님의 월등한 권위를 나타내기 위해

쓰인 상징적 이야기이며, 동성애를 죄로 여겨서는 안 된다고 주장한다고 한다.37

위 교회들은 모두 대표적인 '세계교회'들이다. 이 교단들의 공적 고백문서는 이단교리를 담고 있지 않는다. 사도신경을 고백한다. 그러나 모두 고백문서와 실제고백이 일치하지 않는 특징을 가지고 있다. 기독교의 중추 도리를 고백하지 않는 자를 목사와 감독으로 안수하여 세운다. 신약성경이 말하는 이단과 거짓교사의 가르침보다 더 해로운 사상을 가르치는 신학자를 용납한다.38

조선신학교(현 한신대학교)의 김재준 교수는 고려신학교(현 고려신학대학원)에 대해 악평하면서 한국교회가 "전 세계적인 대생명체"와 결별하지 않아야 한다고 말한 바 있다. "정통장로교파의 암약(暗躍)에 대하여 일언(一言)합니다…. 화 있을 진저 외식하는 서기관과 바리새교인들이여" 하면서, "메이첸파의 손에 우리 조선장로교회 전체를 맡긴다는 것은 조신장로교회를 선 세계적인 대 생명체에서 절단하여 일부반도(一部叛徒)에게 붙이는 것이다"39고 말했다.

---

34 *The Christian Press*, New York (1997.12.13.), 1.

35 *Friday Church News Notes* (28 March 2003); *Christian News* (7 April 2003), 3.

36 *Christianity Today* (9 November 2002); *Calvary Contender* (9 December 2002).

37 허순길, "동성애자를 감독으로 세우는 영국교회(성공회)," 『기독교보』 (2003.8.23).

38 미국의 뉴햄프셔주 성공회는 2003년 6월 7일에 동성연애자 진 로빈슨(V. Gene Robinson)을 주교로 선출했다(『기독신문』, 2003.8.6., 17).

39 김재준, "편지에 대신하여," 『조선신학보』 5 (1948.4.23.).

김재준은 또 "저들[메이첸파=고신파]의 기독교는 인격의 종교가 아니라 관념의 종교이며, 성신의 종교가 아니라 책의 종교[이며], 성경적 계시, 교리적 신앙을 표방하고 기독교의 절대성을 성경에 둠과 동시에 성경의 권위는 그 축자적 영감에 두고 이에 부합되지 않는 자는 모조리 교역계에서 축출하려는 실제 운동을 일으킨다"[40]고 했다. 김재준이 말하는 '전 세계적인 대생명체,' 곧 세계교회는 미국북장로교회(현 미합중국장로교회), 캐나다연합교회, 호주장로교회, 스코틀랜드장로교회 등이다.[41] 자유주의 신학을 지향하고 포용주의, 다원주의, 신앙무차별주의의 태도를 지닌 교회들이다. 오늘날 생명력과 정체성을 상실하고 교인 수가 추풍낙엽처럼 떨어지는 교회들이다.

이성구는 연합일치에 대한 논의에서 "우리(고신)가 다른 개혁교회, 다른 개신교회와 다르다면 도대체 우리는 세계교회에 무엇으로 어떻게 공헌하려 하는가? 세계의 흐름과 상관이 없다면 우리가 개혁주의를 외치는 이유와 목적은 무엇인가?"[42]라고 한다. '세계교회,' '다른 개혁교회,' '다른 개신교회,' '보편적인 하나님의 교회'를 강조한다.

우리나라의 장로교회와 감리교회는 초기에 선교사들의 주도로 통합을 시도한 바 있다. 교파주의 교회를 극복하고 단일 한국교회를 건설한다는 동기로 시도했다. 그러나 칼빈주의와 알미니우스주의가 하나 될 수 없다고 하는 사실을 확인하는 것으로 끝났다. 그 시대의 감리교회의 신앙은 상당히 온건했는데도 사도신경을 고백하는 것만으로 교회의 일치를 도모할 수 없다는 것을 확인하고는 무산되었다.

사도신경을 고백하는 한국의 교단들이 연합과 일치에 완전히 성공하여 단일 교회조직으로 통폐합된 적이 있다. 에큐메니칼 운동은 한국의 교단들을 단일화 시켜 일본기독교단에 종속시켰다. '일본기독교조선교단'은 신도교 이데올로기에 바탕을 둔 황민화의 도구로 우상숭배와 민족배신 행각에 열성을 다했다. 유일신 신앙을 배격했다. 그리스도가 왕 중왕이라는 고백을 부정했다. 신도(神道) 정신에 충실한 종교단체였다. 이 친일 에큐메니칼 교단을 이끌던 에큐메니스트들은 광복 뒤에 '하나의 한국교회'의 대명사인 '조선기독교단'이라고 하는 친일잔재 교단을 조직하여 교회권력을 장악하고자 했다. 감리교 측의 탈퇴로 실패하자 이 "교단은 해산되고 그 대신 일정 때의 '조선기독교연합공의회'의 재건 형식으로 탈바꿈하여 1946년 9월 3일에 '조선기독교연합회'가 창립되었다. 여기에는 장로교·감리교·성결교·구세군 그리고 국내의 각 선교부와 교회 기관들이 가입했다.' 이때의 주동 인물들은 물론 남부대회의 간부들이었다."43 이러한 역사를 가진 한국기독교협의회 초대 회장에 화려한 친일전력을 가진 친일파 거두 김관식 목사가 피선되었다.

교회의 진정한 하나됨은 신앙고백과 교리의 일치를 전제로 한다. 바울이 "성령의 하나 되게 하심을 지키라"(엡4:1-6)고 말한 것은 분열된 교회들의 단일화를 독려하는 말이 아니다. 외형적 획일주의 (Uniformity)나 친교(Fellowship)나 가시적 교회(a visible church)를 도모하라는 권고가 아니다. 교파통합이나 교단 '새 판짜기'를 하라는

---

40 앞의 글.
41 존 매카이, 『에큐메닉스』, 민경배 역 (서울: 대한기독교서회, 1966), 62.
42 이성구, "뉴스앤조이 기사 의문점에 대한 해명" (2004.4.27.).
43 전택부, 『한국에큐메니칼운동사』 (서울: 한국기독교교회협의회, 1979), 235. 강문규, "한국 NCC와 에큐메니칼 운동," 『한국교회와 에큐메니칼운동』, 박상증 편 (서울: 대한기독교서회, 1992), 78-79.

말이 아니다.

교회의 통일성(Unity)은 사도들이 전해 준 복음에 대한 일치된 신앙고백에 바탕을 두고 있다. 하나님이 선택하고 그리스도께서 피 흘려 사시고 성령께서 인친 자들의 연합에 기초해 있다. 바울은 "성령의 하나 되게 하심을 힘써 지키라"는 말을 하기 전에 "너희는 사도들과 선지자들의 터 위에 세우심을 입은 자라"(엡2:20)고 한다. 그가 말하는 '사도들과 선지자들'은 그들이 가르친 교훈, 교리를 뜻한다. 바울과 종교개혁자들이 추구했던 '하나의 거룩한 보편적 사도적 교회'는 신앙고백적 단일성을 가진 신앙고백공동체였다.

교회가 분립된 상태로 존재하는 것은 바람직하지 않으나 분열된 상태로 있는 것보다 더 위험하고 유해한 것은 기독교의 존립을 위협하는 신학사상의 교회 유입이다. 난잡한 현대 신학사조에 대한 경계심 없이, 자유주의 신학, 신신학, 에큐메니칼 신학, 종교다원주의 등을 묵인하면서 연합일치를 도모하는 것은 주의 포도원을 여우에게 내어주는 격이 될 뿐이다.

현재의 한국교회의 연합일치운동은 교리와 신앙고백적 전제에 대한 논의 없이 진행되고 있다. 자유주의 신학과 정통신학을 아우를 수 있는 새로운 신학을 만들어 내고자 한다. 이러한 포용주의 움직임에 걸맞게, 이성구는 기존의 "관점이나 주장을 절대화하려는 유혹에서 벗어나 보편적인 하나님의 교회를 세우는 작업에 일조할 수 있는… 신학적 작업"[44]을 재촉하고 있다.

이성구가 구상하는 이러한 신학은 어떤 것일까? 세계교회협의회(WCC)는 지난 반세기 동안 그러한 신학을 만들어냈는데, 한국의 에큐메니스트들이 만들어내고자 하는 신학은 세계교회협의회 관련자들이 생산한 신학 그 이상이 되리라 기대하기 어렵다. "사도신경을 고백하면 고백공동체로 충분하다. 나머지 고백들은 사변신학이다"고 하는 말은 '세계교회'와 세계교회협의회의 다원주의 에큐메니칼 신학, 정통신학과 교리를 사변신학으로 여겨 상대화시키는 포용주의, 다원주의, 신앙무차별주의를 반영한다.

이성구가 "기존 관점이나 주장을 절대화하려는 유혹에서 벗어나자"고 하는 말은 고신교단이 기존 관점이나 주장을 절대화하는 교단이라는 전제를 깔고 있다. 역사적 기독교를 고수하려는 고신교단의 태도가 이성구의 눈에는 "관점이나 주장을 절대화하는" 태도로 비친 것으로 보인다. "보편적인 하나님의 교회를 세우는 작업에 일조할 수 있어야 한다"는 논리는 오히려 자기 자신의 세계관을 절대화하려는 태도를 드러낸다. '세계교회'에 일조하기에 고신교단이 편협하다고 하는 그의 전제는 실상 그렇게 말하는 자신의 편협한 세계관을 반영한다. 왜 그의 눈에는 고신교단이 편협한 교단으로 보일까? 왜 유서 깊은 기독교 신학을 가진 고신교단이야말로 세계 기독교에 진정으로 일조하고 있다고 생각하지는 못할까? 고신교단이 가진 고유한 신앙고백을 버리거나 타협하거나 탈기독교화 하는 것만이 '일조' 하는 것인가? 그가 말하는 '일조'의 기준은 무엇인가?

우리의 의문은 여기서 끝나지 않는다. 이성구는 고신교단이 세계교회에 '일조' 하자면 고유한 신앙고백을 희생시켜야 한다고 보는 까닭이 무

---

44 이성구, "뉴스앤조이 기사의 의문점에 대한 해명"(2004.4.27.).

엇인가? '세계교회'가 고신교단이 지향하는 신학노선 안으로 들어오면 안 되는가? 세계교회라는 거창한 슬로건은 지고의 선(善)인가? 고신교회가 가지고 있는 고유한 신앙고백, 신조, 신학을 포기해야 할 만큼 '세계교회'는 하나님 앞에서 선하고 바람직하고 성경적인가? 세계교회는 성경이 말하는 기독교의 확고한 정체성과 생명력을 가지고 있는가? 남의 밥그릇이 크게 보이는 식의 패배주의, 자학주의의 결과는 아닌가?

4. 세계개혁교회연맹에 가입해야 하는가?

이성구는 고신교단이 세계개혁교회연맹(WARC)에 참여하지 않는 것과 관련하여 "과연 우리가 말하는 개혁주의는 무엇인가? 다른 개혁주의와 얼마나 다른가? 우리가 다른 개혁교회, 다른 개신교회와 다르다면 도대체 우리는 세계교회에 무엇으로 어떻게 공헌하려 하는가? 세계의 흐름과 상관없다면 우리가 개혁주의를 외치는 이유와 목적이 무엇인가?"[45]라고 말한다.

이성구는 자신이 개혁주의자라고 하면서 "나를 비난하는 이와 나의 피 중에 어느 피가 더 개혁주의 요소가 많은지 검사할 수 있다면 그렇게라도 하고 싶다"[46]고 말한다. 그러나 이성구가 이해하는 개혁주의와 고신교단이 이해하는 개혁주의는 같지 않다.

'개혁주의'는 일반적으로 종교개혁 이후 스위스 중심의 개혁파 전통을 따르는 개혁파교회, 장로교회, 회중교회의 신학 전통을 일컫는다. 유럽에서는 비로마가톨릭교회를 지칭하는 용어로 사용되기도 한다. '자유주의 신학의 아버지'로 불리는 프레드리히 슐라이에르마허도 개혁주의자(개혁파 신학자)라고 불리며, 신정통주의자 칼 바르트도 개혁주의 신학자로 일컬어진다. 한편, 자유주의 신학과 신신학(바르트주의)의 위험을 경고하는 미국 웨스트민스터신학교의 그레스앰 메이첸과 코넬리우스 반틸과 국제기독교연합회(ICCC) 총재 칼 매킨타이어도 충실한 개혁주의 신학자이다. 조선신학교(현 한신대학교)의 김재준 교수와 총회신학교(현 총신대학교)의 박형룡 박사도 '개혁주의 신학자'이다.

이성구가 '개혁주의 피' 운운하면서 언급하는 개혁주의는 '세계교회,' '다른 개혁교회,' '다른 개신교회'가 지향하는 자유주의 신학과 신신학계의 개혁주의와 궤를 같이 한다. 한국기독교교회협의회(KNCC), 세계개혁교회연맹, 세계교회협의회와 관련된 자유주의계 계통의 개신교회 또는 개혁교회들, 곧 김재준이 말하는 '전 세계적인 대생명체'와 일치한다.

이러한 논의에서 이성구는 자신이 개혁주의자이므로 자유주의자가 될 수 없다고 하는 논리를 펼친다. 그러나 개혁주의와 자유주의는 상반, 대립되는 신학이 아니다. 개혁주의 안에는 자유주의 노선을 걷는 개혁주의와 역사적 기독교를 지향하는 개혁주의가 있다. 이 둘은 공통분모를 가지고 있으면서도 상호 대립 관계에 있다. 그러므로 개혁주의 서클에 속해 있다는 것을 이유로 자신이 자유주의자가 아니라고 하거나, 자유주의와 개혁주의가 상반, 대립 관계에 있는 것으로 보는 것은 범주착

---

[45] 이성구, "이승미 교수의 질문에 대한 대답과 논의과제" (2003.12.29.).
[46] "이성구 교수 '내 혈관에는 개혁주의 피 흐른다'" (2003.11.25.). 미국장로교회의 좌경화에 크게 기여한 해외선교부 총무 로버트 스피어가 자유주의 신학을 적극 지향하면서도 자신은 정통신앙을 고백한다고 말한 것과 흡사하다. 아래에서 상론한다.

각의 오류이다.

고신교단이 출범과 더불어 발표한 '대한예수교장로회 총노회 발회식 선포문'(1952)[47]은 '개혁주의 신앙운동'을 표명한다. 한국장로교회가 전수받은 개혁주의를 계승한다고 선언한다. 평양에서 마포삼열, 구례인, 박형룡 등이 가르친 개혁주의, 한상동·주남선·손양원 목사가 전수받은 유서 깊은 개혁주의를 계승하고자 한 것이다.

고신교단이 이해하는 개혁주의는 고려신학교의 박윤선 교수와 무관하지 않다. 그는 미국 웨스트민스터신학교의 메이첸과 반틸의 신학 전통에 따라 개혁주의를 소개했다. 박윤선의 가르침을 따라 고신교단은 개혁주의 양대 진영 가운데서 역사적 개혁주의 노선을 따랐다. 개혁파 정통주의, 칼빈주의, 전통적 개혁주의, 개혁주의 정통신학 등으로 일컬어져 온 신학노선을 따랐다. 종교개혁자, 칼빈주의자, 구프린스톤신학자, 웨스트민스터신학자, 평양신학자들이 가르치고 고백하던 신앙을 따르고 있다.

이성구가 말하는 '개혁주의'는 자유주의 신학자들과 신신학자들이 말하는 개혁주의를 지칭한다는 것은 아래의 네 가지 사실에서 명확하게 드러난다. 첫째, 이성구는 고신교단이 연합운동의 주류에서 멀리 떨어져 있으며 한국기독교교회협의회의 비가맹교단이라는 것을 개탄한다. "KNCC 비가맹교단인 고신은 소위 한국교회의 주류 흐름과 상관이 없다고 말해도 크게 틀리지 않는 한계성을 가지고 있다"[48]고 한다. 한국교회가 선교사들 때문에 '억울하게도' '한국기독교회'라는 단일교회로 출범하지 못하고 장로교, 감리교 등 교파교회로 시작했다고 한탄한다. 그러면서 그는 고신교단의 일부 인사들이 각종 연합회 임원으로 활동하는 것을 극찬한다. 고신교단이 지금까지 연합보다는 '교단정신 유지'에 연연하면서 "강단 교류 문제[와 관련하여] 국내외를 막론하고 칼빈주의 보수교단으로 제한하기로 한 것"에 대해 개탄한다. "'본 교단 정신에 맞지 않는 교단은 거부키로' 라는 상당히 부정적인 언어를 덧붙여 연합보다는 고신정신 유지[에 연연했다]"[49]고 비판한다.

둘째, 이성구는 한국기독교교회협의회에 대해 매우 호의적이다. 그는 "1924년부터 한국교회를 대표해 온 자부심을 갖고 있는 KNCC가 이전과 같은 위상과 역할을 갖지 못하고 침체기에 빠져든 듯한 느낌을 주고 있는 것을"[50] 안타깝게 여긴다. "KNCC는 보수주의 교회들이 제대로 알지 못[하고] 우려하는 신학이나 원리를 표방하고 있지 않다"[51]고 강변한다. 이 단체의 역사를 소개하면서 "한국기독교회의 연합사업과 교회일치운동을 에큐메니칼 정신에 따라 한국교회 입장에서 협의하고 실천해 가고 있으며, 특히 남북 기독교의 영적 일치와 민족의 숙원인 평화통일을 위해 남북기독교 대표들 간의 평화통일선교협의회를 해 오고 있으며, 중국, 러시아 등의 해외동포를 포함한 한민족 선교와 세계선교를 위하여 국내의 교회들과 협력하고 있다"[52]고 치하한다. 아울러 이 단체의 목적 다섯 가지를 설명하고, "이에 반하여 한기총(한국기독교총연합

---

[47] 『대한예수교장로회(고신) 제1회 총회록』(1952), 12.
[48] 이성구, "한국교회 연합운동과 고신," 『기독교보』(2002.9.7.).
[49] 앞의 글.
[50] 이성구, "한국교회연합운동의 역사와 전망," 한국기독교목회협의회 제4회 전국수련회 발표논문 (2002.6.17., 사랑의교회 수양관, 고신교단 총회에 제출한 소명자료), 5.
[51] 앞의 글, 5, 각주 5.
[52] 앞의 글.

회)의 목적과 방향을 정확히 밝히고 있는 자료를 접하기가 쉽지 않다"고 꼬집는다. 이성구가 호의를 가진 한국기독교교회협의회는 세계교회협의회의 한국 지부 격인 에큐메니칼 단체이다. 같은 로고(logo)를 사용한다. 이단과 오설에 무관심한 단체이며, 로마가톨릭교회와 일치를 도모하고 있다.

셋째, 이성구는 세계교회협의회에 대해 매우 호의적이다. 한국의 보수계 교단들이 이 단체에 대해 잘못된 인식을 가지고 있다고 강변하면서 "여전히 WCC에 대한 잘못된 인상이 한국보수교단 내에 뿌리 깊은 만큼, WCC의 현재를 정확히 알리고… 왜곡된 사실들을 바로잡는 작업도 필요할 것으로 보인다"[53]고 역설한다. 그는 이 단체가 종교다원주의를 공식 선언하고, 타종교 안에도 성령 하나님의 구원역사가 있다고 선포한 것을 모르고 있는가? 아니면 자신이 현대판 자유주의 신학인 종교다원주의를 선호하기 때문인가?

넷째, 이성구는 고신교단이 세계개혁교회연맹에 가입하지 않는 것을 개탄한다.[54] "본인은 아직 '세계개혁교회연맹'에 왜 참석할 수 없는지 그 이유를 구체적으로 적시한 [고신]교단의 문서를 본 적이 없다. 무엇이 문제인지 말해 줄 수 있는가? 본인은 우리가 참이라면, 이단이 아니라면 누구와도 만나 교제하며 이해의 폭을 넓히고 하나님 나라를 세워가는 작업을 해야 한다고 생각한다"[55]고 말한다.

세계개혁교회연맹은 자유주의계 개혁파 에큐메니칼 단체이다. 1875년에 장로회 체제를 가진 유럽과 아프리카의 개혁교회 연합체로 시작했다가 1970년에 합동 과정을 거쳐 현재의 형태로 바뀌었다. 세계교회협의회와 동일한 에큐메니칼 신학을 지향한다. 그 사무실을 제네바에 있는 세계교회협의회 사무실 곁에 두고 있을 정도로 두 단체는 밀접하며, 한 계통이다.

세계개혁교회연맹은 프로테스탄트 교회 일각에서 이단으로 여기는 안식교와 일치를 위한 대화를 하고 있다('세계개혁교회연맹과 안식교의 일치대화 보고서'를 보라. www.reformanda.co.kr '신학정보'). 이 단체는 로마가톨릭교회, 세계교회협의회, 세계루터파교회협의회(LWF)와의 연합과 일치를 모색하고 있다. 성경무오성을 부정하는 기독교 단체도 회원으로 가입시키고 있다. 교리를 벗어나 공동교회를 이루어야 한다고 하고 사회, 정치, 화해, 평등, 대화, 인도주의, 교제, 경제적 불평등 해소 등에 관심을 기울인다. 신앙고백의 일치보다 제도의 연합과 일치를 우선시 한다. "세계의 모든 종교들과 문화를 수용하는 폭넓은 개념의 교회"[56]를 지향한다. "우리는 특히 많은 교회들이 자신들을 깨닫고 있는 다종교의 상황에서 다른 종교에 대하여 우리 자신의 문을 열고 대화를 시작하고 실제적 협력을 실행하는 것이 필요하다"[57]고 한다.

장로교 기장과 통합은 여러 해 전부터 이 단체의 회원교회로 활동해

---

[53]앞의 글, 8.
[54]이성구, "이승미 교수의 질문에 대한 대답과 논의과제" (2003.12.29.).
[55]이성구, "이승미 교수의 '해명'에 대한 대답과 질문" (2004.4.7.).
[56]"A larger household of God, a broader OIKOUMENE to which renascent world religions and cultures belong."[56]"A larger household of God, a broader OIKOUMENE to which renascent world religions and cultures belong."
[57]Milan Opocensky가 World Alliance of Reformed Churches 회칙 제28, 29, 30을 요약하여 제23회 총회, Hungary, 1997에서 행한 연설문에 담겨 있다. Paric Reamonn, ed., *Break the Chains of Injusticue* (Geneva: World Alliance of Reformed Churches, 1996).

왔다. 근년에 대신교단과 합동정통교단이 이 단체에 가입했다. 지도급 인사들이 한국장로교연합회 중심으로 교회연합과 일치운동을 하다가 기장교단과 통합교단 인사들의 권유를 받아 가입했다. 이 교단들은 교회의 정체성과 생명에 직결된 신앙노선, 신앙고백과 관련된 사안을 결정하면서도 신학적 검토 과정을 거치지 않았다고 한다. 전하는 사람의 말을 빌리자면 "외국 나들이를 좋아하는 인사들이 주도하여 정치적으로 결정했다"58고 한다.

한국장로교연합회 서기 전병금 목사는 '한국 장로교회의 연합과 일치 모색'이라는 제목의 주제 강연에서 "처음부터 기구적인 통합을 모색하려고 하기보다는 우선 연합교회의 형태를 갖춰가면서 점진적인 통합을 이뤄가야 한다"59고 말하면서, 모든 장로교단들이 세계개혁교회연맹에 참여하여 세계교회와 연합을 강화해 나갈 것 등을 제안한다. 이성구가 고신교단과 세계개혁교회연맹을 관련시키려는 것은 기장, 통합의 인사들과 접촉하는 가운데 권유를 받았기 때문이 아닌가 생각된다.

고신교단은 성경적 신앙고백과 개혁신학의 정체성을 중요하게 여기는 국제개혁교회협의회(ICRC)의 회원교회이다. 이 단체는 역사적 개혁주의 신학의 정체성과 교리를 중요하게 여기는 세계의 교회들로 구성되어 있다.

5. 한국장로교회 안에는 자유주의자가 없는가?

이성구는 "한국장로교 안에는 자유주의자가 없다고 할 수 있다"고 말한다. 한국교회 안의 자유주의 신학자의 존재를 부인한다. 그러나 총회에 제출한 소명서는 이와 모순된 말을 하고 있다. "기장을 염두에 두고 자유주의 운운하는 것 같은데, 현재 기장을 자유주의 교회라고 부를 수 있는 지 먼저 그것을 총회가 규정지어 볼 수 있었으면 합니다. 혹시 개인적으로 자유주의적 신학을 가진 학자들이 있을 것이고, 신앙의 색깔이 다를 수는 있을 것입니다"60고 한다. "개별적으로 장로교단 안에 종교다원주의자가 있을 수 있다…. 그들의 신학적 작업을 학문의 영역으로 묵인하고 있을 뿐"61이라고 한다. 한국의 그 어느 교단도 자유주의 신학, 종교다원주의를 공적으로 인정하지 않으며 자유주의 사상 때문에 연합일치를 하지 못할 까닭이 없다는 것이다.

기장은 1953년에 자유주의 신학 문제로 스스로 갈라져 나가 독립했다. 이 교단이 급진적 자유주의 신학을 수용하고 종교다원주의자를 용납하는 등 자유주의 신학노선을 지향하고 있는 것은 이미 잘 알려진 사실이다. 교회사적으로도 규명되어 있다. 그런데도 이성구는 기장이 자유수의 신학을 지향하는 교회가 아니라고 강변한다. 다만 그 교단 안에 소수의 학자들이 학문 차원에서 자유주의 신학을 말하고 있는 것으로 본다.

교회, 교파는 신앙고백공동체이다. 그 교회를 대표하는 노회나 총회

58필자가 대한신학대학원대학교에 특강 차 방문했을 때 그 학교의 교수 두 명이 자기가 속한 교단의 신학노선이 변질되는 것에 대해 분개하면서 들려 준 말이다. 사정상 이름은 밝히지 않겠다.
59『기독교보』(2000.2.12.).
60이성구, "이승미 교수가 열거하는 주장에 대한 반론"(총회에 제출한 소명서, "자유주의 신학 사상의 건," 대한예수교장로회 신학위원회 (2004.9.),16.).
61이성구, "신학이냐 명예훼손이냐?" (2004.4.7.).

가 자유주의 신학자나 그 신학을 추종하는 자를 지지하거나 용납할 때, 제재 하지 않을 때, 그 교회, 교파를 자유주의 교회라고 보는 것은 기본 상식이다. 그 교회, 교파 안에 정통신학을 고백하는 다수의 개인들이 있다고 하여 그 교회의 공식 입장이 달라지는 것은 아니다. 자유주의 신학을 추종하다가 근년에 교인 수가 급격하게 감소되고 있는 미국, 영국, 독일, 캐나다, 호주의 교회들의 공식문헌은 자유주의 신학을 표방하지 않는다.

이것과 관련하여 이성구의 사상에 문제가 되는 것은 두 가지이다. 첫째는 자유주의 신학자, 신신학자, 종교다원주의자가 신학교에서 가르치는 것을 '학문의 영역'으로 여기고 허용할 수 있는 것으로 보는 점이다. 둘째는 교회가 소수의 자유주의자, 종교다원주의자를 용납하는 것은 별 문제가 되지 않는다고 보는 생각이다. 신학의 차이 때문에 교회연합과 일치운동이나 통폐합이나 교단 '판짜기'[62]를 주저할 까닭이 없다고 본다. 이러한 시각은 자유주의계 인사들의 보편적인 견해이다.

이성구는 "자유주의란 특정 신학이나 고백에 종속되지 않고 시대에 맞게 적절하게 신학을 이해하는 것을 의미했는데, 인간중심적으로 흐르는 등 끝이 좋지 않았을 따름이다. 크게 [그리스도의] 동정녀 탄생을 부정하거나 성경을 부정하는 자가 자유주의자라고 해야 한다"[63]고 정의한다. "그리스도의 신성과 인성, 동정녀 탄생, 육체의 부활 등을 부정하는 사람들을 자유주의자로 말할 수 있다"[64]고 정의하면서 한국장로교회 안에는 그러한 사상을 가진 신학자나 교단이 없으므로 연합과 일치가 가능하다고 본다. 자유주의 신학에 대한 그의 정의는 매우 독단적이다.

자유주의 신학은 여러 가지 형태로 존재해 왔다. 시대와 상황에 따라 다양한 형태로 등장했다. 대략 세 가지 유형으로 나타났다. (1) 프레드리히 슐라이에르마허(1768-1834), 알버트 리츨(1822-1889), 창세기가 여러 가지 전승들로 편집된 것으로 보는 성경학자들, 모세오경의 모세 저작을 부인하는 신학자들의 사상, 성경에 대한 문자적 해석을 거부하는 구자유주의(Old Liberalism) 등이다. (2) 오번선언서(Auburn Affirmation, 1924)를 작성, 지지하는 자들의 사상이다. 성경무오성, 그리스도의 동정녀 탄생, 속죄사역, 육체부활, 초자연적 기적능력 등을 단지 이론 혹은 학설로 단정한다. (3) 사회복음주의 신학, 불트만의 비신화화 신학, 모세오경의 모세 저작을 부정하는 고등비평학, 구약성경을 신화집·전승집으로 보는 성경신학, 성경적 신론을 비신화화 한 폴 틸리히와 존 로빈슨의 신학, 화이트헤드의 과정신학, 알타이저의 사신(死神)신학, 하나님을 믿지 않는 기독교 신학, 찰스 다윈의 진화론을 수용하는 현대주의 신학, 신자유주의(Neo-Liberalism) 등이다. 종교다원주의는 현대판 자유주의 신학이다.

(4) 한국교회는 칼 바르트(Karl Barth, 1886-1968)를 자유주의에 포함시켜 왔다. 신신학(바르트주의, 신정통주의)은 성경고등비평학, 아빙돈주석 사건, 교회 안에서의 여자 위치, 바르트주의 성경관 등과 관련하여 자유주의 신학으로 일컬어져 왔다.[65] 바르트주의는 자유주의 신

---

[62] 이성구가 기장교단 창립 50주년 희년 행사로 개초된 "하나의 교회를 위한 한국교회 대토론회"(2003.6.9.) 석상에서 고신교단의 존재 명분이 사라졌다고 하면서 한 말이다. 최덕성, "고신분열에 대한 고신파 책임론"(고려신학회 제2차 학술발표대회 자료, 2004), 27-28에서 상론한다.
[63] "이성구 교수 '내 혈관에는 개혁주의 피 흐른다'"(2003.11.25.).
[64] 이성구, "뉴스앤조이 기사의 의문점에 대한 해명"(2004.4.27.).

학이 아니며, 정통신학과 유사한 부분이 많다. 그러나 자유주의로 가는 징검다리 역할을 해 왔다. 신학구조, 성경관-계시관, 만인구원주의적 경향은 역사적 개혁주의 신학과 상반된다. 바르트주의를 수용하면 자유주의 신학을 수용하게 된다. 웨스트민스터신학교의 코넬리우스 반틸 박사가 신신학을 자유주의보다 더 교묘한 기독교의 적으로 여기는 것은 이러한 이유 때문이다.

이성구는 "공교회로서의 한국장로교 [안에는 그리스도의 양성, 동정녀 탄생, 육체부활 등을 부정하는] 자유주의를 공인하는 교단이 없다"[66]고 말한다. 자신이 한국교회 안에 자유주의자가 없다고 말한 것은 자유주의를 공인하는 교단이 없다는 뜻이라고 해명한다. 그는 자유주의를 위 (2)의 정의, 곧 1920년대 미국의 '현대주의—근본주의 논쟁 시대'의 개념에 고정시킨다.

자유주의에 대한 이성구의 정의(위 2)에 따르면 김재준, 문희석, 윤성범, 변선환, 정현경, 김경재는 자유주의 신학자가 아니다. 종교다원주의를 공식 표방하는 세계교회협의회도 자유주의 신학을 바탕으로 하는 에큐메니칼 단체가 아니다. 그들이나 그 단체가 직접적으로는 사도신경이나 기독교의 근본 도리들을 부정한다고 말하지 않기 때문이다. 슐라이에르마허, 리츨, 불트만, 로빈슨도 자유주의자가 아닐 수 있다. 모세오경의 모세저작을 부정하는 신학, 성경을 신화집·전승집으로 보는 신학, 성경적 신론을 비신화화 하는 사변신학, 비신화화 신학, 사신(死神)신학도 자유주의가 아니다. 성경무오성과 완전영감과 유기적 영감을 부정하는 사람도 자유주의와 무관하다는 것이 된다. 장로교 기장도 자유주의와 무관하고, 조선신학교에 항거하여 고려신학교로 편입해 온 학생들이 총회에 올린 '진정서'(1947)⁶⁷가 열거하는 자유주의 신학은 사실상 자유주의 신학이 아니라는 것이 된다. 출옥성도들이 자유주의 신학을 선전하는 조선신학교에 한국교회의 목회자 교육을 맡길 수 없다는 동기로 고려신학교를 설립한 것도 무의미한 것이고, 고신교단이 자유주의 신학을 배격하면서 '정통신학운동'을 기치로 삼아 출범한 것도 허황된 일이 된다.

어느 교회가 공적 고백문서에서 그리스도의 동정녀 탄생, 대속죽음, 육체부활, 이적능력, 성경의 권위 등을 공적으로 부인하면 더 이상 기독교회가 아니다. 역사상 공적인 고백문서에 근본도리를 부정하는 고백을 담은 교회는 존재하지 않았다.⁶⁸ 자유주의의 첨단을 걷는 미국과 유럽의 교회들, 한국의 진보주의계 장로교, 감리교 교단들도 그런 것을 고백문서에 공공연히 명시하지는 않는다. 그러므로 공적 문헌에 자유주

---

⁶⁵간하배,『한국장로교신학사상』(서울: 개혁주의 신행협회, 1988); 박용규,『한국장로교신학사상사』(서울: 총신대학교출판부, 1992); 박형룡,『신학난제선평』상권 (서울: 한국기독교교육연구원, 1978).
⁶⁶이성구, "뉴스앤조이 기사의 의문점에 대한 해명"(2004.4.27.); 이성구, "신학이냐, 명예훼손이냐?" 고려신학대학원[이성구]홈페이지 (2004.4.7.).이성구는 총회, 노회 등을 '공교회'로 단정한다. 개혁주의 전통은 교회의 보편성(catholicity)와 관련하여 '공교회"(catholic church)라고 일컫는다.
⁶⁷김양선,『한국기독교해방십년사』(서울: 대한예수교장로회총회종교교육부, 1956), 216-222.
⁶⁸기장교단의 신앙고백서는 전통적인 삼위일체 교리를 거부하는 내용을 담고 있다. 3세기 초 이단으로 정죄받은 사벨리우스(Sabellius)가 주장한 양태론을 고백한다. "하나님은 하늘과 땅의 창조와 이스라엘의 역사에서 거룩한 아버지로 나타나셨고 계시의 정점인 예수 그리스도에게서 아들로 나타나셨고 또 예수의 이름으로 모인 교회에서 성령으로 나타나셨다. 우리는 한 하나님을 세 품격에서 만나며 그 하나의 품격에서 다른 두 품격을 만난다"("한국기독교장로회신앙고백선언," 1972)고 한다. 양태론을 고백문에 담은 것이 신학적으로 미숙한 탓인지 그것을 실제로 고백하기 때문인지는 확인하지 못했다.

의를 공인하는 교회가 없다고 하는 이유로 한국교회 안에 자유주의 교회가 없다고 보는 논리는 성립되지 않는다.

자유주의에 대한 이성구의 위 정의는 보편성을 결(缺)하고 있다. 그는 독단적인 정의를 가지고 자기가 자유주의자가 아니며 "한국장로교 안에는 자유주의자가 없다고 생각한다"고 말하는 바, 이것은 오히려 자신이 자유주의자라는 것을 입증하는 논거가 된다. 위 (2)를 제외한 나머지 정의에 해당될 수 있다. 신학계는 (1)과 (3)의 개념으로도 자유주의 신학을 언급한다. 한국교회는 여기에 (4), 곧 바르트주의를 덧붙인다.

자유주의 신학은 단일 신학체계를 일컫는 말이 아니다. 확고한 신조나 정연한 신념체계를 가지고 있지 않다. 정통신학과의 거리도 일정하지 않다. 온화한 자유주의가 있는가 하면 과격한 자유주의가 있다. 극단의 자유주의를 배제하는 자유주의자가 있는가 하면, 기독교의 중추 도리를 신봉하지 않는 자유주의도 있다. 사도신경을 고백하지만 성경을 신화, 영웅담, 전설집으로 취급하는 자유주의자도 있다. 정통주의, 신정통주의를 큰 폭으로 수용하는 자유주의도 있고, 자유주의 신학을 비판하는 자유주의도 있다. 한국 장로교계는 금세기에 나타난 신학 학설들 가운데서 정통신학과 상반되는 이론들을 총 망라하고 포괄적으로 '자유주의 신학'으로 일컬어 왔다.

용어는 그것이 사용되는 콘텍스트에 따라 정의된다. 그러므로 이성구가 자신이 자유주의 신학의 일부분을 비판한다고 하여 자유주의자가 아니라고 말하거나 개혁주의 진영 교단에 속한 신학자라는 이유로 자신이 자유주의자가 아니라고 강변하는 것은 범주착각의 오류이다. 이성구는 "나는 자유주의자가 아니다"고 주장하면서 그 근거를 대기 위해 노력할 것이 아니라 "나는 정통신학을 지향하는 고신교회가 고백하는 신앙고백에 충실한 개혁주의자이다"고 말하고 그것을 입증할 근거를 제시해야 할 것이다. 이성구는 고신교단의 신학교에서 교수하는 사람으로서 뿐만 아니라 목회자로서 가져야 할 최소한의 교회사 지식이 결여되어 있다는 것을 스스로 보여주고 있다.

6. 고신교단은 완전주의적 분파주의 집단인가?

이성구는 고신교단이 1960년에 승동파와 합동을 한 것을 고신운동의 중단으로 본다. "고려파의 존재는 역사적으로 항상 그 정당성을 갖는가? 1960년의 합동사건은 46년에 시작된 고신운동의 중단을 선언한 행동이 아니었는가?"[69]라고 한다. 그가 합동을 고신운동의 중단으로 보는 것은 현재의 고신교회의 존립의 가치와 정당성을 부인하는 말이다. 이른바 '고신교단 신학자'로 자기가 속한 교단의 존립의 가치와 정당성을 부인하는 발언을 하는 것은 비단 이성구 한 사람에 제한된 문제는 아니다.

이성구는 "완전주의적 분파주의는 잘못이다. [고신]교단 신학자 중 그런 입장을 가진 이가 있는데 정직하지 못하다고 생각한다"[70]고 말한다. 그는 고신교단과 '완전주의적 분파주의'를 동일시한다. 고신교단에 대해 말하면서 "완전주의를 주창하며 결국 분열을 정당화하는 자세는 옳

---

[69] 이성구, "이승미 교수의 질문에 대한 대답과 논의과제" (2003.12.29.).
[70] "이성구 교수 '내 혈관에는 개혁주의 피 흐른다'" 『뉴스앤조이』 (2003.11.25.).
[71] 이성구, "뉴스앤조이 기사의 의문점에 대한 해명" (2004.4.27.).

지 못하다'[고 하]는 칼빈의 견해는 우리 교단이 두고두고 주의 깊게 새겨야 할 명제다"[71]고 말한다. "신사참배[거부운동의]로 시작된 교단이라는 자기 의, …선민의식"[72]을 버려야 한다고 말한다. 고신교단이 연합일치운동에 그다지 적극적이지 않은 까닭이 완전주의적 분파주의 때문이라고 본다.

장로회신학대학교의 이형기 교수는 고신교단이 '완전주의적 분파주의' 때문에 태동했다고 하면서 고신파가 가시적 거룩성(visible sanctity)에 너무 집착하여 장로교회에서 분열해 나갔다고 말한다. 경남의 출옥성도들이 가시적 거룩성을 가치 판단의 기준으로 삼아 신사참배에 동조했던 교회들과 목사들과 장로들을 '있는 그대로' 인정하고 받아들이지 않은 것이 고신분열의 원인이라고 한다.[73] 이것은 날조에 가까운 역사왜곡이다.

이성구는 고신교단과 '완전주의적 분파주의'를 관련시킨다. 근거 없이 고신공동체를 비난하고 폄하하고 역사를 왜곡하는 자들의 시각을 자기의 것으로 삼는다. 그리고 고신교단 신학자 가운데 '완전주의적 분파주의'를 주장하는 사람이 누구며, 왜 그가 정직하지 않은가에 대해서는 밝히지 않는다. 필자가 파악하는 바로는 고신교단 안에 완전주의적 분파주의 교회관을 가진 신학자는 없다. 고신교단을 완전주의적 분파주의와 관련시키고 신사참배거부운동자들을 고대 도나투스주의자들과 동일시하여 분리주의자로 단정하는 왜곡된 역사인식을 교정하고, '진리 안에서 연합과 일치'를 강조하는 신학자는 있다.[74]

이성구는 고신교단과 그 교단 신학자들과 관련하여 "보편성이 유지되지 않으면 받아들여질 수 없는 시대적 환경 속에서 특수성을 갖지도 못했으면서, 마치 특별한 것이 있는 것처럼 지나치게 자신의 신학을 미화하는 작업을 이제 중단해야 한다"고 말한다. "우리에게 무슨 특별한 것이 있는가? 고신의 특수성은 어디서 찾을 수 있는 것인가? 이제 좀 더 허심탄회하게 우리의 정체성에 대한 논의를 시작해야 할 시점이다…. 보편적인 하나님의 교회를 세우는 작업에 일조할 수 있는 교단이 되도록 신학적 작업을 선도하는 우리가 되어야 할 것이다"[75]고 한다.

이러한 주장이 고신공동체의 개혁과 발전 과제에 대한 언급이라면 긍정적 제안이다. 그러나 "사도신경을 고백한다면 고백공동체로 충분하다. 나머지 고백들은 사변적 신학이다"는 말에 대한 해명으로 한 말이다. 신사참배를 죄 아니라고 하는 사람이 없고 그것을 찬성하거나 반대한 사람들이 모두 사라졌으므로 고신교단의 존재명분이 사라졌으며, 따라서 장로교회들이 '새 판짜기'를 해야 한다고 하면서 한 말이다. 교단의 벽이 허물어지고 특수성이 그다지 중요하게 여겨지지 않으며 일치를 넘어서 갱신으로 가야하는 마당에 고신교단이 특수성에 집착하는 것은 시대착오적이라는 의미를 담고 있는, 고신교단의 존립의 가치와 정당성을 부정하는 말이다.

---

[72] "이성구 교수 '내 혈관에는 개혁주의 피 흐른다'" 『뉴스앤조이』 (2003.11.25.).

[73] 이형기, 『세계교회의 분열과 일치추구의 역사: 한국장로교의 일치 모색』 (서울: 장로회신학대학교 출판부, 1994), 314.

[74] 최덕성, "한상동과 주기철의 교회관," 『역사신학논총』 3 (2002); 『한국교회 친일파 전통』(서울; 본문과현장사이, 2000), "연합과 일치의 조건," 477-404.

[75] 이성구, "뉴스앤조이 기사의 의문점에 대한 해명"(2004.4.27.).

7. 이성구의 자유주의 에큐메니즘

이성구의 에큐메니칼 신학은 한국교회가 안고 있는 교단, 교파 난립이라는 문제를 놓고 씨름하는 모습을 보여준다. 굽어지고 흐트러진 한국교회의 분열상은 어떤 형태로든지 바로잡고, 개혁되어야 한다는 점에서 이성구의 주장은 우리가 자신을 되돌아보고 반성하자고 하는 자책을 담고 있다. 함께 고민해야 할 주제들을 다루고 있다.

그러나 그는 한국교회의 분열 상태만을 걱정했지 연합일치운동이 가져오는 파괴적 요소와 생명력 상실의 위험을 문제 삼지 않는다. 자유주의 신학에 바탕을 둔 현대 에큐메니칼 운동에 대한 개혁주의 신학자다운 통찰을 보여주지 않는다. 바울이 기대하는 복음진리 파수꾼의 사명이나 고신교단 신학자가 가질 법한 진리에 대한 민감성을 찾아볼 수 없다. 그의 에큐메니칼 사상은 자유주의 노선의 에큐메니칼 운동과 일치하는 포용주의, 다원주의, 신앙무차별주의 태도로 일관한다.

고신교단 총회(신학위원회)의 요청에 따라 제출한 이성구의 소명서(疏明書)는 자신이 평소에 쓴 글들과 다소 차이가 있다. 연합일치운동과 관련하여 그가 글로 남긴 것들을 종합해 볼 때 그의 에큐메니칼 사상은 자유주의 에큐메니칼 신학과 일치한다. 신조, 교리, 성경관에 대한 자유주의자들의 신념과 태도를 고스란히 드러낸다. 역사적 개혁주의 신학과 상반되고 고신교단의 신앙고백과 신학에 역행하는 사상을 펼친다. 그는 고신교단의 존립의 정당성을 부인하고, 성경론을 상대화 한다. 교리를 중요하게 여기는 개혁주의 전통을 규탄한다. 다양한 신학을 포용해야 하고, 신학을 시대의 요구에 따라 자유롭게 변개해야 하고, 교리에 대한 고답적인 생각에서 벗어나야 한다고 말한다.

"사도신경이면 고백공동체로 충분하다"고 하는 말을 포함한 앞에서 언급한 이성구의 여러 가지 주장들은 그가 고신교단의 신앙고백과 교리와 신학 전통을 가치 있는 것으로 여기지 않는다는 것을 입증한다. 이러한 사상을 가진 사람의 눈에는 고신교단의 신학적 정체성에 충실하고자 하는 신학자가 '완전주의적 분파주의' 또는 '편협한 교회관'을 가진 사람으로 보일 것이 분명하다. 고신교단이 기존의 관점과 주장을 절대화하는 '고답적인 교리지상주의' 교단으로 여겨질 것이다.

사도신경이 오늘날의 교회의 연합과 일치 조건으로 충분하다고 하는 것은, 곧 연합과 일치의 충분조건이라고 하는 말은 역사성과 현실성을 무시한 발상이다. 초대교회에서 만들어진 사도신경은 기독교 신앙의 신앙상징(symbols)이지만, 21세기의 교회연합과 일치의 충분조건은 아니다. 초대교회는 자유주의, 신신학, 종교혼합주의, 종교다원주의를 알지 못했다. 기독교회가 2천년의 역사를 거쳐 오면서 만들어진 수많은 고백과 신조들은 왜 생겨났는가? 사도신경으로 충분하다면 우리의 신앙선배들은 왜 웨스트민스터신앙고백서, 하이델베르크 신앙문답을 만들었는가? 왜 장로교회들은 웨스트민스터신앙고백서와 대·소교리문답을 교리표준으로 채택했는가? 교회와 교리의 순수성을 보존하기 위해 논쟁을 하고 고백문들을 만들고 독자적인 교회를 유지한 종교개혁자들과 교회의 우상숭배에 맞서 싸운 신사참배거부운동자들과 교회의 신학적 좌경화에 맞서서 항거하거나 그 틈바구니에서 제재를 당하고 불가피하게 자유를 선택한 신앙 선배들의 노력은 헛된 것인가?

신학자는 자기가 속한 공동체가 고백하는 신앙고백, 신조를 개혁주의 전통에 근거하여 사유하며 정통신학을 수호하고 보호하고 흡족하지 못한 것에 대해서는 성경에 충실하게 창조적으로 발전시킬 사명을 가지고 있다. 고신교단의 신학자는 자기가 속한 교단의 신앙고백적 기초와 신학적 지향점을 존경해야 하는 도덕적 의무를 가지고 있다. 신학교는 동일한 교리에 입각한 신앙고백과 그것에 상응하는 신학전통을 가진 교회들이 모여 교단을 이루고 그 교단의 발전을 위해 세워지고 교회들의 기도와 금전 지원을 받아 운영되는 목회자 양성기관이다. '학문의 자유,' '학문의 영역,' '세계교회의 흐름'을 빌미로 그 교단의 정박지를 허무는 사상을 펼치고 운동을 전개하는 것은 그 신앙공동체에 대한 정면도전이며 도덕성이 결여된 행동이다.

이성구는 고신교단이 역사적 개혁주의라고 하는 신학적 정박지를 버리고 자유주의 신학에 바탕을 둔 세계교회의 흐름에 따라 갈 것을 재촉한다. 유서 깊은 개혁주의 전통과 상반되며 자유주의 신학과 그 에큐메니칼 사상에 일치하는 이성구의 주장들을 아래와 같다. 독자들의 편의를 위해 다시 열거한다.

(1) "사도신경을 고백하면 고백공동체로 충분하다"고 한다. 교회가 "나누어지지 않을 수 없는 교리의 마지노선"을 "예수 그리스도와 그를 통한 구원의 확신 문제"에 제한시킨다. 고신교단이 사도신경을 고백하는 로마가톨릭교회나 이단집단과 연합, 일치할 수 있다는 논리를 펼친다.

(2) 사도신경을 제외한 "나머지 고백들은 사변적 신학이다"고 말한다. 역사적 개혁주의 교회가 중요하게 여겨 온 신학 주제들과 신앙고백 내용들을 하잘것없는 것으로 본다. 교리와 신조를 격하시키는 자유주의 신학의 반(反)교리적 특성을 드러낸다.

(3) "신학은 시대의 산물이요, 우리의 믿음을 인식하는 인간적인 틀일 뿐이다. 여러 가지 역사적 신앙고백서들을 우리가 배우지 않아도 구원에 전혀 문제가 없다. 심지어 신학적인 지식이 없어 구원에 이르지 못하는 경우는 없다"고 말한다. 구원을 얻은 자라면 극단의 자유주의 신학과 이단사상을 가진 자들과 하나 될 수 있다고 본다. 자유주의 신학자들의 것과 동일한 교리관과 신학에 대한 이해를 드러낸다.

(4) "신학이… 항상 새롭고, 시대와 환경에 따라 다양할 수 있음을 인정할 수밖에 없지 않은가. 어찌 함께 부름을 입었음을 알면서 홀로 옳음을 주장하며 남의 소리를 외면해 버릴 수 있을 것인가?"라고 한다. 그리고 "오늘의 신학은 교리논쟁의 신학에서 벗어나 다원화 사회에서 대화를 통해 미래를 내다보는 신학이어야 할 것"을 주창한다. 신학을 수시로 시류(時流)와 시대정신에 맞게 개조해야 한다고 보는 자유주의자들의 주장과 일치한다.

(5) "보수와 진보의 양극화 현상은 사실상 사라지고 있다. 이젠 신학자들이 나서서 교회일치를 위한 신학을 만들어내야 한다"고 말한다. 개혁주의 정통신학과 자유주의 신학을 넘어서는 새로운 신학을 제조해야 한다는 것이다. 역사적 개혁주의 신념체계를 무위(無爲)로 돌리면서 신학이 시대 기류에 동조, 편승해야 한다고 보는 자유주의 신학 사상을 반영한다.

(6) "한국교회 안에는 자유주의자가 없다"고 한다. 다양한 형태의 현대판 자유주의 신학의 실체를 부정함으로써 자유주의자를 포용하려고 한다.

(7) "성경론이 과연 어디까지 영향을 끼쳐야 하는가? …사실 신학자들

이 대단히 위험하다고 여기는 신학적인 차이가 과연 교회를 분리할 만큼 심각한 것인지는 다시 생각해 보아야 한다"고 말한다. 개혁주의 신학의 최후의 보루인 성경관을 격하시키고 교리를 경시한다.

(8) "생명력을 상실한 고답적인 교리지상주의만을 외치고 있지 않은지…"라고 말한다. 신앙고백, 교리, 신학을 중요하게 여기는 개혁주의를 지향하는 교회들과 고신교단의 신앙고백적 특성과 상반된다.

(9) 이성구가 말하는 개혁주의와 고신교단의 '개혁주의'에 대한 개념은 일치하지 않는다. 오히려 자유주의-신신학계의 개혁주의 개념과 일치한다.

(10) 고신교단이 세계개혁교회연맹에 참여하지 않은 것을 개탄한다. 자유주의 신학을 지향하는 개혁파 교회와 장로교회들로 구성된 이 단체의 신학노선은 고신교단이 회원교회로 가입한 국제개혁교회연합회와 다르다. 양편이 모두 개혁주의라는 용어를 사용하지만 그 개념이 다르다.

(11) 세계교회협의회에 대해 호의적이다. 한국의 보수계 교단들이 이 단체에 대한 잘못된 인식을 가지고 있다고 강변한다. 이 단체가 자유주의 신학을 지향하고 있는 것을 모르고 있는 것은 아닌 것으로 보인다.

(12) 에큐메니칼 신학의 주제인 '세계교회,' '세계교회의 흐름,' '보편적인 하나님의 교회'를 강조한다. 그가 말하는 세계교회는 세계개혁교회연맹과 세계교회협의회의 회원교회들과 자유주의계 교회들이다.

(13) 고신교단이 한국기독교회협의회의 비가맹교단이라는 점을 안타까워한다. 이 단체는 대부분 자유주의 신학에 열린 태도를 가진 교회들로 구성되어 있다. 광복 전후로 친일파 인사들이 주도해 왔다.

(14) 고신교단과 '완전주의적 분파주의'를 동일시한다. 고신교단을

폄하하는 자유주의자들 또는 그들과 궤를 같이 하는 자들의 발상과 일치한다.

(15) 고신교단이 사도신경을 고백하는 로마가톨릭교회와 일치할 것인가 하는 질문에 "교회연합에 그[사도신경] 이상의 어떤 신학적 조건이 필요한가" 하고 답한다. 고신교단이 로마가톨릭교회와 일치하지 못할 까닭이 없다고 본다. 세계교회협의회와 한국기독교교회협의회가 로마가톨릭교회와 일치하기 위해 노력하는 것과 궤를 같이 한다.

4

웨스트민스터신앙고백서

―개혁주의 교회의 연합과 일치의 조건―

웨스트민스터신앙고백서는 1647년 경에 창의적으로 만들어진 것으로 기독교 역사에 등장한 여러 가지 신조문과 신앙고백서 가운데 하나이지만 여전히 그 탁월성을 인정받고 있다. 여러 장로교회들이 신앙고백서로 채택하여 사용하고 있다.

신앙고백[서]는 개인, 단체, 교회, 종교회의 등이 교리와 신념을 공적으로 선언할 의도로 작성한 것이다. 신조(Creed, Symbol)와 신앙고백(Confession)은 비슷한 말이지만 후자가 전자보다 더 포괄적이다. '언약'(Covenant)이라는 것은 특정 신앙공동체가 맹약(盟約) 형태로 수납한 고백문이다.

방대한 분량의 웨스트민스터신앙고백서는 웨스트민스터 대·소교리문답과 더불어 장로교 권에서 널리 수납되어왔다. 스코틀랜드

교회와 미국장로교회는 이것을 3백년 이상 유일한 교리표준으로 사용해 왔다. 전자는 1647년에, 후자는 1729년에 이것을 채택했다. 미국 동북부에 자리 잡고 있는 회중교회들은 1748년에 이 신앙고백서의 교회 정치에 관한 조항만을 바꾸어 채택하여 사용해 했다. 이것은 침례교회의 신앙고백서 작성에 영향을 주었다.

웨스트민스터신앙고백서는 1640년대의 영국이라고 하는 시대의 정황을 반영하고 있다. 그러나 성경이 제시하는 구원의 기본 교리들을 그 어떤 신앙고백서보다 더 잘 설명하고 있다. 영국과 스코틀랜드의 정치적 소용돌이 가운데서 영적 갈급함을 가진 청교도—장로회 목회자들이 성경적 기독교를 정착시킬 수 있는 모처럼의 기회에 여러 해 동안 기도하면서 애써 만든 것이다.

모든 신앙고백서들이 그러하듯이 웨스트민스터신앙고백서도 역사적 콘텍스트에서 만든 신앙고백문헌이므로 다른 지역, 다른 시대의 기독교인들이 당면하는 여러 가지 문제들에 대한 답을 완전히 제공하지는 않는다. 그러나 성경이 가르치는 것들을 일목요연하게 정리하여 제시하는 점에서 그것의 가치는 다른 고백서와 견줄 수 없을 만큼 탁월하다.

웨스트민스터신앙고백서는 개혁주의 교회들의 연합과 일치의 기초이다. 신앙고백의 기능에 대한 검토와 함께 웨스트민스터신앙고백서가 만들어진 역사와 정치적 배경과 그 내용 그리고 그것이 오늘날의 교회, 특히 에큐메니칼 시대의 교회에 시사하는 바가 무엇인가 등을 살펴보자.

1. 신조 · 신앙고백서

　신앙고백서의 특징은 "심령의 넘침으로 말미암아 나의 입은 말을 한다. 나는 믿는다. 그러므로 나는 고백한다"(credo, ergo confiteor)는 고전적인 문구에 표현되어 있다. 신앙고백서는 교회가 교회 밖에 있는 사람을 교인으로 받아들일 때 신앙을 고백해야 할 필요에 의해 생겨났다. 신조 · 신앙고백은 "너는 나를 누구라고 하는가?"라는 그리스도의 질문에 대한 베드로의 답변에서 시작한다. 그리스도의 교회는 "주는 그리스도이시며 살아 계신 하나님의 아들입니다"라는 고백 위에 세워져 있다. 믿음이 있는 곳에는 신앙고백이 있다.

　'사도신경'은 영지주의에 대해 기독교 신앙을 변증하기 위해 만들어진 것이다. 니케아신조에서 칼케돈신조까지의 '에큐메니칼 공의회'가 만들어낸 신조문들은 그리스도는 신성과 인성을 가진 분이며 하나님은 삼위일체로 존재한다는 것을 명백하게 밝혔다. 간단하던 신조가 점차 확대되어 마침내 전체적인 체계를 갖추었다.

　신조 · 신앙고백서는 고백문헌들은 이단들의 도전이나 현실적인 필요에 따라 교회가 신앙하는 바를 조리 있게 체계화 한 것이다. 교리에 관한 모든 것을 포함하려는 의도로 작성된 것도 있고, 고백문서가 만들어지는 당시의 특별한 문제에 제한하여 작성한 것도 있다. '바르멘신학선언'(1934), '장로교인 언약'(1940) 등은 당시의 교회가 직면하고 논란이 되고 있는 문제를 중심으로 작성된 것이다. 논쟁이나 갈등이라는 과정을 거쳐 만들어진 것도 있고 그렇지 않는 것도 있다. 신학적인 형식을 잘 갖춘 신조문·신앙고백서도 있는가 하면 그렇지 않은 것도 있다. 교회의 일반적인 처지에서 만들어진 것이 있는가 하면, 교회의 전체 회의가 만든 것도 있다. 특정 교회의 공의회가 만든 것도 있고, 교회의 위탁을 받아 신학자들이 만든 것도 있다.

신조·신앙고백서는 교회의 이정표, 지계석(地界石) 기능을 갖고 있다. 성경에 대한 바른 이해를 갖게 하며, 성경을 가르치는 사람들의 신앙고백적인 일치를 도모하기 위해, 거짓 교훈을 막아내는 '신앙의 규범'으로, 공적인 표준문서로 만든 것이다. 단일 고백을 표방하여 교회의 일치성을 높이는 역할도 한다. 신조·신앙고백서의 이러한 신앙규제 기능은 가끔 신학 논쟁을 불러일으키기도 한다. 신앙과 생활의 순결을 지키고, 신자들을 연합시키며 강건하게 하기도 한다.

신조·신앙고백은 '신앙의 규범'이며 기독교 교육을 위한 것이다. 교회는 성경의 가르침을 구체적으로 표현하고, 공적인 교육에 적용시키고 그것을 가지고 이단과 그릇된 사상과 오류를 막아냈다.

신조·신앙고백은 성경과 동등한 권위를 갖고 있지는 않다. 성경만이 기독교 신앙과 생활의 최종 규범이다. 신조·신앙고백은 성경에 종속된다. 성경과 일치할 때만 권위를 가진다. 신조·신앙고백에 성경과 일치하지 않는 것이 발견되면 언제든지 수정할 수 있다.

신조나 신앙고백서는 어떤 유래를 갖고 있든지 간에 신조가 생겨난 그 시대의 역사적 상황을 반영한다. 신조가 성경보다 더 높은 권위를 가진 것으로 보거나 그것을 절대화하면 신앙고백주의(Confessionalism)와 조주의(Dogmatism)에 빠진다.

소시니언과 퀘이커와 유니테리언 그리고 합리주의자들은 신조·신앙고백문의 권위와 용도를 부정한다. 신조·신앙고백이 인간의 자유로운 사고와 신앙을 구속하고 개인의 판단을 방해하며 독선, 위선, 고집을 조장하며, 분란과 혼란을 야기한다고 본다. 종교적인 증오심을 조장하고 역작용을 일으켜 서로 험담하게 한다고 생각한다. 의견을 달리하는 사람들에 대한 배척운동의 근거가 되고, 신자들을 그것에 종속시킨다고 본다.

성경은 그것을 해석하는데 필요한 어떤 지침(clue)이 없이는 신자 개인과 교회에 의미 있는 안내를 제공하기에는 방대하다. 신앙고백이나 공식화 된 신조·신앙고백이 없이 성경을 올바로 해석할 수 있다고 상상하는 것은 허황된 생각이다. 근본주의 성격을 지닌 독립파 교인들, 오순절파 신자들, 침례교인들만이 아니라 자유주의 신학 추종자들 가운데도 신조를 거부하는 사람들이 있다. 신조·신앙고백문을 배격하는 사람들은 자신들이 형식화된 신조를 가지고 있지 않다고 말하지만 나름대로 어떤 전통이나 신념체계나 지도자의 가르침을 추앙하고 있다. 신조 공식과 신앙고백을 담은 서술문을 소유하고 있다.

스위스종교개혁에서 출발한 개혁교회는 여러 개의 신조·신앙고백서들을 가지고 있다. 제네바신앙고백서(1536), 스코틀랜드신앙고백서(1560), 벨기에신앙고백서(1561), 하이델베르크 교리문답(1563), 제1스위스신앙고백서(헬베틱신앙고백서), 제2스위스신앙고백서(1566), 도르트신경(1619), 웨스트민스터신앙고백서(1646), 웨스트민스터 소교리문답(1648) 등은 전통적인 개혁주의 교회의 신앙고백서들이다.

그밖에도 장로교회들과 개혁교회들이 채택한 여러 가지 신앙고백서들이 있다. 미국, 인도네시아, 일본, 대만, 아프리카, 라틴 아메리카의 교회들이 채택한 것들이다. 미국연합장로교회가 채택한 '새신앙고백서'(1967)와 미국장로교회의 '신앙선언'(1976) 그리고 미국개혁교회(RCA)의 '우리의 희망의 노래'(Our Song of Hope, 1978)라는 신앙고백서도 있다. 한국기독교장로회의 '우리의 신앙고백'(1976), 예수교장로회 통합교단의 '대한예수교장로회 신앙고백서'(1986) 등이 있다. 예수교장로회 고신교단과 합동교단과 한국의 여러 군소 장로교단들은 웨스트민스터신앙고백서를 신앙고백서로 사용하고 있다.

2. 웨스트민스터 총회

런던 복판에 자리 잡고 있는 웨스트민스터교회당은 중세기에 처음 건축되었다. 참회왕 에드워드(Edward the Confessor)가 1045-1050년에 건축했다. 1065년 12월 28일에 봉헌되었다. 교황은 에드워드에게 참회의 표로 교회당을 건축하도록 했다. 국왕이 건축한 본래의 건물은 로마네스크 양식이었다. 현재의 고딕 교회당 건물은 1245-1517년에 재건된 것이다. 헨리 8세가 에드워드를 추모하는 동시에 자신의 묘소로 만들고자 재건을 했다.

이 교회당에 붙은 두 개의 서편 종탑은 1722-1745년에 건축되었다. 이곳에서 킹 제임스 판 구약성경 4분의 3이 번역되었고, 신약성경의 뒷부분 절반이 번역되었다.

역사적인 웨스트민스터신앙고백서는 이곳에서 만들어졌다. 이 고백문은 본래 영국국교회의 신앙고백문으로 사용하기 위해 만든 것이다. 1642년부터 3년여 동안의 수고 끝에 작성하여 1646년 12월에 영국 국회로 넘겼다. 영국 상원은 1647년 2월에 통과시켰고, 하원도 그렇게 해 달라고 부탁했다. 그러나 하원은 이 고백문의 문장을 따지고 성경참고문을 추가하면서 입씨름을 하고 있었다. 성직자들이 첨가한 성경 근거 구절들을 문제 삼았다.

스코틀랜드교회 대표자들은 이것을 가지고 본국으로 돌아갔다. 스코틀랜드교회 총회는 1647년 8월 27일에 이것을 신앙고백서로 채택했다. 기존의 스코틀랜드신앙고백서(1560)를 대체했다.

하원이 이것을 즉각 통과시키지 않고 시간을 끄는 동안에 올리버 크롬웰 장군과 그의 군대는 국회가 숨결을 느낄 정도로 정치적인 영향력을 과시했다. 그 영향력은 국회가 장로교인들을 숙청하고 독립파 회중교도들을 대체하도록 만들었다. 하원의 숫자는 100여 명으로 줄어들었고, 그들조차 크롬웰의 영향을 받는 독립파 신자들이었다. 장로회 특징을 가진 웨스트민스터신앙고백서는 영국교회와 무관하게 되고 영국국교회는 오늘날의 감독주의 교회 정치체제로 정착되었다.

헨리 8세의 사생활은 영국국교회라고 하는 정치 기형아를 낳았다. 그가 죽은 뒤에 로마가톨릭교회 신자인 메리가 왕좌에 등극하여 청교도들을 핍박했다. 몇 년 뒤에 메리가 죽고 엘리자베스가 등극하여 영국국교회를 오늘날의 형태로 정착시켰다. 엘리자베스 여왕시대(1558-1603)는 군주의 권리가 하나님의 율법의 정하심에 따라 왕가의 혈통을 이어받는 형식으로 주어진다고 믿었다. 군주는 오로지 한 분 하나님의 통치를 받으며 왕에 대한 그 어떤 종류의 반항도 하나님의 저주를 받는 대죄라고 했다.

17세기 초에 이르러 영국인들은 자신들의 통치자를 절대 군주로 여기지 않았다. 왕권이 하나님의 뜻과 자연법에 따라 제한되어야 한다고 생각했다. 그들은 국회의 권한을 확대했다. 그러나 국회는 왕권보다 우위에 있지 않았다. 국왕이 국회를 소집했다. 국회는 세금부과, 법률제정 등의 업무만을 다루었다. 외교, 종교, 국가기밀은 군주의 영역이었다. 영국은 이러한 제도로 정치적인 힘의 균형을 유지했다.

엘리자베스 1세는 프로테스탄트 신자이면서도 청교도들을 핍박했다. 그가 아들이 없이 세상을 떠나자 영국은 스코틀랜드 슈트워드 왕가의 메리 여왕의 독자로 하여금 왕위를 계승하게 했다. 그는 1603년에 제임스 1세라는 이름으로 왕좌에 올랐다. 이 일을 계기로 영국과 스코틀랜드는 정치적으로 합병되었다.

그러나 영국인들은 제임스를 외국인으로 여겼다. 스코틀랜드인이 국왕으로 등극하자 영국 국회 안의 장로회주의 사상을 가진 다수의 청교도들은 왕에게 기대를 걸고 영국국교회가 감독 정치를 지양(止揚)하고 장로교 정치를 도입하고 개혁신학을 대폭 수용하라고 요청했다. 그러나 제임스는 왕권을 돈독히 하는 데는 장로회 정치보다는 감독주의 교회정치가 더 유리하다고 판단했다. 그래서 자신의 왕권이 하나님으로부터 온 것이라고 주장하고, 자기가 유일한 법 제정자이며, 따라서 국회가 필요하지 않다고 생각했다. 칼빈주의에 바탕을 둔 장로회 제도가 왕권 신장에 거침돌이 될 것으로 생각하여 청교도들의 청원을 거절했다.

제임스는 스코틀랜드에서 양육을 받았다. 엄격한 칼빈주의 전통 아래서 자랐다. 그는 칼빈주의 교회관이 왕정에 부합하지 않는다는 것을 알았다. 그래서 엘리자베스 시대에 확립된 교회 안의 왕권을 확고히 붙잡고자 했다. 문예부흥, 종교개혁, 새 시대의 흐름은 옛날의 권력 구조의 문제점을 일깨워 주었다. 그 무렵 영국인들은 배를 타고 세계 이곳저곳으로 탐험하면서 상업을 발달시켰다. 상권(商權)을 쥔 중간계층이 두각을 나타냈다. 그들은 자신들의 앞날을 걱정하면서 정치제도를 개혁해야 할 필요를 느꼈다.

헨리 8세는 수장권(The Act of Supremacy)을 선언하고 국왕이 교회의 우두머리라고 선포했다. 이 때 영국교회는 국가교회가 되었다. 그 무렵에 등장한 청교도들은 교회 안에 여전히 남아있는 '교황의 잔재들'을 제거하고 교회를 깨끗하게 만들고자 했다. 스코틀랜드 출신 제임스가 국왕이 되자 의기양양 청교도적인 개혁이 일어나리라고 기대했다. 그들은 영국이 장로회 정치와 개혁신학을 수용할 것을 요구했다. 칼빈주의와 장로회가 왕성한 스코틀랜드 출신인 국왕 제임스가 자기들의 말을 들어 줄 것이라고 믿었다.

그러나 제임스는 교회의 개혁이나 교회가 요구하는 것보다 자신의 왕권 확보에 여념이 없었다. 장로회 정치와 왕정제도가 불일치하다는 것을 알고 조만간 갈등을 일으키게 될 것이라고 생각했다. 영국국교회가 감독제도를 유지해야 한다고 판단했다. '감독 없이는 왕도 없다'(No Bishop, No King!)고 생각했다. 그는 의도적으로 국회의 기능을 과소평가했고, 자신이 필요한 경우에만 그것을 소집했다.

1625년에 국왕으로 등극한 찰스 1세는 아버지 제임스 1세보다 훨씬 더 강경하게 감독주의 교회정치 제도에 연연했고 청교도―장로교회주의자들이 다수를 차지하고 있는 국회를 과소평가했다. 그는 국회의 권한에 맞서서 자신의 독립성을 과시하는 여러 가지 일들을 펼쳤다. 정치동맹 관계를 구실로 로마가톨릭교회 신자인 프랑스의 마르 드 메디치의 딸을 아내로 맞이했다. 영국 프로테스탄트들은 이를 우려하는 눈빛으로 바라보았다. 찰스는 귀족들에게 과도한 대출을 요구했고, 이를 거절하는 귀족 70명을 수감했다. 국회는 이에 항의했다. 이런 일로 왕권과 국회 사이에 긴장이 고조되었다. 왕의 의사는 국회에서 번번이 거절당했다.

이에 격노한 국왕은 국회의 동의 없이 세금을 부과했다. 국회는 상원에 속한 영국국교회 소속 감독들을 제거하는 것으로 맞섰다. 찰스는 국회를 해산하고, 10년 이상 혼자서 영국을 통치했다. 독재자가 되려는 것이 아니라 왕의 신적(神的) 권리를 행사하고자 했다. 그는 가난한 사람들에게 후덕했던 반면에 고위 공직자들의 부패에 대해서는 엄격했다. 그러나 국회가 없는 이 나라에는 점차 정치 불균형이 나타나고, 청교도들과 의회주의자들의 분노가 커 갔다. 엘리자베스 여왕 시대로부터 영국 프로테스탄트들의 자유의 상징이 된 국회가 유명무실하게 된 것에 분노했다.

찰스의 독주는 결국 재정 결핍을 초래했다. 국민은 극도의 내핍 생활을 피할 수 없었다. 왕실의 활동도 최소한으로 제한되었다. 군대는 축소되어 일부만 남았다. 1633년에 대주교가 된 윌리엄 라우드(William Laud)는 영국인이면 누구나 의무적으로 영국국교회에 출석하라고 강요했다. 제도를 강화하여 불만을 가지고 교회에 참석하지 않은 사람들을 시장 앞에 붙들어 놓고 교회 공예배에 한 번 불참한 데 1실링의 벌금을 부과했다.

그러자 청교도들은 즉각 라우드의 조치를 공개적인 신앙박해로 간주했다. 의회주의자들은 군주에 대한 불만을 가지고 선동하기 시작했다. 대주교 라우드는 스코틀랜드교회가 예배의식서인 영국국교회의 『공동기도서』(The Book of Common Prayer)를 채택해야 한다고 선포했다. 같은 예전을 사용하여 왕국의 통일성을 추구한다는 이름 아래서 그는 스코틀랜드에 장로회주의가 일방적으로 정착되는 것을 막으려고 했다.

그러나 스코틀랜드 사람들은 기도서를 반대했다. 그것이 처음 낭독된 교회에서 폭동이 일어났다. 신앙 탄압에 반대하는 내란도 발생했다. 스코틀랜드 사람들은 집단적으로 '참된 개혁신앙'을 추구한다고 하는 내용을 담은 국가 차원의 '언약'(Covenant)에 서명했다.

이렇게 되자 찰스는 스코틀랜드 의회의 해산을 명했다. 그러나 그 명령은 효력이 없었다. 명령이 거부당하자 왕은 군대를 보냈다. 그 동안 왕에게 충성을 바쳐오던 스코틀랜드인들은 이때 '그리스도의 면류관과 언약을 위하여'라는 구호를 외치며 영국군과 맞붙어 싸웠고, 영국군대를 완전히 괴멸시켰다. 국왕은 항복하고 국회를 다시 소집한다는 조문을 담은 항복서에 서명했다. 전쟁 관례에 따라 국왕은 영국 땅에 남아있는 스코틀랜드 군대에게 막대한 전비(戰費)를 지불하겠다고 약속했다. 그러나 돈을 지불하자면 국회를 열어야 했다. 국왕은 그 동안 소집을 거부해 오던 국회를 소집했다. 전비를 보상하기 위한 부득이한 조치였다.

이렇게 하여 1640년에 '장기국회'(Long Parliament)로 알려진 국회가 다시 소집되었다. 의원들은 11년 동안이나 회집하지 않은 국회가 다시 열리자 누적된 불만을 가지고 임했다. 감독주의 국교회파, 의회주의 장로회파, 회중주의 독립파로 나뉘어졌다. 정치권력을 쥐고 있던 올리버 크롬웰은 독립파 회중주의 지지자였다. 다수를 차지한 청교도 장로회주의자들은 감독주의 지지자들과 제휴를 하고 왕을 움직여 영국국교회가 장로회 정치를 도입하고 개혁신학을 수용하도록 일을 추진했다. 국회가 왕의 신하를 재판 없이 처형할 수 있도록 했다. 찰스에게 영국국교회를 개혁하는 총회 소집을 청원했다.

그 무렵 스코틀랜드 대표는 영국 국회를 설득하여 모든 의원들이 영국과 스코틀랜드를 신앙적으로 통일시키기 위한 신앙고백과 교회정치와 예배모범과 교리문답에 바탕을 둔 '동맹과 언약'(Solemn League and Covenant)에 서명하게 했다. 그러나 크롬웰은 이를 강력히 거부했다. 장로회 제도가 양심에 따른 개인 예배를 허용하지 않는다고 하여 반대했다. 독립파 회중주의자들이 소중하게 생각하는 개인의 신앙과 그것에 대한 관용이 국가의 통일을 위해 희생될 위기에 처하자, 크롬웰은 왕에 대한 군사적인 승리만이 신앙의 자유를 획득하고 자유로운 기독교 공동체를 이룰 수 있다는 결론을 얻었다.

왕정파는 영국국교회가 감독주의 제도를 수용하는 것을 지지했다. 군주의 신적인 통치권과 감독주의 교회 형태가 왕정에 부합한다고 생각했다. 이들은 크롬웰이 이끄는 독립당에 대항하여 신앙을 위해 싸울 태세를 갖추었다.

한편, 장로회주의를 따르는 청교도들은 중립을 유지했다. 국회의원 다수를 차지하던 그들은 그 동안 수난을 당해온 찰스를 동정하면서 왕과 국회와 교회가 나라의 개혁을 위해 함께 일할 때가 왔다고 생각했다.

국회는 목적을 달성하기 위해 런던의 웨스트민스터교회당에서 총회를 소집했다. 영국국교회를 보다 더 장로회다운 치리 형태로 바꾸고 신학을 개혁하고 교회를 정화하기 위한 교회 개혁 법안을 제정하자는 안을 결의했다. 국회는 1642년 6월부터 1643년 5월까지 성직자 총회를 소집하기 위해 다섯 번이나 그 법안을 통과시켰다. 그러나 찰스는 번번이 서명을 거부했다. 하원은 여섯 번째 그 법안을 통과시키고 발표했다. 상원도 1643년 6월 12일에 그것을 통과시켜 하원에 동조했다. 종교회의인 총회는 왕의 동의 없이 상원과 하원에 의해 1642년 7월 1일에 소집되었다.

국회는 총회를 국회 자문기구로 여겼다. 그래서 국회가 총회의 회원을 선임하고, 책임자를 임명하고 토론의 주제를 제시하고 활동범위를 제약했다. 이른바 '웨스트민스터 총회'는 121명의 영국 국교회의 청교도 목사들과 약간 명의 회중 교회 목사 그리고 두세 명의 감독제 선호자들로 구성되었다. 총대 대다수는 장로회를 선호하는 사람들이었다. 이 총회에는 30명의 평신도 국회의원이 참석했다. 3명의 에라스티안(Erastian: 교회가 국가권력에 종속해야 한다고 보는 사람)과 스코틀랜드교회가 파송한 여섯 명의 대표 (Commissioners)가 자문으로 참석했다.

국회는 총회를 소집하면서 영국국교회가 로마가톨릭교회 식의 예배가 아닌 단순한 예배모범을, 감독제도가 아닌 장로회 정치를, 로마교 신조가 아닌 개혁주의 신조를 채택하여 모든 국민을 포용하는 국가교회로 개편될 것을 희망했다. 그러나 퀘이커와 재세례파 신자 등 과격한 사람들을 배제하고, 무정부주의를 야기하려는 자들이나 영국국교회를 갈라놓으려는 로마가톨릭교회를 배격하기를 바랐다.

총회는 국회의 요청에 따라 먼저 영국국교회의 헌장인 '39개 신조'를 개정하는 작업을 시작했다. 이 신조가 개혁신학에 바탕을 두고 있지만 잘못된 해석을 일부 담고 있는 것을 발견하고 그것들을 제거하고자 했다. 니케아신조와 아타나시우스신조를 참고하여 그 교리가 철저히 성경에 바탕을 두게 했다. 난해하고 이론적인 것은 배제했다.

그런데 16번째 신조를 개정하는 작업을 할 즈음에 정치 상황이 급변했다. 국회와 찰스 1세가 정면으로 충돌한 시민전쟁이 발생한 것이다. 국회군은 퇴각해야 했고, 스코틀랜드의 지원이 필요했다.

스코틀랜드는 지원군 파병의 대가로 엄숙한 동맹관계를 맺고자 했다. 그리하여 국회에서 스코틀랜드 대표자들의 발언권이 강화되었다. 스코틀랜드 대표자이며 영국국회에서 스코틀랜드 자문으로 일하던 사람들은 토론의 권한은 있지만 투표권이 없는 상태로 총회에 참석하고 있었다. 이들 6명 가운데 4명의 장로교 목사들은 신앙고백 초안 작성에 능동적으로 참여했다. 그때부터 신앙고백서 작성의 방향이 달라졌다. 영국, 스코틀랜드, 아일랜드의 종교 통일을 위한 기초를 마련하는 것으로 전향했다. 스코틀랜드 대표자들은 영국 측의 4명의 의원들과 함께 웨스트민스터신앙고백서 작성 기초 위원으로 활약했다. 이 신앙고백서는 강력한 개혁신학과 장로교 전통 아래서 만들어졌다.

웨스트민스터 총회는 경건한 분위기로 진행되었다. 5년 6개월 22일 동안 1,163차례의 회의와 수많은 소위원회로 모여 신앙고백서를 작성했다. 기독교의 기본 교리를 작성하는 데는 별 논란이 없었으나, 장로회 정치가 과연 신적인 권위를 갖는가에 대해서는 장장 한 달 동안 논의했다. 총회는 기도, 예배, 금식으로 이어졌다. 중단 없이 여덟 시간이나 예배를 계속 드린 일도 있었다. 한 시간의 설교, 두 시간의 기도는 예사로운 일이었다. 1647년 11월, 회의를 마칠 무렵에 신앙고백서는 교리 지침서로, 나중에 완성한 소교리문답은 젊은이들의 교육교재로, 대교리문답은 설교자들의 지침으로 사용하도록 만들었다. 예배모범, 장로회 정치, 시편찬송도 만들었다.

웨스트민스터 총회에 참석하여 신앙고백서 작성에 심혈을 기울인

스코틀랜드교회 대표자들 가운데 마지막까지 남아 있던 사람은 1647년 11월에 총회를 떠났다. 그들의 주도로 스코틀랜드교회는 기존의 신앙고백서를 버리고 웨스트민스터신앙고백서를 채택했다. 이 신앙고백서는 그것이 만들어진 영국에서는 오히려 그 빛을 보지 못했다.

앞서 언급했듯이 영국 하원은 고백서를 즉각 승인을 하지 않고 서술을 뒷받침하는 성경구절을 첨가하라고 요구했다. 성경참고문을 찾아 기입하는 일로 시간이 자꾸 흘러가고 있었다. 그 무렵 크롬웰 군대는 국회의 하수인이 아닌 독립적인 정치 세력으로 부상했다. 그는 국왕 찰스를 체포했고, '양심의 자유, 신앙의 관용'을 외쳤다. 크롬웰도 장로회 제도와 그러한 방향으로 교회가 개혁되는 것을 반대하지는 않았다. 그는 개혁신학을 추종했다. 그러나 독립파 사람들이 그를 옹립하고 점차 국회를 차지했다. 군주는 전쟁으로 말미암아 쇠사슬에 묶였고, 교회는 혼돈상태에 빠졌다. 그러한 상황에서 웨스트민스터 총회는 신앙고백서 작성을 완성했다. 그러나 그것은 즉각 받아들여지지 않고 지연되고 있었다.

하원은 상원이 이미 승인한 신앙고백서를 1648년 6월 2일에 이르러 받아들였다. 그러나 시간이 너무 흘러 가버린 탓으로 그러나 장로회주의자들의 꿈은 무산되었다. 장로회주의자들은 독립교회주의자들을 따돌리고 감독주의자들과 제휴하여 왕을 인정하면서 영국국교회에 장로회 제도를 정착시키려고 했으나 장로회 제도의 꿈은 무산되고, 총회가 수고하여 만든 신앙고백서는 영국국교회의 것이 되지 못했다. 그것들이 자리를 잡도록 만들기에는 그들의 정치적 역량이 부족했다.

  크롬웰은 국회를 해산했다. 1653년에서 1658년까지 호민관으로 통치했다. 자신이 펼치는 공화정부를 지지하지 않는 장로회주의자들은 교구에서 추방당했다. 크롬웰은 장로회 정치가 아니라 회중교회 치리체제를 원했다. 1658년에 크롬웰이 죽자 국회가 복구되었다. 국회는 1660년 3월 14일에 장로회 제도를 영국국교회 정치제도로 공인한다고 하는 법을 선포했다. 웨스트민스터신앙고백서를 다시 채택하고, 그것을 인쇄하도록 했다. 그러나 장로회 제도와 감독제도가 갈등을 겪는 가운데서 찰스의 아들 찰스 2세가 감독주의 체제를 재정비하자 장로회주의자들의 희망은 물거품처럼 사라졌다.

  국회는 왕정 복귀를 공포하고 스스로 해산했다. 득세한 감독주의 감독들은 복수심에 가득 찬 상태로 통일법(The Act of Uniformity)을 통과시켰고, 그것에 동의하지 않는 사람들을 교구 밖으로 추방했다. 청교도들이 지금까지 추구하던 장로회와 개혁신학은 변두리로 밀려났다. 교구에서 축출된 비국교도 다수는 독립침례교도로 자리를 잡았다. 신앙고백서를 작성하던 일부 장로회주의 회원들은 영국국교회와 손을 잡았다.

3. 웨스트민스터신앙고백서의 사상

  16세기의 종교개혁 직후 유럽 대륙에는 두 가지 흐름이 나타났다. 한편에서는 정통주의가 등장했고, 다른 한편에서는 그것에 대한 반응으로 경건주의가 나타났다. 기독교 신앙이 이성의 역할에 강조를 둘 것인가, 경험에 강조를 둘 것인가 하는 것이 새로운 주제로 대두되었다. 신학자들은 성경 진리를 새롭고 단순하게 이해하던 종교개혁 당시의 분위기와는 달리 '객관적'인 교리 체계를 세우는 일에 몰두했다. 정통주의 시대의 특징은 신학이론을 합리적으로 체계화하는 것이었다.

웨스트민스터신앙고백서는 정통주의 시대를 주도한 개혁주의 정통신학(Reformed Orthodoxy)의 영향 아래서 만들어졌다. 하나님의 창조, 작정, 섭리에 대한 합리적 서술에 상당부분을 할애한다. 성령과 선교는 다루지 않는다. 성령은 영국국교회의 '39개 신조'에도 포함되어 있는데 웨스트민스터 총회가 그것을 다루지 않은 것은 특기할 만하다. 프로테스탄트 선교는 경건주의가 왕성하던 시기부터 부각되었기 때문에 그 당시 사람들이 이 주제에 대한 관심을 갖지 못한 것은 특기할 만한 일이 아니다.

웨스트민스터신앙고백서는 종교개혁 이후 125년 동안의 프로테스탄트 신학을 집대성했다. 17세기의 신학과 신앙 명제들을 포함시켰다. 조리 있고 엄숙하며 명확한 언어로 서술했다. 완결성과 포괄성을 가졌다. 성경이 하나님의 말씀이라는 점을 강조하고, 유서 깊은 기독교 진리를 변호했다.

이 신앙고백서는 총 33장으로 구성되어 있다. 제1장은 진리의 원천인 성경을 다룬다. 제2장에서 제5장까지는 하나님의 주권을 강조하면서 기독교 신앙의 전체 개요를 논리적으로 배열한다. 하나님의 작정, 섭리를 다룬다. 제6장에서 제20장까지는 인간 역사 안에서 이루어지는 하나님의 역사를 설명한다. 제21장에서 제26장까지는 기독교 삶의 윤리 차원을 다룬다. 하나님의 율법, 양심의 자유, 교회와 국가, 결혼과 이혼 등을 서술한다. 마지막 부분인 제27장에서 제33장까지는 교회, 성례, 마지막 일들을 담고 있다.

웨스트민스터신앙고백서 작성자들(The Westminster Divines)은 하나님께서 모든 것을 주관하신다는 역사철학을 가지고 있었다. 자신들의 말과 행동이 하나님의 주권과 돌보심 아래에 있다고 확신했다. 자연의 인과응보 법칙에 따르지 않고, 모든 것이 하나님의 손안에 있음을 발견하려는 노력은 하나님의 주권에 대한 칼빈주의적 확신을 반영한 것이었다. 그러나 칼빈이나 도르트총회(1619)가 확정한 교회법보다는 훨씬 더 부드러운 용어를 사용했다.

웨스트민스터신앙고백서의 탁월성과 중요성은 그것이 성경의 가르침에 충실하다는 점이다. 예정론, 하나님의 미리 아심 등에 대한 서술은 당시에 유행하던 연역 사고를 반영하지만, 동시에 성경에서 진리를 도출하는 귀납 방법을 따른 것이기도 하다. 신구약 성경 66권이 어떻게 정경이 되었는가에 대해서는 언급하지 않으며, 교회에 의해 그것이 권위를 갖게 된다는 로마가톨릭교회의 주장을 부정한다. 성경의 진실성과 신자의 마음속에 있는 성령의 내적 증거야말로 성경이 하나님의 말씀이라는 최종적인 설득력을 갖는 토대라고 본다.

웨스트민스터신앙고백서는 성경에 관한 교리 다음으로 언약신학(Covenant Theology)에 무게를 둔다. 청교도들의 영향을 받아 언약신학을 중요하게 여기고 하나님의 작정을 강조한다. 하나님의 언약을 인간 안에서 행하시는 하나님의 구원활동의 첫째가는 표현이라고 본다. 제7장은 '사람과 맺은 하나님의 언약'에 대해서 논한다. 행위언약과 은혜언약을 나눈다. 이러한 구분을 두는 언약사상을 연방신학(Federal Theology)이라고 한다. 학자들은 일반적으로 하나님의 언약은 두 가지가 있는 것이 아니라 궁극적으로 한 가지 언약만 있다고 본다. 행위언약이 은혜언약 안에 포함된 것으로 보기도 한다.

웨스트민스터신앙고백서 작성자들은 신학이 이론으로 그치지 않고 실천적이어야 한다고 생각했다. 그래서 신앙고백서의 3분의 2 가량을 개인과 사회 차원의 기독교 삶과 관계된 실천적 주제에 할애했다. 웨스트민스터신앙고백서는 기독교인의 삶과 건덕(Edification)에 대해 역설하고 있다. 칼빈주의자들에게 신학은 이론이 아니라 실제적인 학문이다. 신학의 목적은 하나님에 대한 논의가 아니라 하나님의 의지에 대한 순종의 삶이다. 신앙의 목적은 하나님께 영광을 돌리는 일이다. 인간의 자랑이나 권세나 섬김이 아니라 하나님 앞에서의 삶과 기독교 신앙의 구현이다.

웨스트민스터 총회는 신앙고백서보다 분량이 더 많은 대교리문답을 작성했다. 묻고 답하는 형식의 이 고백문서는 설교자들을 위한 길라잡이이다. 신앙고백서를 만든 것보다 더 많은 시간이 걸렸다고 한다. 이것을 요약한 것이 젊은이들을 교육하기 위한 소교리문답이다. 제1문에서 제38문까지는 기독교인이 무엇을 믿어야 할 것인가를 다루고, 제39문부터 제107문까지는 기독인의 삶의 의무를 다룬다. 성경이 가장 요긴하게 가르치는 두 가지를 우리가 하나님께 대해 무엇을 믿어야 할 것과 하나님께서 요구하시는 본분(duties)이 무엇인가로 나눈다.

4. 웨스트민스터신앙고백서와 한국장로교회

웨스트민스터교회당에서 열린 총회는 종교개혁의 완성을 목표로 삼아 교회정치 제도와 정화(淨化)에 초점을 맞추었다. 청교도 정신을 반영하여 교회나 국가가 개인의 양심을 구속할 권리가 없다는 등의 주제를 다루었다. 개혁신앙을 구체적으로 표현하는데 정성을 기울였다. 웨스트민스터신앙고백서는 로마가톨릭교회의 성직주의를 배격한다. 바울, 어거스틴, 위클리프로 이어지고 칼빈이 강화한 칼빈주의 신학을 담고 있다.

앞서 언급했듯이 신앙고백서는 역사적인 산물이며, 그것이 만들어진 시대, 사회, 정치, 정신, 신앙을 반영한다. 웨스트민스터신앙고백서는 다른 고백서들과 마찬가지로 제한성을 지니고 있다. 인종차별, 도시화, 산업화, 직장, 민주화, 남녀평등, 매스 커뮤니케이션, 복잡한 인간관계 등은 당시 사람들이 관심을 가진 주제가 아니었다. 그 당시의 교회는 사회 문제, 경제 문제에 대한 기독교인들의 책임을 오늘날처럼 자각하지 못했다. 영국교회는 18세기 후반에 이르러 비로소 사회개혁에 대한 관심을 보였다.

이 신앙고백서는 법률조문 또는 헌장이라는 인상을 준다. 어떤 문제에 대한 정답은 단 하나밖에 없는 것으로 보는 경향도 엿보인다. 하나님의 '구속'을 강조한 반면에 '이웃'에 대한 그다지 큰 관심은 표명하지 않는다.

1907년 9월 17일, 평양 장대현교회당에서 조직된 한국장로교회 첫 노회는 인도장로교회의 신조문을 본 떠 만든 신앙고백문을 채택했다. '조선예수교장로회 신조'는 흔히 '12신조'라고 불린다.

이 신조문은 다음과 같은 서술로 시작한다. "대한예수교회에서 이 아래에 기록한 몇 가지 조목으로 신경을 삼아 목사 및 인허 강도인과 장로와 집사로 하여금 청종하게 하는 것은 대한교회를 설립한 본 교회의 가르친바 취지와 표준을 버림이 아니라 오히려 찬성함이니 특별히 웨스트민스터신조와 성경요리문답 대소 책자는 성경을 밝혀 해석한 책인즉 우리 교회와 신학교에서 마땅히 가르칠 것으로 알며 그 중에 성경요리문답을 적은 책을 더욱 교회문답으로 삼느니라." 한국장로교회는 웨스트민스터신앙고백서를 교리의 표준으로 삼았다. 배위량 선교사가 1925년에 처음으로 한글로 번역했다.

이 고백문서가 한국장로교회의 신앙고백서로 채택된 것은 상당한 세월이 흐른 뒤였다. 장로교 통합교단 제52회 총회(1967)가 웨스트민스터신앙고백서를 기존의 신조에 첨가하기로 결의했고, 제56회 총회(1971)가 이를 공포했다. 제58회 총회가 결의한 교회 정치와 권징조례 수정안은 통과시켜 1974년 6월에 출간한 헌법 수정판에 그것을 수록했다. 수록된 웨스트민스터신앙고백서는 1903년 미국장로교회가 수정하고 보충한 제35장 '성령에 관하여,' 제35장 '하나님의 사랑의 복음과 선교에 관하여'를 포함시켰다.

고신교단 제22회 총회(1972)는 노회 수의(隨意) 결과를 보고받아 웨스트민스터신앙고백서를 공식 신조문으로 채택했다. 웨스트민스터신앙고백서 원본을 채택하여 사용하다가 '성령에 관하여'(제34장)와 '하나님의 사랑과 선교에 관하여'(제35장)을 보완하여 사용하고 있다.

고려신학교를 중심으로 출범한 학생신앙운동(Student for Christ)의 초기 지도자들은 웨스트민스터신앙고백서와 대·소교리문답을 신조로 수납했다.

한국장로교회는 아빙돈단권주석 문제(1935), 창세기 저자 문제와 교회 안의 여권 문제(1934), 신사참배 문제(1938-1945), 조선신학교 문제, 김재준 교수의 자유주의 신학 문제 등으로 장로교는 갈등을 겪었고, 신앙이 위협을 받고 있었다.

고신교단은 이런 배경을 가지고 출범하면서 "현 대한예수교장로회 가설(假說) 총회가 본[래의] 장로회 정신을 떠나서 이교파적으로 흐르므로 이를 바로 잡아 예수교장로회로 계승한다"는 취지를 표방했다. 장로교 정신, 원리, 예배, 신앙고백에 충실한 '정통신학운동'을 천명했다.

한국기독교장로회와 대한예수교장로회(통합)는 웨스트민스터신앙고백서를 역사적인 신앙고백서로 여기지만 공식 고백문으로 사용하지는 않는다. 독자적인 신앙고백서를 만들어 사용하고 있다.

웨스트민스터신앙고백서는 개혁신앙을 고백하는 신앙공동체의 연합과 일치의 기초이다. 이것을 고백하는 교회들은 인간적인 문제들을 뒤로 하고 조속히 기구적으로도 하나가 되는 것이 바람직하다. 이것은 신앙고백서로 수용하는 교회들과 그렇게 하지 않는 교회들의 연합과 일치는 하나의 난관으로 자리 잡고 있다.

 신앙고백서가 하나님의 말씀에 대한 교회의 시대적 반응을 담은 고백서라는 사실은 신앙공동체가 다양한 고백서들을 만들 수 있다는 것을 시사한다. 그러나 새로 만든 것이라고 하여 반드시 과거에 만들어진 것보다 더 탁월한 고백서가 되는 것은 아니다. 웨스트민스터신앙고백서가 만들어진 뒤에 나타난 여러 가지 신앙고백서들을 보라. 그 어느 것도 이를 능가할만한 신앙고백서가 못된다. 성경을 중요하게 여기며 영적으로 깨어 있던 그 시대의 교회의 경건과 견줄만한 풍토가 쉽게 조성되지 않는다. 오늘날의 교회는 옛날보다 훨씬 더 세상의 지혜와 세속주의와 인본주의에 오염되어 있다. 신학사조는 기독교의 절대성과 그리스도의 유일성을 부정하는 방향으로 나아가고 있다. 세계교회협의회(WCC)는 다른 종교에도 성령 하나님의 구원사역과 성령의 열매가 있다고 선언한다.

 미합중국장로교회(PCUSA)는 1983년에 미국북장로교회(UPCUSA)와 미국남장로교회(PCUS)가 통합된 교단이다. 바르트주의(신신학)를 바탕으로 만들어진 '새신앙고백서'(1967)를 수용하고 있다. 바르트주의의 가장 큰 문제점은 성경관이다. "성경은 하나님의 말씀이다"고 말하지 않고 "성경은 하나님의 말씀이 된다"고 말한다. 전자와 후자의 차이가 겉으로 보기에는 미미한 것 같지만 실제로는 굉장히 크다.

 미합중국장로교회는 이러한 고백서를 가진 이 교회의 성경관은 목사·장로·집사 임직 때 임직자가 피임직자에게 묻는 질문에서 단적으로 나타난다. "여러분은 신구약 성경이 성령의 감동으로 된 책이며, 전체 교회 안에서 예수 그리스도를 증거 하는 독특하고도 권위 있는 증언이며, 당신 자신에게 하나님의 말씀이 된다고 받아들이십니까?"

위 질문은 유서 깊은 기독교를 지향하는 장로교단들, 예컨대 한국의 장로교 고신, 개혁, 합동 교단과 미국장로교회(PCA), 미국정통장로교회(OPC) 등이 "성경은 성령의 영감으로 기록된 정확무오한 하나님의 말씀이며, 신앙과 생활의 최종적 규범이라고 믿습니까?"라고 묻는 것과 대조적이다.

성경의 무오성은 신학의 마지막 보루이다. 미합중국장로교회는 성경이 정확무오한 하나님의 말씀이라고 고백하지 않는다. 성경이 "전체 교회 안에서 예수 그리스도를 증거하는 독특하고도 권위 있는 증언이며, 당신 자신에게 하나님의 말씀이 되는가"고 묻는다. 성경을 '객관적'인 하나님의 말씀으로 받아들이지 않고 단지 말씀을 드러내는 것으로 보는 바르트주의 성경관을 반영하고 있다.

새로운 신앙고백의 필요성은 항상 존재한다. 새롭게 등장하는 이단들과 이데올로기들은 고풍스럽고 부적절한 논쟁적 외침을 내뱉는 것으로는 결코 효과적으로 극복될 수 없다. 그러나 그러나 새 신앙고백서를 만든다고 하여 새 것이 옛 것보다 더 탁월하고 창의적인 것이 된다는 보장은 없다. 현대 신앙고백서들은 대체로 핵심 교리들을 지나치게 일방적이거나 빈약하게 다룬다. 제2차 세계대전 이래 만들어진 신앙고백서들은 개혁주의 공동체들의 시도는 별로 성공적이지 못했다.

5

과거사, 무엇을 어떻게 청산할 것인가?

    한국교회는 여러 가지 고질병에 시달리고 있다. 교단분열, 물량주의, 교권주의, 권위주의, 개인주의, 기회주의, 무책임, 치리회 질서 위반, 부정선거, 경쟁주의, 반목질시, 도덕 불감증에 걸려 있다. 교회 수가 많고 교인 수기 많은 데도 그것에 비례하여 범죄자 수는 줄어들지 않는다. 교회당이 세워진 수만큼 교도소 수가 줄지 않는 이상한 현상을 보이고 있다.

    원인 없는 결과는 없다. 어떤 현상의 배후에는 그것이 도래하게 된 까닭이 있게 마련이다. 기독교가 이 땅에 들어온 뒤 1930년대 중반까지 한국교회는 상대적으로 높은 도덕적 권위를 갖고 있었다. 조선왕조의 무능과 열방의 틈바구니에서 상하고 지친 민족에게 빛과 소망을 주었고, 도덕성의 거울이 되었다. 그러나 주지하다시피 지금은 그렇지 않다.

    한국교회가 이 지경이 된 원인은 무엇일까? 저질의 신학교육, 자격미달의 교역자 양산, 책임의식의 빈곤, 기복신앙 등이 언급된다. 윤리의

식의 부재, 경제성장과 함께 급속도로 확산된 성장주의, 내세주의, 세대주의적 이원론, 종교의식화 된 신앙, 주일성수와 헌금과 전도와 예배와 기도회에 참석하는 것이 신앙의 전부라고 하는 생각, 기독교 세계관 훈련의 부재, '예수―천당'식의 발상, 무속신앙의 교회 침투, 자본주의적 물량주의, 자기비판 결여, 개교회주의, 교파지상주의 등이 원인으로 지적된다. 한국교회의 상태는 이 같은 요소들과 무관하지 않다. 그러나 가장 중요한 원인이 빠진 것으로 보인다.

한국기독교언론협회(회장 강춘오)는 기독교언론포럼 초대의 글에서 한국교회의 현 상태의 원인을 일제말기에 한국교회가 저지른 과거사에 대한 청산의 실패로 본다. "한국기독교가 역사 속에서 오늘날처럼 신앙적 정체성과 도덕성을 상실하고 나약한 분열주의로 전락한 것은 그 원인이 일제하 친일행위와 신사참배에 있다는 사실은 주지하는 바입니다. 그 이유는 해방 후에도 이 같은 한국교회의 배교적, 반민족적 과거사를 청산하지 못한 채 미봉책과 합리화로 일관해 왔기 때문입니다"(2005.5.2.)고 한다. 이러한 견해는 한국교회의 현 상태가 과거사 청산의 실패에서 기인한다고 보는 필자의 시각(『한국교회 친일파 전통』, 2000)과 일치한다.

한 공동체의 기질과 전통은 과거사와 직결되어 있다. 오늘은 어제와 연결되어 있고, 현재는 과거의 영향을 받는다. 오늘의 한국교회의 체질과 성격에는 그것을 결정지은 일련의 역사적인 사건들이 있다. 한국교회는 우상숭배, 배교, 백귀난행(百鬼亂行), 민족배신, 비인도적 행위를 저질렀다. 광복 후 그것들에 대한 진정한 참회고백이나 역사청산이 없었다. 반세기를 넘긴 지금까지 과거사에 대한 통절한 공적인 참회가 없었다. 일본도의 위협 아래에서 생존의 슬기를 터득해 온 친일파 습성이 한국교회 안에 온존하고 있다. 이 습성은 여러 가지 폐습의 '첫 단추'가 되었다. 오염된 신앙을 정화하지 않고, 비성경적 태도를 도리어 정당한 것으로 여기도록 했다. 교회는 과거사 청산과 참회고백의 필요성을 말하는 사람들을 축출했고, 옥중에서 5-6년 동안 순결한 한국교회의 불꽃을 유지해 온 성도들에게 강한 거부감, 적대감을 드러내어 왔다.

역사 단절에 실패한 한국교회의 혈관에는 불순한 전통이 유전(遺傳)되고 있다. 신앙정기와 민족정기가 회복되지 않고 가치관이 뒤틀린 채로 흘러가고 있다. 권징 질서가 무너져 버렸다. 그릇된 신앙의 좌표는 한국교회로 하여금 신앙정기와 민족 정체성을 가진 양심의 교사다운 교회가 되지 못하게 했다. 세상 사람들로부터 '한국판 가룟 유다'라고 비난을 받는 자들이 한국교회를 주도해 왔다. 그 동안 친일파 전통이 각 분야에 자리를 잡았다. 한국교회의 현재의 질병, 부조리, 악습이 주로 일제 밀기 행각에 대한 역사 청산의 부재와 친일파 전통에서 비롯되었다고 말하는 것은 논리의 비약이 아니다.

한국교회는 신사참배를 친일행위의 전부로 생각하는 경향을 보여왔다. 과거사와 관련하여 신사참배 만을 주로 거론해 왔다. 한국교회의 참회과제는 우상숭배의 죄 만이 아니다. 배교, 이교개종, 신도침례, 백귀난행-친일행각, 민족배신, 비인도적 행각 등 청산해야 할 죄가 많이 있다. 광복 후 반세기가 넘도록 과거사를 참회고백하지 않은 것과 왜곡된 역사인식을 용납하고 친일파 전통을 고착시킨 것에 대해서도 참회해야 한다.

민족문제연구소와 친일인명사전편찬위원회가 2005년 8월 15일에

사전수록 예정자 3090명의 명단을 발표하자 기독교도 겸허하게 반성해야 한다는 반응이 있었다. 그러나 어느 교회, 어느 단체도 참회고백문을 발표하거나 참회행사를 가진 바 없다. 천도교 대표자가 친일인명사전에 수록될 예정자 발표에 맞춰 "천도교의 과거 친일 행적을 참회하며 민족운동의 전통을 이으려 한다"고 하는 참회문을 발표한 것과 대조적이었다.

본고는 한국교회가 일제말기에 저지른 과거사를 반성하고 참회하도록 돕기 위한 목적으로 『한국교회 친일파 전통』(2000)과 근간예정인 몇 권의 저서에 실린 과거사 청산 과제들을 일목요연하게 정리한 것이다. 전거(典據)는 위 책들에 실려 있다. 광복 전의 범죄 10가지와 이와 관련된 광복 후의 잘못 10가지를 소개한다. 한국교회사가들의 편향된 당파적 시각이 과거사 청산에 가장 큰 걸림돌이라는 점을 지적하고, 과거사를 어떤 방법으로 청산할 것인가를 제시한다.

가. 과거사, 무엇을 회개해야 하는가?

1. 신사참배, 우상숭배, 황거요배, 신도예배

한국교회는 1938년 말부터 1945년 여름까지 우상숭배, 곧 신사참배를 했다. 교회 대표자들과 총회원과 노회원들이 열을 지어 신사(神社)에 가서 신도교의 예배 대상인 일본 '신'(神)을 참배했다. '가미나다' 라고 하는 이동식 신사를 교회당 안 동편에 두고 신도들은 그것을 향해 예배했다. 제1부 예배로 신도예배를 드렸고, 제2부 예배로 여호와 하나님을 예배했다. 일본신을 향하여 기도, 소원간구를 드렸으며, 그 예배는 찬양-손뼉, 예물 바치기, 황국신민서사낭독 등의 순서로 진행되었다.

일제는 신사참배를 종교[의식]이 아니라 국민의례라고 해석했다. 일제는 신도교를 국교로 삼은 종교국가였다. 정부가 이 국가종교와 그 사제를 관장했다. 일제는 신도주의(Shintoism)를 바탕으로 한국을 비롯한 아시아 국가들을 침략했다. 신사참배는 국민의례였지만 그것은 일본민족주의에 토대를 둔 국가종교, 신도교의 국우상숭배 의례, 곧 국민의례였다.

일제말기의 한국교회와 주한 선교사들과 일본의 종교인들은 신사참배의 제의성(Cultic Nature)과 우상숭배의 성격을 간파했다. 일본인 학자들도 그것이 종교 행위이며 우상숭배라는 것을 규정하는 글을 쓰기도 했다. 한국교회는 그것이 명백한 우상숭배 행위라는 것을 알고 있었다. 신사참배가 제1계명과 제2계명에 저촉되는 이교 제례라는 것을 모르지 않았다.

황거요배—동방요배도 신사참배에 버금가는 이교예배 행위였다. 주일날 신자들은 교회당에서 예배를 드리다가 12시 정오 사이렌 소리가 나면 일제히 일어서서 동쪽을 향해 절을 했다. 신사참배거부운동자들 사이에는 그것이 '살아 있는 임금'을 향한 신하와 백성의 예(禮)인가 아니면 우상숭배인가 하는 견해의 불일치가 있었다. 당시의 일왕은 '천황'이라고 하여 신격화 되고 있었다. '천'(天)은 종교성을 가진 단어이다. 그러므로 '천황'에게 절하는 것은 예배하는 행위로 풀이할 수 있다. 로마제국 시대의 황제숭배와 같다.

한국교회 지도자들은 신사참배가 국민의례이지 종교[제의]가 아니라는 일제의 해석을 받아들였다. 교회가 '국가의 신학적 해석'을 수용한 것이다. 일제의 기만적 신학적 해석을 수용한 것은 한국교회가 국가권력에 무작정 굴종하는 전례가 되었다. 이러한 전통은 한국교회가 이승만 정권의 반공이데올로기와 군사정권 하의 철권통치 이데올로기를 수용하거나 그것에 대한 저항력이 없는 것으로 나타났다.

신사참배와 관련하여 한국교회는 (1) 우상숭배, 동방요배, (2) 신도예배, (3) 그리고 이것들이 종교제의가 아니라 국민의례라고 교인들을 기만한 일, (4) 일제의 신학적 해석을 수용한 일, (5) 일제의 교회간섭을 허용한 것 등을 참회해야 한다.

2. 신도침례

한국교회의 대부분 목사들은 '목사연성회'라는 이름의 단체에 가입했다. 이 단체의 회원들은 서울의 한강, 부산의 송도 등 전국의 강과 바다와 호수에서 신도교의 결례의식인 '미소기'(神道淸淨)를 행했고 이른바 '계'(契)를 받았다. 다. 이것은 신도의 신주(神主)가 더러운 옛 것, 비일본적인 것, 비신도적인 것, 기독교적인 것을 씻는다는 의미를 지닌 의식이었다. 신도 사제가 '천조대신보다 더 높은 신은 없다'고 고백한 사람에게 베풀었다. 불교와 신도교에서 계를 받는다는 것은 개종을 의미한다. 성삼위일체 하나님의 이름으로 세례를 받은 목사들이 신으로 숭앙되는 '천조대신'(天照大神)의 이름으로 신도침례를 받았다.

신사참배거부운동자들은 기독교인이 신사참배 하는 목사, 신도침례를 받은 목사에게 세례를 받지 못하도록 했다. 광복 후 재건교회 일부 신자들은 이들이 베푼 세례의 효용성이 없다고 생각했다. 그러나 고신교회 지도자들은 이에 대한 문제 제기를 하지 않았다.

3. 신사참배인식운동, 신사참배권유운동, 밀고

한국교회가 우상숭배와 친일행각을 한 것은 마지못해, 불가피했기 때문이 아니었다. 교회는 친일파 인사들의 주도로 '신사참배인식운동,' '신사참배권유운동'을 전개했다. 신자들과 목회자들에게 시국에 대한 정확한 인식을 가지도록 선전하고 신사참배를 권유했다.

경남노회의 경우 임원들은 거창에서 신사참배거부운동을 펼치는 주남선 목사에게 찾아가 신사참배를 권유했다. 1939년, 김길창 목사와 김ㅇ일 목사가 찾아가 신사참배를 행할 것을 권했다. 부산과 거창은 그 시대의 교통형편을 고려하면 아주 먼 곳이었다. 주남선이 거절하자 그들은 강변에 나가 함께 이야기를 좀 하자고 제안했다. 주남선은 "그 일이라면 더 만날 필요가 없습니다. 다른 일로는 대화를 할 수 있지만, 신사참배에 대하여는 두 말할 여지가 없습니다"고 답했다.

장로교 총회는 1942년 2월에 이른바 대동아전쟁의 목적을 알리고 기독교인들이 전쟁에 협조하도록 설득하려고 연사를 5개 반으로 편성하여 파견하고 지방 시국 강연회를 개최했다. 신사참배거부자들을 찾아다니며 참배를 권고하고 '애국자'가 되라고 강권했다.

친일파 목사들은 경찰을 대동하고 신사참배를 반대하는 동료 교역자들과 신도들을 찾아다녔다. 발견 즉시 "이 자가 신사참배를 하지 않는 자이다"고 고발하여 형무소로 끌려가게 했다. 총회 산하 노회들은 신사참배거부자들을 제명, 파면시켰다.

　최훈 목사는 한국교회가 솔선수범하여 저지른 '신인공노할 무서운 범죄' 일부를 소개한다. 어느 목사가 신사참배를 거부하고 신앙의 지조를 지키기 위해 고향산천을 등지고 북만(北滿)으로 이거(移居)한 신자들을 일본의 경찰을 앞세우고 와서 "이 사람이 신사참배를 반대하는 자"라고 고발했다고 한다. 최훈은 그때 붙잡혀 옥고를 치른 바 있는 은기호 집사 증언을 예로 든다. 교회 지도자들이 신사참배를 하지 않는 성도들을 왜경에 고발하여 붙잡아 가도록 했다고 한다. 그 밖에도 "신인공로(神人共怒)할 무시무시한 죄악들이 얼마든지 있다"고 한다. 이 같은 일은 불가피한 상황에서 마지못해 한 것이 아님을 말해준다.

　광주의 어느 큰 교회의 담임목사는 자기 교회의 장로 한 명을 일경에 고발했다. 그 장로는 끌려가 극심한 고문을 당했다. 담임목사가 고발한 이유는 그가 교회가 시행하는 신사참배와 동방요배를 피하기 위해 예배가 시작한 30분 뒤에 참석했다는 것이었다.

　서울에서 40년 동안 목회를 한 어느 교회의 담임목사는 그 교회를 관할하는 왜경이 예배에 참석하지 않는 틈을 이용하여 주일예배를 신사참배 없이 끝마쳤다. 동방요배도 하지 않고 황국신민서사도 외우지 않은 채 예배를 '은혜롭게' 끝냈다. 이것을 지켜본 다른 목사가 예배 직후 관할 경찰서에 이를 고발했다. 담임목사는 그날 경찰 유치장에 갇혔고, 며칠 동안 구금되었다. 노회는 그 목사를 파직시키고 강제로 축출했다. '순정일본적기독교'로 개종한 목사들은 물 찬 제비처럼 일제통치를 좋아했다. 경쟁적으로 신사참배와 친일행각을 솔선수범했다.

4. 배교, 이단화

한국교회는 일제말기에 배교(背敎)했다. '굴절,' '훼절,' '변절'의 차원을 넘어 고대 이단 마르시온주의에 버금가는 이단성을 보였다. 교회는 "천조대신이 높으냐 여호와 하나님이 높으냐" 하는 질문에 천조대신이 더 높다고 하는 문건에 서명을 해서 관청에 제출했다. 교리와 신학을 변개(變改)했다. 신론, 인론, 기독론, 구원론, 교회론, 종말론을 개편했다. 성경을 편집하여 구약성경과 요한계시록을 제거했다. 찬송가 가운데서 그리스도의 재림과 통치와 하나님 나라에 관한 찬송, '만왕의 왕 내 주께서' 등을 삭제하게 하고 부르지 못하도록 했다.

장로교 총회장은 '전향성명서'라는 배교신앙고백서를 발표했다. 군소 교단들은 전향 성명서를 발표하고 자진 폐쇄했다. 일제의 강압 때문에 그렇게 한 것은 사실이지만 주께서 피 흘려 산 교회를 저항 없이 폐쇄하거나 '일본기독교'라는 이단집단에 통폐합시킨 것은 참으로 불충행위였다.

친일파 목사들은 광복 후에 "우리는 교회를 지켰다," "경찰통치 아래서도 한국교회는 살아남았다"고 말했다. 과연 그들이 지킨 '교회'는 무엇인가? 그 당시의 한국교회는 '천조대신의 교회'였다. 교회의 본질에 해당하는 사도성, 보편성, 단일성, 거룩성을 상실했다. 유서 깊은 기독교의 교리, 신앙고백을 버렸다. 배교한 교회는 그리스도의 교회가 아니다. 마르시온주의에 버금가는 이단 집단을 교회라고 보는 것은 잘못이다. 통일교회, 바하이교회, 천부교회(박태선)처럼 이름만 교회였지 참 교회는 아니었다.

한국장로교회가 신사참배를 행하기로 결정했을 때 주한 장로교선교회들(미국북장로교회, 미국남장로교회, 호주장로교회)은 한국교회와의 관계를 단절했다. 협력-자매 관계를 철회했다. 그 당시의 한국교회를 참 교회로 볼 수 없다고 판단했기 때문이다.

신사참배거부운동자들이 배교하는 교회에 저항하여 진짜 그리스도의 교회를 세우고 노회를 조직하고자 한 것은 종교개혁자들의 교회관과 일치했다. 신사참배거부운동을 노바투스주의나 도나투스주의와 동일시하는 것은 언어도단이다.

5. 백귀난행, 부일협력

한국교회는 적극적으로 부일행위를 했다. 성전(聖戰)이라는 이름의 악의 전쟁에 협조했다. 신의주에서 모인 장로교 총회는 교회조직을 전쟁보조 기구로 개편했다. 조선예수교장로회 총회 회록에 따르면 장로교회는 1937년부터 3년 동안 국방헌금 158만 원, 휼병금 17만2천원을 모아 바쳤고, 무운장구기도회 8953회, 시국강연회 1355회, 전승축하회 604회, 위문회 181회를 치렀다. 1942년에는 '조선장로호'라는 이름이 붙은 해군함상전투기 1기와 기관총 7정 구입비 15만 317원 50전을 바치고, 미군과 싸워 이겨달라는 신도의식을 거행했다. 1942년에 열린 제42회 총회의 보고를 보면 장로교단은 교회당 종 1540개와 유기(鍮器) 2165점과 12만여 원을 모으고 마련하여 일제에 바쳤다.

경북노회 노회장 송창근 목사는 산하 교회들에게 명령하여 교회의 종과 철제 물건과 유기를 관청에 갖다 바치고 그 보고서를 노회에 올리도록 했다. 교회와 그 지도자들의 이러한 친일 '애국' 활동은 전국적으로 펼쳐졌다.

친일 부역은 '조선예수교장로교도 애국기(愛國機) 헌납 기성회' 회장 정인과 목사를 포함한 일부 친일파 목회자들의 소행만이었던 것은 아니다. 감리교회는 1944년에 교단 상임위원회의 결의로 '감리교단호'라는 이름을 붙인 애국기 세 대를 살 수 있는 돈 21만 원을 헌납했다. 모금은 '성도의 헌금 전액과 교단 소속 교회 병합에 의한 폐지 교회의 부동산을 처분하여 충당하는' 방법에 따랐다. '교회병합 실시 명세표'를 만들어 전국 교회에 보냈다.

광주지역 기독교는 세 교회당만 사용하고 나머지는 폐쇄, 매각하여 일제에 바쳤다. 금정교회는 교구장의 사무실과 주택으로 사용되었다. 광주지역에서 예배를 드린 곳은 양림교회당과 중앙교회당 뿐이었다. 향사리교회, 구장정교회, 일곡동교회, 유안동교회를 폐쇄하고 부동산과 재산을 팔아 일제의 군수물자구입비로 상납했다. 밀려난 목사들은 농사를 짓거나 소일했다. 이러한 친일행각을 한 광주지방의 일본기독교조선교단의 총 책임자는 정경옥 목사(전 감리교신학교 교수)였다. 장로교의 성갑식, 백영흠, 조아라 목사가 그 아래에서 친일행각을 하고 있었다.

일제말기의 한국교회 신자들은 대부분 '기독교도연맹'에 가입했다. 교회는 연맹회비를 한 사람당 20원씩 받았다. 당시의 『동아일보』 평기자의 월급이 20원이었던 점을 고려하면 그것은 거액이었다. 교회는 이렇게 받은 회비, 헌금 등을 가지고 일제의 병기 구입에 사용하라고 헌납했다. 병기 헌납식을 대대적으로 거행했다.

교회는 또 연맹회비를 내지 않는다는 이유로 교인을 제명시킨 일이 있다. 그들의 이름을 교인명부에서 삭제했다. 예컨대 광주 송정제일교회 당회록은 "당회로서는 전 교인에게 교회의 의무 실행과 국민의 직무에 열성을 다하여 국방헌금과 연맹원의 의무에 충성을 다하게 하되 불이행 시에는 교인의 명부에서 제명하기로 가결하다"고 기록하고 있다. 한국교회의 솔선수범 친일행각이 어느 정도로 열광적이고 열성적이었는 가를 입증한다.

광주시내의 어느 교회당의 종을 떼려고 왜경이 일꾼들을 데리고 왔다. 종이 종각에 단단히 붙어 있는 탓으로 분해하는 것이 불가능했다. 왜경은 포기하고 돌아갔다. 이 때 그 교회 담임목사는 시내에서 산소용접기를 빌려가지고 와서 종을 강제로 분해하여 관청에 갖다 바쳤다. 솔선수범 일제에 충성을 바쳤다.

한국교회는 앞 다투어 전승축하기도회를 가졌고, 위문품을 보냈다. 기독교 인사들은 집회에 연사로 나섰다. 김활란, 백낙준 등은 이곳저곳에 강연하러 다니면서 조선의 젊은 남녀들에게 일제의 전선에 나가 그 애국적 정열을 나라를 위해 바치라고 외쳤다. 『동양지광』(발행인 박희도) 등의 친일 잡지에 글을 써서 젊은이들을 전장(戰場)으로 내몰고, 친일 부역을 하도록 부추겼다. 조선기독교청년회(YMCA)가 발행하는 『청년』은 기독교 단체와 지성인들이 민족배신 친일행각에 어느 정도로 광분했는가를 말해 준다.

일명 채필근신학교라고 불리는 평양신학교(1940 설립)는 한 달간 황민화를 위한 재교육을 실시하는 등 일제의 교화기관 구실에 충실했다. 『장로회보』는 이 학교의 졸업반 학생들이 1941년 10월 22일부터 11월 2일까지 '성지참배'와 '내지견학'이라는 이름으로 일본을 방문하고 신사참배를 했다고 보도한다. 1941년 12월 24일자 신문은 '내지견학기'를 싣고 있다. 학생들을 인솔한 김관식 목사는 나중에 일본기독교조선교단의 초대 통리로 선출되고 광복 후에는 한국기독교교회협의회(KNCC)를 주도했다.

그 무렵 노회들이 총회에 올린 보고서는 교회가 "하나님의 은혜와 보호 중에 잘 지냈사오며…" 하는 따위의 말로 일관한다. 평북노회는 "관내 각 교회의 교인 수는 증가하지 못하였으나 신앙생활은 질적으로 향상하였사오며… 관내 각 교회 지도자를 시국에 적절한 지도자로 양성코자 하오며"라고 기록하고 있다. 경성노회의 보고는 특히 인상적이다. 위문편지, 위문품, 상이장병 위문금, 유기헌납, 국방헌금 등으로 비상시국에 처한 국가에 성의를 표했다고 하면서 "조선신학교와 연합하여 국민총력 강습회를 개최하고 교역자 및 신자들에게 제국의 세계적 지위와 내선일체 일본 건설 등을 인식시켰으며"라고 보고한다.

교회의 지도자들이 이교징치 권력에 충성을 바친 이러한 종교행위를 한 것은 출세와 영달이 그 목적이었다. 목회자들은 "교인들에 앞서 '모범'을 보였고… 경쟁적으로 그들이 일제에 대한 충성심을 신사참배를 통해 보여주었다." 한국교회는 한치 앞을 내다보지 못하고 이런 일들을 '솔선려행'(率先勵行)했다. 일제가 신사참배에 대한 굴복만이 아니라 더욱 적극적인 부일협력을 요구하고 교회의 '창부화'를 강요할 때 한국교회는 일제의 작부(酌婦)다운 기고만장한 행태를 연출했다. 반민족 배교 집단으로, 이교 이데올로기에 바탕을 둔 일제와 신도교의 창기로 변해 있었다.

6. 면직, 제명, 사임압력

한국교회가 신사참배를 거부하는 목회자들을 파직하는 일은 비일비재했다. 거창읍교회 목회자 주남선은 신사참배거부운동을 전개하다가 1939년부터 광복 때까지 옥살이를 했다. 경남노회는 '주 목사에 대하여 거창읍교회 위임목사 해제를 통보'했다. 총회가 신사참배를 행하기로 결정한 뒤였다. 노회의 압력을 받은 교회는 그 가족에게 사택을 비우라고 강요했다.

장로교회는 주기철 목사를 면직시키고, 이기선 목사를 제명하고, 한상동 목사에게 압력을 가하여 사면하게 했다. 상당수 목회자들이 우상숭배를 거부하다가 교회에서 추방되었다. 목회지를 사임한 사람들은 자의로 사표를 낸 것처럼 보이지만 실제로는 강압적으로 축출되었다.

7. 비인도적 행각, 사회참여의 실패, 민족배신

평양노회(노회장 최지화)는 우상숭배를 거부하다가 투옥되어 있는 주기철에게 산정현교회 목사직 사표를 종용했다. 뜻을 이루지 못하자 임시노회를 소집하여 그를 면직시켰다. 노회는 그의 가족을 사택에서 끌어냈다. 사택 문에 못을 박아 봉쇄했다. 평양신학교 교수 고려위 목사가 그 집에 거주하다가 동네사람들이 거듭 비난하자 그곳을 떠났다.

최훈 목사는 주기철 목사의 가족을 끌어내던 바로 그 목사가 광복 후에 "한국장로교회에서 유력한 목사로 추대 받는가 하면 현 ○○○ 목사는 얼마 전에 공로목사로 추대되었다. 이와 같이 신앙양심이 마비되면 못할 일이 없는 모양이다"고 지적한다.

한국교회가 저지른 이 같은 비인도적인 행각은 비일비재했다. 목사에게는 그가 책임져야 할 식솔이 있다. 교회는 목사의 가족이 오갈 데 없고, 먹을 것이 없어서 걸인이 되어도 이웃사랑을 실천하고 사회적 책임을 감당하기는커녕 오히려 그들을 핍박했다. 나라를 빼앗긴 백성과 재산을 침탈당한 동족을 돌보고 그들의 아픔에 동참하기는커녕 항일자들, 신사참배거부운동자들을 괴롭혔다. 신사참배거부운동은 일면 그 시대의 사회참여운동의 성격도 지니고 있었다.

교회는 민족공동체의 일원이다. 이웃사랑, 사회참여, 문화적 책임을 가지고 있다. 한국교회가 일본민족주의 제례(祭禮)인 신사참배에 적극성을 보이고 친일행각에 솔선수범한 것은 민족에 대한 배신행위이다.

8. 에큐메니칼 운동, 교단통합

한국교회의 에큐메니칼 운동은 조선예수교연합공의회가 출범한 1924년부터 시작되었다. 이 운동은 일본도의 권위 아래서 프로테스탄트교회들을 단일화 하는 데 성공했다. 일제말기에 친일파 인사들이 주도한 이 운동은 한국교회의 이교화와 배교와 우상숭배에 이바지했다. 신도이데올로기를 '고백'하도록 했고, 각 교파를 해체하고 에큐메니칼적으로 단일화 하여 신도주의에 충실한 일본기독교단에 종속시켰다.

이러한 에큐메니칼 운동은 광복 후에 '하나의 한국교회'의 대명사인 '조선기독교단'이라는 교단을 조직하는데 이바지했다. 친일전력자들은 친일잔재 교단을 만들어 교회권력을 계속 장악하고자 했다. 그러나 감리교 측의 탈퇴로 실패하자 이 "교단은 해산되고 그 대신 일정 때의 '조선기독교연합공의회'의 재건 형식으로 탈바꿈하여 1946년 9월 3일에 '조선기독교연합회'가 창립을 보게 되었다. 여기에는 장로교, 감리교, 성결교, 구세군 그리고 국내의 각 선교부와 교회 기관들이 가입했다." 이때의 주동 인물은 대부분 친일전력을 가진 인사들이었다. 이 단체는 오늘날의 한국기독교교회협의회(KNCC)로 개편되었고, 이단과 오설(誤說)에 대해 거의 완벽하게 침묵하고 있다.

9. 황국(皇國)의 교회사(敎悔師) 양성소

한국장로교회는 번쩍이는 일본도와 펄럭이는 일장기 아래서 독자적인 신학교들을 설립했다. 평양에서는 '조선예수교장로회 평양신학교'를 설립했고, 서울에서는 조선예수교장로회 조선신학교를 설립했다. 이 학교들은 정통신앙을 가진 기독교 신자들을 일본민족주의 정신으로 개종시킬 '교회사'(敎悔師)를 양성하는 기관이었다.

조선신학교(현 한신대학교)는 그 태생적 성격에서부터 황국(皇國)을 위한 학교였다. 신도주의를 핵심으로 하는 종교국가인 일제와 긴밀한 협력관계를 유지했다. 조선신학교가 민족이나 민족적 자주성이나 민족 독립의 의지와는 전혀 거리가 멀 뿐만 아니라 일제의 황민화 기관으로 세워졌다는 것은 총회록에 실린 '조선신학원 설립 보고서'에 명시되어 있다. "복음적 신앙에 기(基)한 기독교 신학을 연구하여 충량유위(忠良有爲)한 황국(皇國)의 기독교 교역자를 양성함을 목적으로 한다." 일장기와 번쩍이는 일본도의 권위로 개교한 학교들은 한결같이 일본 민족주의의 시녀였다. 그렇지 않고서는 학교의 설립과 존립이 불가능했다.

조선신학교는 설립목적에 걸 맞는 여러 가지 황민화 활동을 했다. 경성노회와 더불어 "국민총력 강습회를 개최하고, 교역자와 신도들에게 제국의 세계적 지위와 내선일체신일본(內鮮一體新日本) 건설을 인식"시켰다. 황국신민학교답게 일제에 충성을 다했다. 1944년 졸업생 김종삼(1912-, 목사, 통합 대흥교회 담임)의 증언에 따르면 이 학교는 황국의 충량유위한 신학생이라는 평가를 받지 못하는 자에게는 졸업장을 주지 않았다. '충량유위한 황국의 교역자'로 부족하다는 까닭으로 졸업을 보류했다. 그 일로 말미암아 학생들 사이에 소요가 있었다.

그 무렵 감리교신학교는 구약성경을 읽었다는 이유로 김진철 등 신학생을 퇴학 처분했다. 이 점은 조선신학교도 예외가 아니었을 것이다. 한국교회의 친일행각이 일제의 강압 때문에 '마지못해' 한 것이거나, 조선신학교가 '충량유위한 황국의 교역자 양성'이라는 설립목적을 단지 형식적으로 내세운 것이 아니었던 것이다.

김종삼은 일제시대에 많은 목사들이 일제의 주구가 되어 전국을 누비면서 미영격멸(米英擊滅) 황군승리(皇軍勝利)를 위해 기도회와 강연회를 개최하는 것을 보았으며, 광복하던 날 정오에도 '천황폐하 만세'를 청중과 함께 삼창(三唱)하는 것을 보았다고 증언한다.

10. 솔선수범

한국교회는 지금까지 자신이 신사참배를 하고 부일협력을 한 것이 일제의 강압 아래서 억지로, 마지못해, 죽지 못해 한 것이며, 한계상황 때문에 불가피했다고 변명해 왔다. "그때 좋아서 한 사람이 누가 있는가?" "그 시대를 살아보지 않은 사람은 과거사에 대해 말하지 말라"고 주장해 왔다. 그러나 이것은 사실과 다르다. 장로교 총회가 신사참배를 행하기로 결정한 것도 그 교단 총회를 주도하는 친일파 목사들의 적극적인 노력의 결과였다. 유호준, 정인과, 김응순 목사를 비롯한 교단 지도자들이 일본에 '성지순례'와 신사참배를 하러 간 것은 '자의로' 간 것이며, 솔선수범한 것이었다. 유호준은 그것이 '부득이한 자의에 의한 것'이라고 한다. 처음에는 억지로 했으나 그 다음부터는 자의로 했다고 한다. 한국교회의 친일행각이 삼엄한 공기 아래서 이루어진 것은 사실이지만 '자의로' 행한 것임을 입증한다. 처음에는 강압 때문에 마지못해 하다가 점차 솔선수범 했고 나중에는 경쟁적으로 열성을 다했다. 한국교회의 우상숭배, 배교, 친일행각, 민족배신, 백귀난행, 비인도적 광란은 일제조차 '깜짝 놀랄' 정도의 자발적이고 적극적인 활동이었다. '삼엄한 공기' 속에서 이루어진 것은 사실이지만, '살아남기 위해' 저항하지 못하고 굴복한 그런 것은 아니었다.

나. 광복 후, 무엇을 잘못했는가?

1. 과거사 청산 거부, 참회고백 거부

한국교회사가 김양선 목사는 장로교 총회가 세 차례나 신사참배의 죄를 참회하기로 결정했다고 서술한다. 그러나 사실과 다르다. 손명걸은 총회가 신사참배 취소를 세 번씩이나 결정하고 참회를 했는데도 불구하고 고신계 인사들이 그것에 만족하지 않고 거듭 시비를 거는 것은 독존적 자기 영광에 도취된 때문이라고 비난한다. "제33회(1947) 총회가 신사참배 결의에 대한 취소 결의를 했고, 진정한 참회가 없다고 하여 제34회(1948)가 다시 취소 결정을 했고, 참회의 날까지 정하여 선언했으나, 그래도 만족하지 않은 탓으로 제38회[sic.] 총회(1954)에서 세 번째로 취소하기로 결정했다"고 한다. "반복적인 취소에도 '순결주의자들'은 만족하지 않고 결국 비극적인 분열을 초래했다"고 한다. 그의 주장에는 옳은 게 단 한 가지도 없다. 첫 두 번의 '취소 결정'이 있었다는 것과 '참회의 날'을 선포했다는 것도 사실과 다르다. 장로교 제33회, 제34회 총회는 신사참배 결의를 취소하기로 결정한 바 없다. 참회의 날을 갖기로 결의하지도 않았고, 그것을 선포하지도, 시행한 바도 없다. 신사참배 '취소성명서'라는 해괴한 것은 채택, 발표한 것은 제39회 총회(1954, 안동)였다.

박형룡 박사는 평북노회 교역자 수양회에서 출옥성도들의 의견을 반영하여 두 달 간의 자숙 안을 제안했다. 그러나 홍택기 목사는 "해외로 도피한 사람이나 교회를 지키기 위해 나섰던 사람의 고생은 마찬가지였다"는 말로 거부했다. 해방 뒤 출옥성도 중심으로 일어난 회개운동은 친일파 인사들의 반발로 무산되었다.

반민행위조사특별위원회에 연행된 목사는 장로교의 정인과, 전필순, 김길창, 김동만, 전인선, 감리교의 양주삼, 정춘수 등이었다. 그들마저도 모두 기소유예로 풀려났다. 친일파 목사 가운데 교회의 질서에 따라 공적으로 참회고백을 한 사람은 아무도 없다.

한국교회는 광복 후 친일파 인사들이 교회를 장악하도록 허용한 것과 참회고백을 하지 않는 것을 용인한 것과 재판을 받아야 할 자들이 재판석에 앉아 자신들을 용서한 것을 묵과한 것을 공적으로 참회해야 한다.

2. 고려신학교 추천 불허

출옥성도들이 세운 고려신학교(1946)는 개혁신학을 표방하고 출범했다. 이 그룹에 대한 친일파 인사들의 적대감은 극에 달했다. 그것은 여러 가지 모양으로 나타났는데, 총회가 목사후보생을 고려신학교에 추천하지 못하도록 한 것은 그 대표적인 예이다. 노회가 신학생을 그 학교에 추천하는 것을 장로교 총회가 가로막았다. 광복 후에도 참회고백은 하지 않은 채 한국교회의 주도권을 쥔 친일파 인사들은 조선신학교를 교단의 목회자 양성기관으로 신속히 인준했다. 이 학교는 역사적인 장로교회의 신앙과 신학을 허물기 위해 설립된 학교이다.

한국장로교회는 장로회신학교, 평양신학교, 조선신학교, 동북신학교, 고베중앙신학교, 일본기독신학교 등 여러 신학교를 졸업한 사람들을 목사로 안수해 왔다. 신학생 졸업창구 일원화나 단일 신학교 제도를 따르지 않았다. 이 점을 고려하면 고려신학교가 교단 직영신학교는 아니지만 과거사와 관련하여 설립된 학교이며, 장로교회의 신앙고백을 회복, 선전, 강화하기 위해 설립된 기존의 신학교이므로 그 학교에 신학생을 추천하는 것을 허락하는 것도 가능했다. 추천을 금한 것은 출옥성도들에 대한 그들의 반감을 드러낸 것으로 보인다.

3. 한부선 선교사 해벌

장로교 총회는 우상숭배를 거부한다는 이유로 제명시킨 한부선 선교사를 해벌(解罰)한다는 결정을 했다. 1950년에 경남노회 문제를 해결하도록 선출한 위원회를 통해 해벌 통문(通文)을 보냈다. 신사참배를 시행하기로 한 총회의 결정을 따르지 않는다고 하여 평양노회가 결의했고, 총회가 그 보고를 받음으로써 확정했던 제명처분을 해벌한다고 알렸다.

한부선은 신사참배거부운동을 펼치다가 투옥되어 포로 교환의 일원으로 아프리카를 거쳐 미국으로 추방되었다. 1947년에 한국에 귀환하여 고려신학교의 실천신학 담당 교수로 봉사했다. 그가 제33회 총회(1947, 제2차 남부총회)에 참석하자 서기가 그를 알아보고 호명했다. 이 때 그는 조용히 일어서서 "나는 이 총회의 회원이 아닙니다"고 답했다. "나는 치리를 받고 있는 자입니다"고 말한 것으로도 알려진다.

한부선이 총회에 참석한 것이나 총회원석에 승석한 것은 새로 조직된 총회의 존재를 부인하거나 그 총회에 소속되는 것을 불긍(不肯)한 것은 아닌 것으로 보인다. 김양선이 지적한대로 "아무리 왜정시대의 일이었다고 할지라도 봉천노회가 정식으로 한부선 선교사의 제명처분을 단행했고, 총회는 노회의 보고에 의하여 그의 이름을 회원명부에서 삭제했던 것이니 만큼 그의 이름을 총대 명부에 재록(再錄)하기 위해서는 반드시 어떤 절차를 밟았어야 했다." 교회가 잘못을 뉘우치거나 참회고백을 하지 않고 오히려 해벌을 통보한 것은 언어도단이다. 친일파 역사인식과 교권주의적 발상이 낳은 해프닝이었다.

4. 메이첸파 매도

한국장로교회는 '아메리카장로교'라는 이름을 가진 '메이첸파'와 선교협력관계를 맺었다. 1937년에 이를 결의하고 노회 수의(隨意)를 거쳐 1938년에 보고를 받음으로써 공적으로 체결되었다. 신사참배거부운동을 펼치던 한부선은 메이첸파 선교사였다. 광복 후에 재건된 한국장로교회는 1943년에 해체된 교단을 계승한다고 표명했다. 그렇다면 이 교단과 메이첸파와의 선교협력 관계는 유효하다. 이러한 이유로 '메이첸파' 선교사 한부선은 광복 후에 재건된 장로교 총회 임원회에 참석하는 등의 활동을 했다.

사실이 이러한데도 친일파 인사들은 고려신학교가 한부선을 실천신학 교수로 초빙한 것과 관련하여 고려신학교와 함께 메이첸파를 분리주의와 동일시하고 폄하했다. 친일파 인사들은 장로교회가 고백하던 정통신앙과 출옥성도들의 신앙노선에 대한 극단의 시기와 적대감을 드러냈다. 이러한 적대감은 급기야 출옥성도들 중심의 고신파(고려신학파)를 제거하는 것으로 나타났다. 브래들리 롱필드(Bradley Longfield)를 포함한 여러 학자들은 이구동성으로 오늘날 미국장로교회가 생명력을 상실하고 정체성을 잃은 원인이 당시의 미국교회가 메이첸의 말을 듣지 않았기 때문이라고 결론짓는다.

5. 경남노회 제거, 제1차 장로교 분열

장로교 총회(1951)는 기존의 경남노회를 제쳐두고 경남지역 친일파 인사들이 만든 '경남노회'라는 이름을 가진 불법단체를 받아들였다. 장로교 원리상 기존 노회의 동의 없이 새로운 노회를 조직하거나 분할, 합병하는 것은 불법이다. 그런데도 총회는 합법적인 기존의 노회가 동의하지 않는 노회 통폐합을 인정했고, '경남노회'라는 불법단체를 받아들였다. 약 150개 교회들로 구성된 기존의 합법적인 경남노회를 제거했다. 장로교회의 치리회 질서를 위반한 정치폭력이었다. 출옥성도들에 대한 친일파의 극심한 배타적 발상과 적대감을 드러냈다.

반민족행위특별조사위원회(반민특위) 중심의 대한민국의 과거사 청산 노력은 '기독교 정권' 이승만 정부의 방해로 실패했다. 한국장로교가 정치폭력으로 신앙의 정통, 민족 정통성을 가진 고신파를 제거한 사건은 그것보다 더 심했다.

총회는 경남노회를 제거한 뒤에 지역마다 교회의 분열을 조장했다. 파당을 만들어 기존의 경남노회의 발전을 방해했다. 교회당 명도 소송을 세상법정에 제기하고, 성도들을 이간질 했다. 총회파 문창교회는 고신파 문창교회를 상대로 교회당 쟁탈을 위한 소송을 제기했고, 송상석 목사는 이에 응소(應訴)했다. 교회의 재산은 '교인 총유'(總有)라는 판결을 받았다.

친일파 인사들과 한국교회사가들은 한국장로교회 제1차 분열의 책임을 고신파에 돌린다. 그 사건을 강자의 논리로 해석한다. 그러나 이 분열에 대한 책임은 전적으로 친일파가 주도하는 총회파에 있다. 손뼉은 마주쳐야 소리가 난다고 하는 통념은 이 사건에 해당되지 않는다.

고신파 출옥성도들은 교회의 과거사를 공적으로 참회하고 함께 하나의 장로교회로 재출발하고자 했다. 그들은 자신들이 어느 누구를 심판하고 정죄하거나 자신의 공로를 내세워 승리의 영광을 과시하고자 하지 않았다.

그런데도 한국교회사가들은 출옥성도들이 참회고백을 해야 한다는 주장을 '독선적'인 발상을 가지고 형제를 '정죄'한 것으로 단정했다. 자기 의를 높이고, 자기의 공로를 뽐내기 위해 형제를 정죄하는 것으로 파악한다. 김양선은 "출옥성도의 독선주의와 교권주의자의 세속적 야망"이 장로교 제1차 분열을 가져온 것으로 기술한다. 김광수는 '출옥성도들의 독선적 신앙 고조'란 제목 아래에서 제36회 속회총회는 "출옥성도들을 여지없이 정죄하였다. 그러나 고신계열의 출옥성도들은 이에 굴하지 않고 독선신앙을 과시하면서 경남법통노회를 조직하였다"고 서술한다. 이것은 모두 역사왜곡이다.

'독선적'이라는 용어는 신도군국주의 일제와 친일파 인사들이 순수한 한국교회 신앙인들에 대해 즐겨 사용하던 용어이다. 신사참배거부 항쟁자들에 대한 일제 취조문, 예심종결서 등은 이들이 '독선적 신앙'을 가졌고, 성경을 '독선적'으로 해석하면서 국체변혁(國體變革)을 도모했다고 기록하고 있다. 평양지방법원 검사가 작성한 신사참배거부운동자 '21명 예심종결서'는 이 같은 내용으로 가득 차 있다. 한상동, 이기선, 주남선을 비롯한 수진수난자들의 신앙이 '독선적'이라는 것이다. 한국교회사가들과 친일파 인사들은 광복 후에도 일제의 시각을 자신들의 것으로 삼아왔다. 그들의 역사평가 기준은 정당하고 타당한 외침을 그릇된 것으로 보는 일제의 시각과 정확히 일치한다.

'정죄,' '독선,' '심판권 행사,' '율법주의,' '바리새주의'는 가치중립적인 용어가 아니다. 가치판단에는 기준이 있기 마련이다. 한국교회는 과거사 청산 문제, 고신파의 행보에 대한 역사평가를 하면서 진리성, 성경, 신앙고백, 교회의 규범을 기준 삼아 하지 않는다. 친일파의 당파적 시각으로, 힘의 논리로 파악한다. 그 결과로 출옥성도들의 과거사 청산, 참회고백의 필요성, 진정한 개혁교회의 재건에 대한 언급을 '독선신앙'을 가지고 형제를 '정죄'한 것으로 단정한다. 이러한 오류는 재판을 받아야 할 자가 재판관의 자리에 앉아 자신을 판단하는 데서 비롯된 것이다. 과거사 청산의 실패는 역사왜곡을 가져왔다.

6. 취소성명서 사건

장로교 총회(1954)가 고신파를 제거한 뒤에 과거사 청산 문제를 다루었지만 총회의 상층부를 차지한 친일파 인사들이 '누가 누구를 시벌하랴?'고 외치면서 방해하는 바람에 참회고백은 실패하고 말았다. 신사참배를 행하기로 결정한 과거의 결의를 취소한다는 내용이 담긴 성명서 하나를 채택하는 것으로 종결지었다. 신사참배만 언급했지 '일제도 깜짝 놀랄 정도'로 친일에 열성적이었던 일과 천인공노할 범죄와 행악에 대해서는 언급조차 하지 않았다.

총회가 신사참배 결정을 취소한다고 하는 성명서를 채택한 것은 과거사를 단지 행정상의 실수(mistake)로만 여긴 결과이다. 성경, 신앙고백, 치리규범, 양심에 따르지 않았다. 단지 정치적인 방식으로 해결하려고 했다. 한국교회가 일제치하에서 저지른 범죄와 행악은 행정상의 실수가 아니라 신앙고백의 차원에서 참회고백으로 해결해야 할 사안이다. 과거의 결의를 단지 취소하기로 한 것은 죄상가죄(罪上加罪)이다.

다수보다 진리가 더 중요하다는 사실을 망각한 판단이다.

'취소성명서'는 신사참배를 한 것이 강압 때문이었다는 것을 강조하여 성명 자체를 무의미한 것으로 만들어 버렸다. 법리적으로 말하자면 강압에 의한 범죄는 그 책임이 가해자에게만 있다. 이러한 시각은 친일파교회사관을 가진 한국교회사가들이 한계상황론, 삼엄한 공기론, 불가피론 등을 내세우면서 교회가 강압 정치의 피해자였고, 박해를 이기지 못해 친일행각을 한 것이며, 따라서 참회의 책임이 없다고 말하는 것과 동일하다.

'취소성명서'는 일본기독교단이 1967년 부활절에 발표한 '제2차 세계대전 동안의 일본기독교단의 책임에 대한 고백'과 흡사하다. 이 고백문은 과거의 잘못을 역사의 주인이신 하나님의 섭리로 돌림으로써 고백 자체를 무의미한 것으로 만들어 버린다. 하나님의 섭리란 대단히 중요한 신앙적 명제이다. 우리들의 모든 행위는 하나님의 섭리 가운데서 일어나고 있다. 그러나 죄를 범한 자가 자기의 행위를 하나님의 섭리로 돌리는 것은 사악한 발상이다. 일본기독교단이 자신의 행악을 하나님의 섭리로 돌려 자신의 황도기독교 정체성에 큰 변화가 없다는 것을 표명한 것과 마찬가지이다.

7. 주기철 목사복권 사건

장로교 통합교단의 서울동노회가 주도한 '주기철 목사 복권' 행사는 과거사 청산의 실패가 낳은 어처구니없는 해프닝이며, 한국교회의 삐뚤어진 역사인식과 친일파 전통에 대한 극명한 증거이다. 그것은 주기철을 중세기적 미신의 대상으로, 교권주의의 꼭두각시로 이용한 행사였다. 그를 떠받들고 있던 교회사적 의의의 버팀목을 빼 버린 사건이다.

이 사건은 (1) 죽은 자를 교회의 치리(성자, 복자, 순교자 추대 등)의 대상으로 삼는 로마가톨릭교회관을 반영했다. (2) 목사직을 작위로 보는 시각을 반영했다. (3) 복권은 과거의 면직이 유효하다는 것을 전제로 한다. 우상숭배를 거부한다는 이유로 면직한 것이 아직도 유효하다고 보는 것은 언어도단이다. (4) 평양노회가 면직시킨 것을 서울동노회가 복권시키는 것은 치리회의 질서에 어긋난다. (5) 이 사건은 순교자를 상품화 하여 자파의 정통성 확보와 위상향상을 위한 수단으로 삼은 해프닝이다. 그 무렵 프랑스가톨릭교회는 나치치하에서 유태인 학살에 침묵했던 죄를 참회했고, 일본의 여러 교단들과 기독교 학교들은 한국교회에 가한 과거의 잘못에 대해 양심선언을 했다(졸저, 『일본기독교의 양심선언』, 2000을 보라). 주기철 목사복권 사건은 철면피한 한국교회의 그릇된 역사인식과 친일파 선봉의 현주소를 보여준 사건이다.

8. 장로회신학대학교의 역사날조

한국장로교 교단들은 총회 회수를 1912년에 모인 제1회 총회에서 시작하여 계산한다. 그러나 1912년에 설립된 한국 장로교단은 1943년에 해산되었다. 그러므로 광복 후 재건된 교단의 총회는 '후기 제1회' 등으로 표기하는 것이 옳지 않은가 생각된다. 고신교단이 첫 총회를 제1회로 시작한 것과 같이 말이다.

장로회신학대학교와 총신대학교와 개신대학원대학교는 2002년에 개교 100주년 기념행사를 다채롭게 가졌다. 음악회, 학술강연회, 동문회, 개교100년사 출간기념회 등을 가졌다. 1년 내내 행사들을 가졌다.

그러나 이 학교들이 100년의 역사를 가졌는가는 따져봐야 한다. 장신대학과 총신대학은 박형룡 박사가 고려신학교 학생들 절반가량을 데리고 가서 남산의 조선신궁 건물에서 시작한 장로회신학교(1948)로부터 시작되었다.

장로회신학교(평양)는 1938년에 신사참배 문제로 스스로 문을 닫았다. 그 학교와 1940년에 세워진 평양신학교는 무관한 학교이다. 장로회신학대학교와 총신대학교와 개신대학원대학교가 100년의 역사를 가진 학교라는 것을 입증하려면 타당한 근거를 제시해야 한다. (1) 이사회, (2) 교수회, (3) 교사(校舍), (4) 학생회, (5) 운영하는 주체 중 어느 하나라도 연결되면 일제의 강압과 민족적인 수난기를 넘기는 동안 우여곡절을 겪었다는 점을 고려하여, 이를 인정할 수 있을 것이다. 그러나 그 어느 것 하나도 같은 것이 없다.

위 학교들이 설립 연대를 장로회신학교(1902)의 설립에서 시작하는 것은 장로교 총회가 그렇게 하기로 결정했다는 데 근거를 둔다. 총회가 1948년에 설립된 신학교의 역사를 장로회신학교(평양)를 계승하기로 하기로 결정했다는 것이다.

장로회신학교(평양)는 한국장로교 총회가 운영한 학교가 아니다. 선교연합공의회가 운영했다. 장로교 총회가 최초로 직영한 신학교는 1940년에 세워진 평양신학교(일명 채필근신학교)이다. 그 학교를 운영하던 총회는 1943년에 해체되었다. 서울의 장로회신학대학교와 총신대학교는 광복 후에 재조직된 남한의 장로교 총회가 운영하는 학교이다.

총회가 학교의 설립연도를 결정할 수 있다고 생각하는 것은 교권주의적 발상이다. 설립연도는 역사적 사실에 근거해야 한다. 총회가 학교의 설립연도를 결정할 수 있다고 보는 그 시각은 한국교회 안에 깊숙이 자리 잡은 친일파 전통의 한 단면이다.

장로회신학대학교는 자신의 역사를 평양신학교(채필근신학교)와 연계시킨다. 이 학교는 1950년에 폐교되었고, 이를 운영하던 장로교단은 1943년에 해체되었다. 이 교단과 1946년에 남한에서 새롭게 조직된 장로교단 사이에 공동체적 관련성은 있으나 법적인 연속성은 없다. 과거에 장로교회였던 교회들이 지역 노회를 재조직하고, 그 노회들이 다시 남부총회라고 하는 가설(假說) 총회를 구성했다.

그러나 공동체적인 관련성만으로는 학교라고 하는 법적기구의 연속성이 보장되는 것은 아니다. 아무리 이족침략, 동족상잔의 전쟁이라는 삶의 상황을 고려해도, 평양의 장로회신학교와 서울의 장로회신학대학교를 연결시켜 100년의 역사를 가졌다고 주장할 수 있는 근거는 없다. 장로회신학대학교의 역사 날조가 의도적으로 이루어졌다는 것은 『장신대학70년사』와 『장로회신학대학교100년사』를 대조하면 알 수 있다.

총신대학교는 여기에서 한 술 더 뜬다. 개교 100주년 기념행사를 다채롭게, 성대히 가졌으며, 『총신대학교100년사』(2002)라는 방대한 책을 편찬 출간했다. 그런데 이 책은 평양신학교(채필근신학교)와 총신대학교가 무관하다고 서술하고 있다. 총신대학교가 장로회신학교(평양)에서 출발했지만, 그 역사에 친일, 우상숭배를 하던 '채필근신학교'의 역사를 포함시킬 이유가 없다고 한다.

그렇다면 이 학교가 2002년에 개교 100주년 기념행사를 가진 것은 모순이다. 책 제목은 『총신대학교100년사』인데, 그 내용에서는 자신이 100년의 역사를 가진 학교가 아니라고 서술한다. 과거사 청산 부재가 낳은 웃지 못할 해프닝이다.

9. 주기철 복적 결의

장로회신학대학교는 순교자 주기철 목사를 졸업생으로 여긴다. 교정에 주기철 순교기념비를 세워놓고 그가 이 학교의 졸업생이라고 부각시킨다. 주기철 목사가 졸업한 학교는 평양에 소재했고, 1938년에 폐교되었다. 장로회신학대학교 교수회는 주기철 목사의 복적을 만장일치로 결정한 바 있다. 이것은 10가지 이상의 모순을 내포하고 있다. 순교자를 자교의 위상향상과 정통성 확보의 수단으로 삼으려고 한 것으로 보인다.

장로회신학대학교 교정에 있는 순교자 주기철 목사 기념비의 비문은 이종성 박사가 썼다. 그는 주기철 목사의 순교와 저항을 가능하게 한 개혁주의 정통신학을 '신바리새주의,' '근본주의'라고 매도해 왔다. 앞에서는 순교자를 상품화 하여 자기 학교의 위상향상의 수단으로 삼고 뒤에서는 그의 순교를 가능하게 한 신념체계를 근본주의, 바리새주의라고 지탄하고 폄하하는 이중성을 보였다.

10. 한신대학교의 역사날조

한신대학교(전 조선신학교)의 김재준, 정하은 교수는 일제시대의 순교자와 출옥성도들을 깎아내리며 그들이 피안적 신앙에 의해 희생된 자들이라고 지탄했다. 신학을 알아서 일제에 대항하여 투쟁한 것이 아니라 단지 정통신학이라는 덧없는 신념체계로 말미암아 희생되었으며, 불나비가 불을 향해 겁도 없이 달려 들 듯이 쓸모없는 희생을 당했다고 말했다. 그는 나치치하의 독일고백교회의 저항은 순교적 영웅이라고 평가하면서도 한국교회의 저항과 신앙투쟁은 극도로 폄하했다. 신앙승리자들에 대한 반감, 적대감을 노골적으로 드러냈다.

한신대학교는 다섯 가지로 역사를 날조한다. 첫째, 조선신학교의 설립 목적이 "복음적 신앙에 기초한 기독교 신학을 연구하여 현 조선교회가 요구하는 건전한 교역자를 양성함을 목적함"이었다고 한다. 이것은 완전히 날조된 것이다. "충량유위한 황국의 교역자 양성"이 그 목적이었다. 둘째, "본교의 설립취지와 교육이상은 한국민족과 한국교회가 새 역사를 맞을 준비 작업으로서 손색이 없는 것이었다"고 한다. 그러나 조선신학교의 설립취지와 교육이상은 충량유위한 황국의 교회사(敎悔師)를 양성하는 것이었다.

셋째, 한신대학교는 이사장 명단에서 진정률 장로(1948-1953)를 초대 이사장으로 내세운다. 문헌에 따르면 초대 이사장은 함태영 목사였고, 그 다음은 일본인 마쯔모토 다따오(松本卓夫)였다. 1943년경의 이사장은 일본인 무라야마 키요히꼬(村山淸彦)였다. 초대 이사장 다음으로, 2대에 걸쳐서 일본인들이 이사장을 역임했다. 넷째, 전직 교수 명단에서 일본인 교수들의 이름은 삭제해 버린다. 일본인 교수 미야우찌 아끼라(宮內彰), 전임강사 하나무라 요시오(花村芳夫), 무라기시 세이유(村岸淸洙), 야마구찌 다로(山口太郞), 그리고 이사장이며 신약학 교수였던 마쯔모토 다따오(松本卓夫), 무라야마 키요히꼬(村山淸彦)의 이름을 싣지 않고 있다. 미야유찌 아키라 교수를 비롯한 일본인 전임 교수들의 이름을 빼버렸다. 미국인, 캐나다인 교수들의 이름은 포함시키면서 일본인들의 이름을 빼버린 까닭은 무엇인가? 다섯째, 이사진 구성에 대한 서술도 사실과 다르다. 1943년 경에는 일본인 3명, 곧 무라야마 키요히꼬(이사장), 하나무라(花村美樹), 가나이에이 사부로(金井英三郞)와 한국인 4명(김영철, 조희염, 김종대, 함태영)이 이사였는데, 이사 명단에서 일본인들을 삭제했다.

한신대학교가 과거사를 솔직히 시인하고 참회하며 통절히 반성함으로써 역사를 바로 세우고 새로운 장을 열어가려고 하지 않고 도리어 은폐하고 날조한 것은 주기철을 비롯한 일제 말기의 신사참배거부자들이 정통주의 신학의 희생이었다고 비난한 김재준, 정하은의 궤변과 궤를 같이한다. 출옥성도들을 향하여 메이첸파니, 독선주의니, 독존적인 자기 영광을 과시한다느니 하면서 우물에 독 뿌리기 식 독설을 토한 것과 일치한다. 한신대학교가 자신의 역사에서 일본인들을 모조리 삭제하고, 이 학교가 민족 정체성을 지니고 출범한 것으로 서술하는 것은 한국교회의 정조를 일제에게 갖다 바친 "창녀의 구차한 변명"이다.

다. 무엇이 가장 큰 걸림돌인가?

한국교회가 지금까지 과거사 청산을 제대로 하지 못한 배후에는 그릇된 역사인식이 자리 잡고 있다. 강자의 시각과 우상숭배자—친일전력자들의 당파적이며 자기변호적인 태도와 친일파교회사관 등이 있다. 민경배 교수(연세대학교)는 일제말기의 과거사를 친일파의 눈으로 평가하는 대표적인 교회사가이다. 그의 편향된 역사관은 세 가지로 드러난다.

첫째, 홍택기 목사 류의 과거사 청산 방법에 대한 예찬이다. 홍택기는 신사참배 결의안을 통과시킨 장로교 총회의 총회장이었다. 광복 후에 "해외로 도피했던 사람이나 교회를 지키기 위하여 나섰던 사람이나 그 고생은 마찬가지였다고 언명하고, 신사참배 회개의 문제는 각인이 하나님과 직접 관계에서 해결할 성질의 것이다"고 단언했다.

민경배는 홍택기의 "말에는 반박 못할 정연한 논리와 신학이 있었다"고 예찬한다. 반면에 공적인 참회고백과 자숙의 필요성을 말한 출옥성도들을 향하여 그들이 하나님의 은총을 무시하고 윤리적 정결(교회의 순결성)과 신앙적 영광(옥중에서 승리했다는 영예)을 더 앞세운다고 비난한다. 출옥성도들의 "자책과 통회의 요청은 심판의 인상이 짙었고, 그것은 자기의 무한한 의와 결백을 전제하면서 신의(神意) 대행을 자처했던 이단 심문의 중세기를 상기케 했다"고 한다. 또 "은총의 객관성의 모체인 교회의 힘에 윤리적 정결과 신앙적 영광을 앞세웠다고 하는 모순을 가졌다…. 그 당사자의 심령에 겸손과 공동체 의식이 없고, 은총의 편만과 교회의 신비, 약한 세정에 함께 목메 우는 참여의 사랑이 없을 때, 영광의 수난이 자랑과 정죄의 자리가 되었던 것이다"고 말한다.

민경배는 출옥성도들이 과거사 청산(참회고백, 공개적인 자숙)을 주장한 것이 "장로교 신앙의 근본 전제에 대한 위협이었다"고 한다. 그들이 자신들을 "'출옥성도'(出獄聖徒)로 자처했다"고 빈정댄다. "열정과 신앙의 예민으로 해서 전혀 상상도 못하는 곳으로 경건과 순교의 영광을 다짐하게 된다…. 은총(恩寵)의 개념이 막연해진 채, 도덕적 순결과 신앙이 의지적 보수라는 인효론적(人效論的) 화살로 그 참회의 상징을 요구했다. 교회는 우선 양심의 숙연한 비판에 떨어야 했다"고 한다. 과거사 청산, 양심회복, 회개의 표가 있어야 한다고 본 출옥성도들이 은총의 신비를 망각한 채 형제를 정죄했다는 것이다.

둘째, '불가피론,' '한계상황론'을 내세운다. 일제말기의 한국교회가 한계상황에서 살아남기 위해 '순응'한 것이라고 한다. 한국교회가 일제 치하에서 우상숭배, 배교, 백귀난행을 한 것은 '강요에 못 이겨' 했고, '교회를 살리기 위해서 수모를 마다하지' 않은 것이라고 한다. 한국교회가 저지른 죄악과 책임을 당시의 불가피한 상황으로 돌리며, 친일파로 불리 울 사람은 '불과 두세 사람'에 지나지 않는다고 한다. 한국교회가 자의(自意)로 저지른 것이 아니라 억지로 한 것이라고 한다. 고초를 이겨낼 힘이 없었기 때문이었다고 한다.

일제의 강압이 있었지만 그 강압에서 시작한 한국교회의 배교와 친일 행각은 일제를 '깜짝 놀라게 해 줄 정도'였다. 마지못해 한 것이거나 억지로 한 것이 아니다. 상처를 받은 정도, 범과(犯過: mistake)한 정도가 아니라 친일행각을 솔선수범, 경쟁적으로 연출했다. "그 즈음해서 교직자들 간에는 이상한 심리가 전염병처럼 돌아… 당국자도 깜짝 놀랄 조처를 서슴없이 솔선하는 혼탁한 공기가 나돌았다."

셋째, 친일 지도자들이 일제와 한국교회 사이에서 조절의 역할을 하느라고 수고한 것으로 본다. 친일파 인사들이 살신성인 정신으로 교회를 지킨 것으로 본다. 민경배는 '연약한 자들의 신앙보존양식'을 논하면서 친일자들도 자기 나름대로 '최선'을 다했으며, "한 세대가 허락할 수 있는 한도 내에서 교회를 맡아 나간 슬기로운 신앙인"이었다고 한다. 일제에 항쟁한 자들처럼 행동하지 않은 것은 다만 신앙의 형태가 달랐기 때문이라고 한다. 일제와 한국교회 사이에서 조절의 역할을 하느라고 최선을 다한 자들이므로 그들의 '조절의 신학'을 우리의 '민족신학'으로 삼을 것을 고려해야 한다고 한다.

가롯 유다는 지금도 주를 배신한 일을 떠올리면서 자신의 책임을 회피하고 있을 것이다. 그때의 상황이 그럴 수밖에 없었기 때문에 그리스도를 군병에게 넘겨주었다고 말할 것이다. '삼엄한 공기,' '한계상황,' '불가피성을 되씹고 있을 것이다. 오늘날 게르만 민족주의자들은 유태인 6백만 명을 학살한 히틀러를 아리안 민족의 우수성을 드러낸 영웅으로 추대하고 있다. 일본의 극우파와 정치인들은 전범(戰犯)들을 국가신사에 '모셔' 놓고 그 앞에 참배를 하고 있다. 수상이 매년 참배를 한다. 민경배의 친일파교회사관은 가롯 유다의 게르만민족주의자와 일본 극우파의 역사인식과 궤를 같이 한다.

한국교회사가 다수는 민경배의 시각을 공유한다. 이들은 과거사 문제에 대해 대개 어용 지식인답게 교회사를 당파적 시각으로 해석, 기술한다. 선을 악이라고 하고, 악을 선이라고 하며, 진리를 비진리로 여기고, 비진리를 진리로 판단하는 일이 비일비재하다.

한국교회의 과거사 청산과 질병 치유는 한국교회사가들의 참회고백에서부터 시작되어야 한다. 가장 먼저 참회해야 할 자들은 교회사들, 친일파 교권주의에 아부해 온 지식인들이다. 교회사를 성경이나 진리성의 관점에서 해석, 기술하지 않고 강자의 논리, 힘, 기득권자의 시각, 친일파의 눈으로 기술한 것부터 참회해야 한다.

라. 어떻게 참회할 것인가?

만주지역 봉천노회는 1946년경에 참회고백 행사를 가졌다. 통절한 참회문을 담은 문건을 발표했다. 장로교 총회에서 축출된 경남(법통)노회를 모태로 하여 태동한 고신교단(1952)은 출범과 더불어 대제사장적인 참회를 한 바 있다. 불가피하게 독자적인 교단을 조직하면서 한국교회를 향한 '대제사장적인 사명'을 다하기 위해 우상숭배를 행한 한국교회를 대신하여 참회고백 행사를 가졌다. 신사참배에 대한 일정기간의 공적참회를 결정했고, 모든 교회와 목사, 장로, 전도사들이 그것을 시행했다. 기독교 2천년 역사에서 신앙의 정절을 지킨 자들이 우상숭배자들을 대신하여 참회고백 행사를 가진 역사는 전무후무하다.

과거사 청산이 이루어지려면 우상숭배의 심각성과 참회고백의 필요성에 대한 교육이 선행되어야 한다. 교회의 규례에 따라 참회고백을 하고 일련의 권징 절차를 밟아야 한다. 그 목적은 하나님의 말씀과 성례가 조롱당하지 않게 하며 교회의 머리이신 그리스도의 영예를 높이기 위한 것이다. 신자가 말이나 행위로 그리스도가 주(主)라는 사실을 부인하거나 다른 신을 섬기거나 우상에게 절하거나 복음의 일부 또한 전부를 부인하는 것은 그의 몸인 교회 안에서 결코 용납될 수 없다. 교회가 이러한 죄를 범하는 자에게 공적 참회권징을 시행하지 않는 것은 그리스도를 모욕하는 것이다. 참회권징 시행을 소홀히 하면 하나님의 말씀과 성례를 조롱하고 교회를 손상시킨다. "그리스도의 축복이 멈추고, 그 상태가 계속되면 교회가 주님의 역동적인 현존과 영적인 힘을 잃은 채 단지 사교적인 모임으로 전락하도록 만든다." "가정, 클럽, 팀, 사회 등 어느 집단에서도 권징은 필수적인 것인 바, 하물며 우리의 거룩한 하나님께서 우리 가운데 설립하신 신성한 사회이겠는가"(『기독교강요』,IV.12.1.). 교회는 다른 사회보다 더 엄격한 규율을 필요로 한다. 참회권징은 그리스도의 몸의 '근육'을 "서로 결합시키고 각각 자신의 위치에 있게 한다." 참회권징은 하나님 나라의 거룩성과 신실성을 지키는 열쇠이다.

인간에게는 양심이라는 게 있다. 천인공노할 죄를 저지르던 자들이 광복이 되었다고 하여 아무런 참회의 표도 보이지 않고, 아무 일도 없었던 것처럼 지나갈 수 없다는 것은 양심의 소리이다. 길거리에 지나가는 어린아이를 불러놓고 물어보라. 6-7년 동안 매 주일 우상숭배를 하고 민족을 배신하고 백귀난행을 저지른 교회들과 교역자들이 자신들의 죄를 하나님과의 개인적인 관계에서 해결하고, 스스로 참회방법을 결정하는 것이 옳은가? 출옥성도들이 2개월 또는 6개월 정도의 공적 참회권징(자숙)을 시행하고 새롭게 출발해야 한다고 본 것은 지나치게 가벼운 조건이다. 나치 정권을 지지했던 독일교회 목회자들이 3년 동안 목회를 중단하고 스스로 참회권징을 시행한 바 있다.

장로교 『권징조례』는 공적인 참회고백과 시벌과 해벌의 절차에 대한 상세한 규정을 담고 있다. 공적 참회고백을 위한 여러 가지 구체적인 사항을 제시한다. 공적인 참회고백의 구체적인 시행 방법을 규정하고 있다. 과거사 청산과 참회고백과 자숙권징의 시행 방법은 교회의 규례에 따라 설정되어야 한다.

한국교회는 교회를 지나치게 목사중심으로 이해하고 노회나 총회나 연회 개념을 가지고 접근하는 경향이 있다. 한국교회의 과거사 청산,

참회고백은 총회장이 성명서 하나를 발표하는 것으로 마무리 될 수 없다. 과거사 청산은 그것을 범한 신자 개인과 지역교회의 차원에서 성경의 원리와 교회의 규례에 부합하는 방법을 따라야 한다.

참회고백은 일정 기간 동안 전 교단 행사로 해야 한다. 그것은 교회연합단체의 과제가 아니라 교회의 과제이므로, 연합단체는 교회들이 이 과제를 성공적으로 해결하도록 도울 수 있다. 한국교회는 한 달 또는 두 달 정도의 기간을 설정하고, 주일예배 때마다 무엇을, 왜 참회해야 하는가를 가르치고, 금식기도를 하는 것이 바람직하다고 생각된다. 공동의 참회고백문을 만들어 함께 고백하고, 지역별로 '미스바의 참회' 행사를 가지는 것이 바람직하다.

이러한 참회운동은 한국교회의 우상숭배의 죄를 용서받는 것만이 아니라 회개운동, 영성회복, 교회의 본질 회복, 공동체의 성결성 회복을 위해서도 좋은 행사이다. 참회고백 과정이 끝나면 교단 사이의 화해사절단을 서로 파송하고, 신앙고백이 같은 교회들끼리 적극적인 교단통합을 위한 대화를 개시할 수 있다.

한국교회 전체가 공감하는 참회고백 안을 마련하는 데는 세 가지가 선결되어야 한다. (1) 교회사가들이 무엇을 참회해야 할 것인가에 대한 역사정리를 하고, (2) 신학자들이 어떻게 참회해야 할 것인가에 대해 중지(衆智)를 모으고, (3) 교회 당국자들이 교회법(권징조례)에 따른 일련의 합당한 참회고백 절차를 모색하고, 그리고 세 그룹이 함께 모여 종합하는 다차원적인 노력이 필요하다. 여기에 고신교단의 역사신학자를 포함시키는 것이 바람직할 것이다.

바. 거듭나기 위한 몸부림

광복과 더불어 신앙과 종교의 자유가 찾아왔다. 그러나 그것은 일제라는 이족의 물리적인 힘이 빠져나간 그 자리에 일제의 잔재를 그대로 방치하는 자유로 변모했다. 우상숭배를 행하고 비인도적 행위와 민족배신을 행한 전력을 참회하지 않아도 그것을 탓하지도, 간섭하지도 않는 자유로 탈바꿈했다. 친일분자들이 한국교회를 주도하는 자유로 바뀌었다. 참회를 해야 한다는 사람들을 추방하는 자유로, 일제 치하에서 생존의 지혜를 터득한 자들이 신속히 기회주의적으로 변신하는 자유로 바뀌었다. 반공 이데올로기에 편승하여 불의한 정치권력에 유착하는 자유로, 과거사 청산 부재를 일체 문제 삼지 않는 자유로 전락했다. 교회의 역사를 친일파 시각으로 기술, 편찬하고 친일파 인사들의 과거사를 강변하는 왜곡된 역사 기술의 자유로 탈바꿈했다.

정의롭지 못한 세상에는 간혹 용서를 받아야 할 자가 용서하는 자리에 앉아서 자기를 용서하는 모순을 연출하는 경우가 있다. 용서를 베풀어야 할 자가 도리어 용서받는 자리에 서는 수가 있다. 광복 후의 한국교회가 그러했다. 우상숭배를 비롯한 여러 가지 범죄를 저지른 자들이 도리어 재판석에 앉았다. 친일파 교회 지도자들은 스스로 반성하고 자숙해야 할 자들이었다. 그런데도 참회고백이 필요하다고 말하는 사람들을 향해 독선, 분리주의, 신성파라고 비난하고 폄하(貶下)했다. 조국 해방과 하나님의 은총의 신비를 자신들에 대한 면죄부로 삼았다. 그리고 일방적으로 자신을 용서했다. 스스로 재판관이 되어 과거사 청산 방법을 논했다. 남들도 자신처럼 자기를 용서하고, 자신이 자기를 용서한 것처럼 타인도 자기를 용서해야 하는 것으로 여겼다. "우리가 우리에게 죄 지은 자를 용서한 것같이 우리의 죄를 사하여 달라"고 한 것이 아니라 "내가 나를 용서한 것같이 남도 나의 죄를 문제 삼지 말라"고 했다.

 한국교회가 참회고백, 과거사 청산, 참회자숙을 거부한 것은 성경, 교회규례, 정결케 하시는 성령의 역사를 거부한 것이다. 한국교회는 신사참배와 부일협력 사건으로 개혁교회의 3대 표지 가운데 하나인 권징을 상실했다. 친일파 인사들이 자신들의 죄악을 "각인이 하나님과 직접 관계에서 해결"해야 한다고 하면서 정당한 참회고백, 공적 참회권징 시행을 주장하는 것이 잘못된 것으로 생각하는 동안 한국교회는 근육이 풀어져 버린 몸처럼 거룩성과 통일성을 상실하고 양심과 도덕 교사다운 권위를 잃었다.

 과거사 청산, 참회고백, 참회권징은 그리스도의 몸의 질서와 실천적인 거룩성과 성결한 생활을 유지하는 필수 장치이다. 그리스도의 몸의 '근육'을 서로 결합시키고 각각 자신의 위치에 있게 한다. 방향을 바로 잡아주고 좌초하는 것을 방지한다.

 일제 말기에 하나님과 사람들에게 범죄한 한국교회의 주체는 극성스런 소수의 친일파 인사들만이 아니었다. 친일파 기독교 인사들이 주도하던 한국교회가 범죄했다. 한국교회는 피해자인 동시에 가해자였다. 우상숭배와 친일행각을 공동체적으로, 공개적으로, 자의적으로 솔선수범했다. 이러한 죄악들을 단지 각자가 하나님과의 직접적인 관계에서 해결할 성질의 것이라고 판단하거나 그러한 주장에 신학적이고 논리적인 근거가 있다고 격찬한 것은 어이없는 일이다.

 한국교회-신앙고백공동체가 험곡(險谷)을 통과하면서 겪은 아픔은 오늘의 우리가 상상조차 할 수 없는 것임에 분명하다. 한국교회의 실패는 일제의 강압이라는 구도 안에서 이루어진 것이다. 그러나 그것은 단지 살아남기 위해, 죽지 못해, 한계상황에서 저지른 것이 아니다. 친일파 인사들의 주도로 한국교회는 우상숭배, 배교, 백귀난행, 비인도적 행각, 민족배신 행각에 솔선수범했다. 자의적으로 열성을 다했다.

우리가 크게 탓하고 자책해야 할 것은 실패한 일제말기의 교회가 아니라 광복 후에 양심적으로, 신앙적으로 과거사를 청산하지 못한 교회이다. 신앙공동체가 그리스도의 신부의 순결성을 회복하지 못한 점이다. 고장난 나침반으로는 망망대해를 항해하는 배가 방향을 잡을 수 없다. 그릇된 기준을 가지면 흑을 백이라고 하고 백을 흑이라고 하며, 선을 악이라고 하고 악을 선이라고 판단하게 된다. 한국교회가 지금까지 과거사를 제대로 청산하지 못한 가장 큰 이유는 신앙의 좌표가 잘못 설정되었기 때문이다.

6

죄 고백은 공개적으로 해야 하는가?

―예수전도협회의 죄 공개 자백 사상―

　한국교회는 일제말기에 저지른 우상숭배, 배교, 백귀난행, 민족배신 등의 행위를 지금까지 공적으로 참회하지 않았다. 교계 일각에서는 지금이라도 과거사를 참회하여 민족과 사회를 지도할 수 있는 양심의 교사다운 교회의 위상을 되찾아야 한다고 아우성치고 있다.
　이러한 와중에 이유빈 씨와 그가 이끄는 예수전도협회라는 단체는 이와 비슷한 것 같지만 실상은 다른 주장을 펼친다. 모든 죄를 공개적으로 자백(自白)해야 한다고 하면서 회개운동을 펼친다. 개인이 사적으로 범한 죄까지도 공개적으로 자백할 것을 촉구한다. 이에 대한 비난이 쏟아지자 자신들은 모든 죄를 반드시 공개적으로 고백해야 한다고 주장하지는 않는다고 말하면서도, 실제로는 그 점을 강조하는 것으로 알려져 있다.

성경에 보면 죄를 공개적으로 참회한 사람들이 있다. 부흥운동이 일어날 때 공개적으로 참회고백을 한 사람들도 있다. 공중 앞에서 자신의 죄를 공개적으로 참회했을 때 유익한 점이 있다. 이유빈과 그가 이끄는 그 단체가 말하는 공개적인 죄 자백이 일면 유익한 점이 있으나 교회에 덕스럽지 못한 결과를 안겨 줄 수 있다. 신앙공동체의 건덕에 악영향을 미칠 수 있다. 무엇보다도 성경은 모든 죄를 구분 없이 공개적으로 자백해야 한다고 가르치지 않는다.

이 글은 고신교단 총회와 고려신학대학원 교수회가 예수전도협회와 이유빈의 핵심 사상인 '공개적인 죄 자백' 문제를 연구하라고 하는 요청(2004)에 따라 쓴 것이다. 신약신학자 이승미 교수의 조언을 받아 완성한 것이다. 일선 목회자들과 성도들이 쉽게 이해할 수 있도록 간단하게 논하고자 한다.

1. 예수전도협회와 이유빈의 주장

이유빈은 한국교회의 타락을 바라보고서 크게 책망한다. "죄를 깨닫게 하는 것은 말씀이고 말씀이 우리를 조명할 때 죄가 깨달아 진다"고 말한다. 성령의 역사로 자백을 하는 것이 아니라 집회를 인도하는 사람이 인간적인 분위기를 조장하여 죄 자백을 하게 하는 것은 인위적인 것이며, 성령의 감동에 따른 자백이 아니라고 말한다. 성령의 감동에 순종하고 복종해서 토해 내는 죄 고백은 이성적이며, 이러한 공개적인 죄 고백은 성경에서 그 경우를 많이 찾아볼 수 있으며 부흥운동의 역사에 자주 등장한다고 한다.

이유빈 그룹은 회개를 인간의 공로로 보지 않고 주님의 은혜 안에서 이루어지는 것이라고 한다. 회개도 거룩함도 전적으로 하나님의 은혜로 되는 것이다. 인간은 전적 타락한 존재이다. 회개는 성화의 과정이다. 예수 믿고 거룩하게 산다고 해도 그것으로 완전성화에 이른다고 말할 수 없다. 완전 성화는 천국에 들어감으로 이루어질 것이다. 이러한 시각은 유서 깊은 기독교의 정통교리와 일치한다.

이유빈 그룹은 만일 죄를 자백해도 생활에 변화가 없는 습관적인 죄 자백이거나 죄를 변명하기 위한 자백이나 큰 죄를 감추기 위한 작은 죄의 고백은 성령의 역사가 아니라고 한다. 그러나 성령의 역사에 의한 죄 자백은 주님의 십자가의 사랑에 감격해서, 자신의 겸손을 위해, 형제 사이의 화목을 위해, 성령의 강권하는 역사 아래서 죄의 아픔과 고통을 못 이겨 토해내는 것이라고 한다.

이유빈은 "항간에 본 [에수전도협]회가 공개적인 죄 고백을 강요한다느니, 사람 앞에서 죄를 자백해야만 죄를 용서받는다고 가르친다느니 하는 것은 그야말로 본 회의 신앙고백과는 너무도 다른 헛소문"[1]이라고 말한다.

그러나 이유빈은 죄의 고백은 교회의 거룩함과 깊은 관계에 있다는 것을 강조한다.[2] 부흥이 죄 자백과 관련되어 있다고 말한다. 그는 우리가 죄를 하나님께 고백하는 것으로 만족하지 않고 공중 앞에 공개적으로 자백하도록 유도한다. 죄 자백은 신앙고백으로 이어지고 그 표현은 전도행위로 나타나야 한다고 말한다. 그는 이것을 다음과 같이 역설한다.[3]

회개는 하였으나 사람 앞에 고백하지 않아 마음을 짓눌렀던 저에게 간음의 죄, 살인의 죄, 거짓말 한 죄의 고백을 통해 무거운 마음은 주님께서 주시는 가벼운 마음이 되었습니다.[4]

만일 우리가 공개적으로 죄를 자백하는 것을 부인하고 하나님 앞에 서만 은밀하게 하면 된다는 마귀의 속임수에 동의한다면 그것은 하나님의 성령의 역사를 부인하는 일이요, 앞서 언급한 성경의 기록에 도전하는 일이요, 주님이 역사하셨던 부흥이 놀라운 역사를 백안시하는 죄를 범하게 되는 것이다. […] 죄를 자백하지 않는 사람은 십자가가 없어도 되는 사람처럼 보이지 아니하겠는가? […] 하나님 안에서 행해진 것이 무엇인가? 죄 씻김이다. 죄 사함으로 받는 거룩함이다. 그러므로 교회는 죄를 자복해야 한다. 죄의 자복을 꺼려하는 사람은 십자가를 모르는 사람이든지 그 은혜를 잊어버리고 죄의 달콤한 향락에 빠져서 감각을 잃고 죄를 끝까지 숨길 수 있다는 속임수에 넘어간 사람이다.[5]

죄[를] 자백하는 것은 내가 다시는 이 죄로 얽매이지 않겠습니다. 내가 이제는 죄를 이기는 삶을 살고자 합니다[고] 하는 신앙고백이고 선언이요, 고백한다는 [데는] 선언한다는 뜻이 있어요. 그러나 고백하지 않는 사람, 죄를 자백하지 않는 사람은 여전히 죄의 끄나풀을 두

---

[1] "이단시비 개인 및 교회에 대한 성경적 기준 대별," 예수전도협회 이유빈 장로의 질의서에 대한 답변, 375.
[2] 이유빈, 『전도는 쉽다』 (서울: 예목, 1992), 277.
[3] 대한예수교장로회(통합) 제86회 총회 (2001) 자료집에서 인용.
[4] 『새생명』 (1996.5.), 36.
[5] 이유빈, 『바퀴달린 교회』 (서울: 예수전도협회, 1995), 118-126.

기 때문에 마귀가 그것을 끌고 다니면서 계속해서 고범죄를 짓게 되어 있고 습관적인 죄를 짓게 되어 있어요. […] 그런데 제가 죄를 자백하고 나서 주님이 제게 주신 축복이 뭐냐 하면 내가 죄를 자백한 죄는 다시는 그 죄의 근처에도 가지 않고자 갈 수 없는 죄 줄을 끊어 버리는 능력이 있어요. 그리고 죄를 자백할 때 그 죄책감과 죄의식으로부터 완전히 해방되는 역사가 일어나요. 그 죄를 제가 짓지도 않는 것처럼 그렇게 느껴지는 것예요. 왜냐하면 주님이 기억하지도 않으시는 보혈[이] 내 가운데 역사하기 때문에 내가 집회할 때마다 내가 지은 죄를 이야기하면서도 내가 그 죄와 상관이 없는 것처럼 이야기할 수 있는 이유가 뭐냐 하면 주님께서 내 기억 속에서도 그 죄를 지워 버렸기 때문이예요.[6]

　마귀에게 짓눌린 것을 공개적으로 고백하는 사람은 주님이 죄를 씻기심을 고백하는 것이고 내 죄가 씻겨 진 것을 고백하는 거예요. 이게 뭡니까? 내가 용서받고 사함 받은 사실을 증거 하는 것이 전도입니다. 땅 끝까지 이르러서 하는 일이 뭡니까? 내 죄 사함 받은 것을 전하는 것입니다. 이것이 진짜 신앙고백입니다. 전도, 신앙고백, 공적자백이 하나입니다. 자, 이것을 해야 한다고 생각합니다. 여러분의 죄를 토해내야 하기 때문입니다. 반드시 성령의 역사하실 때 견디지 못하고 고백되는 겁니다. 주님이 십자가에 못 박히신 것이 떨면서 내가 죄를 자백할 때 버림받은 내 영혼이 주님에게서 안식을 얻는 것입니다.[7]

위 주장들은 공개적인 죄 자백을 강조한다. 그것이 신앙생활의 필수

과제인 것 같은 인상을 준다.

2. 성경은 공개적인 죄 자백에 대해 무엇이라고 말하는가?

성경은 죄를 고백하는 것에 대한 많은 언급을 하고 있다. 그리스도에 대한 신앙을 고백하는 것은 자기의 죄를 인정하고 고백하는 것을 전제로 한다. 신앙고백이 공적인 것이듯이 죄인이라는 것을 인정하고 고백하는 것도 공적인 성격을 지닌다.

성경은 죄를 고백하고 버려야 한다고 가르치지만 항상 사람 앞에서 공개적으로, 공중 앞에서 공적으로 자백하라고 가르치지 않는다. 그것을 직접적으로 명시하지 않는다. 성경의 많은 부분들이 회개, 참회고백을 말하고 있고 공개적인 죄의 자백의 경우를 언급한다. 그러나 개인적으로, 사적으로 범한 죄를 공개적으로 자백할 것을 의무화 하지 않는다.

이 점에 대해서는 이유빈 그룹이 발간한 『교회의 거룩함과 회개』(인천: 도서출판 예전, 1997)도 "성경이 죄는 마땅히 자백하고 버려야 한다고 말하고 있지만 그것을 사람 앞에서, 공개적으로, 공중 앞에서, 공적으로 자백하라는 직접적인 구절을 찾아 볼 수 없다"[8]고 밝힌다. 그러나 "성경의 여러 곳의 회개의 장면들이 죄를 공개적으로 자백하는 것이 너무도 분명하고 명시적으로 드러난다"[9]고 강조한다. 공개 죄자백이 성

---

[6] 이유빈, "죄를 이기는 삶," 녹음테이프.
[7] 월간 『교회와 신앙』(1998.11.), 122. "이유빈 제62차 목회자 전도훈련".
[8] 박봉일·윤병운, 『교회의 거룩함과 회개』(인천: 예수전도협회출판부, 1999), 45.
[9] 앞의 책.

경적이라는 전제를 가지고 성경을 해석하는 것 같은 인상을 준다.

성경은 죄를 사람 앞에서 공개적으로, 공중 앞에서 자백하라고 가르치지 않는다. 죄 고백은 거룩한 일이고, 공개적인 죄 고백을 말하는 언급들이 있으나 그것을 의무화 하지는 않는다.

이유빈 그룹이 예를 드는 에스라 시대의 죄 고백과 부흥, 미스바의 부흥, 히스기야 시대의 부흥 등은 개인적인, 윤리적인 죄에 대한 것이기 보다는 이스라엘 백성들이 공적으로 하나님 섬기는 것을 잃어버린 것과 예루살렘과 성전의 붕괴 등에 대한 공동의 책임에 대한 죄 고백이었다. 그런데도 이유빈은 이것들을 개인의 비 윤리 행위에 대한 것으로 해석하고, 그것에 근거하여 숨긴 죄를 개인이 일일이 공중 앞에서 자백해야 하는 것처럼 강조한다.

이 주제에 대한 신약성경의 가장 뚜렷한 두 구절을 살펴보자. 요한일서 1장 9절은 "만일 우리가 우리 죄를 자백하면"이라고 말한다. 죄의 자백을 권면하는 요한의 가르침은 이단들이 죄에 대한 곡해된 견해를 가지고 자기들은 "죄가 없다, 죄를 짓지 않았다. 죄와 상관없이 완전하다"고 주장하는 것에 답한 것이다. 이 자백이 사람과 관련된 것이 아니라 하나님과 관련된 것임을 알려주는 것이 귀결 절에 나오는 "저는 미쁘시고 의로 우사 우리 죄를 사하시며 모든 불의에서 우리를 깨끗케 하실 것이요"이다. 죄 자백에 대한 근거가 죄를 사하시는 하나님이 어떤 분인가에 대해 설명하는 말이다. 여기서 우리는 죄 자백의 이중 단계(하나님에 대한 고백과 사람에 대한 자백)를 찾아볼 수가 없다. 단 하나의 행위만 있다. 진리를 곡해하는 사람들의 경우처럼 죄를 지은 사실을 부인하든지(6-8, 10절) 아니면 진리 안에서 행하는 사람처럼 죄를 시인하든지(7, 8절) 둘 중의 하나이다. 본문은 하나님과 관련 있는 행위, 하반절의 귀결절과 관련하여 죄를 고백한다는 것은 단지 우리가 죄인이라는 것을 인정하는 것만이 아니라 하나님 앞에서 그것을 내어놓고 사죄(赦罪)하는 것까지 포함한다. 그러므로 우리는 반드시 하나님께 죄를 고백해야 한다.

이 본문은 죄를 고백하고 인정하는 방법을 구체적으로 명시하지 않는다. 이 고백이 하나님과 다른 사람들 앞에서 공적으로 인정하는 것을 포함한다. 이 경우도 사죄를 위한 고백과 사죄함의 증거로써 반드시 공개적인 자백을 동반해야 하는 것은 아니다. 세례(마3:6)를 받을 때와 안수식(딤전6:12)과 신앙고백(롬10:8) 등 공적인 경우는 여러 사람 앞에서 어떤 사실을 시인하고 공언하는 경우가 있으나 그 행위는 하나의 의식으로 여러 번 반복해서 행해지지 않을 뿐더러, 그러한 고백을 할 때 자기 속에 있는 구체적인 것들을 다 털어놓는 예는 보여주지 않는다.

이 본문은 잘못된 교리를 가지고 자기가 믿는다고 주장하는 것과 모순된 행동을 하는 이단들을 겨냥하고 있다. 우리가 죄인이라는 것과 하나님께 죄를 자백함으로써 용서를 받을 수 있다고 교훈한다. 우리에게는 화목제물이신 예수 그리스도가 계시며(2:3), 죄를 사하시는 은혜로운 하나님이 계시다. 우리가 예수 그리스도를 의지하여 하나님께 담대하게 나아가면(히10:19) 하나님과 사귐을 가질 수 있다.

야고보서 5장 16절의 "그러므로 너희 죄를 서로 고하며 병 낫기를 위하여 서로 기도하라"는 말씀도 공개적으로 자백해야 하는 것을 말하는 것으로 오해할 수 있다. 이 본문의 "그러므로"는 16절 앞의 문맥

(13-15절)과 서로 밀접한 관계에서 말하고 있다는 것을 시사한다. 죄를 서로 고한다는 말씀은 기도와 관계된 본문이다. 야고보서는 행함이 없는 믿음은 죽은 것이라는 점을 강조한다. 이 본문은 그 한 예이며, 특별한 기도의 경우도 마찬가지라는 점을 설명한다. 어떤 성도가 병들어 고난을 당하고 있을 경우, 단순히 주의 이름을 믿음으로, 또한 열심히 병 낫기를 위해 기도하기만 하면 치유가 되는 것은 아니다. 질병이 때로는 죄로 말미암아 나타나게 되는 경우도 있으므로, 그 병든 사람이 먼저 자신의 죄를 솔직하게 회개하면서 한다. 회개하고 기도해야 그것이 참된 기도이며, 치유의 능력의 역사가 나타날 수도 있다는 것을 뜻한다. 죄를 숨긴 상태에서 기도하는 것은 참된 믿음의 기도가 아니라는 말씀이다. 본문은 질병과 죄의 관계에 대한 특별한 경우와 관련된 기도, 곧 죄의 고백, 진정한 회개를 전제로 한 기도를 강조한다.

칼빈은 야고보가 죄를 고하라(약5:16)고 우리에게 명령한 데는 분명한 이유가 있었다고 하면서 이 구절 뒤에 나오는 "너희 죄를 서로 고하며… 서로 기도하라"고 하는 말씀의 맥락에서 이해하라고 한다. 상호고백과 상호기도가 결합되어 있다. 사제들에게 고백하는 것은 상호고백이 아니다. "서로 고백을 들을 수 있는 사람들만을 상대로 말한 것이다… 우리의 약점을 서로 고백하여 서로 충고하고 충고를 받으며 서로 동정하며 서로 위로하자는 것이다. 그리고 형제들의 약점을 알았으므로 그 일들을 위해서 하나님께 기도하자는 것이다."(III.4.6). 칼빈은 이러한 맥락에서 "아무도 자신의 비참한 상태를 먼저 고백할 수 있기까지는 하나님의 자비를 고백할 수 없다. 오히려 하나님과 그의 천사들과 교회와 모든 사람 앞에서 자신이 죄인임을 고백하지 않는 사람에 대해서, 우리는 공공연히 저주를 선언한다. 왜냐하면 주께서 모든 것을 죄 아래 가두었기 때문이다"(III.4.6)고 엄히 경고한다.

요컨대, 이러한 성경구절들은 공개적인 죄 고백을 의무화 하지 않으며, 하나님과 사람을 향한 이중 고백의 필요성에 대해 말하고 있지 않다.

3. 죄 고백에 대한 칼빈의 가르침

칼빈은 『기독교강요』 제3권 제4장에서 로마가톨릭교회가 신자들로 하여금 사제에게 죄를 고백하게 하는 것에 반대하면서 죄를 사죄가 아니라 하나님께 고백해야 한다고 강조한다(III.4.8.).

여러분은 죄를 고백해서 씻어버리십시오. 여러분이 지은 죄를 사람에게 말하는 것이 난처하거든 자기의 영혼에게 매일 고하십시오. 여러분을 책망할는지 모르는 함께 종 된 자에게 고백하라고 말하는 것이 아닙니다. 죄를 치료해 주실 하나님께 고하십시오. 여러분을 책망할는지 모르는, 함께 종된 자에게 고백하라고 말하는 것이 아닙니다. 죄를 치료해 주실 하나님께 고하십시오. 침상에서 죄를 고백해서 양심이 매일 자기의 잘못을 인정하게 하십시오. 증인 앞에서 고백할 필요는 없습니다. 자신의 생각 속에서 죄를 살펴보십시오. 이 재판에 증인을 세우지 마십시오. 하나님만이 여러분의 고백을 들으시게 하십시오. 나는 여러분을 연단 위에 데려다가 함께 종 된 자들 안에 세우는 것이 아닙니다. 나는 여러분이 사람 앞에서 자기의 죄를 폭로하라고 강요하지 않습니다. 하나님 앞으로 양심을 들고 가서 그 앞에 펼쳐 놓으십시오(III.4.8.).

그러나 칼빈은 하나님께 죄를 고백하는 사람은 사람들 사이에서 하나님의 자비를 선포할 필요가 있을 때마다 언제든지 입으로 고백할 준비가 되어있을 것이라고 말한다.

마음속에 있는 비밀을 한 사람에게 한 번만 작게 이야기할 뿐만 아니라, 자주 공개적으로 온 세상이 듣는 데서 자기의 수치와 하나님의 위대함에 영예를 진실하게 이야기할 것이다. 이와 같이 다윗도 나단에게 책임을 들었을 때에 양심의 가책을 받아 하나님과 사람들 앞에서 자기의 죄를 고백하기를 "내가 여호와께 죄를 범하였노라"(삼하 12:13)고 하였다. […] 그러므로 하나님 앞에서 은밀히 고백한 뒤에 하나님의 영광과 우리의 겸손을 위해서 필요할 때마다 사람들 앞에서도 기꺼이 고백하게 된다. 이러한 이유로 주께서는 옛날 이스라엘 백성 사이에 규례를 정하셔서, 성전에서 제사장이 말씀을 낭송한 다음에 백성이 자기들의 죄를 공적으로 고백하도록 하셨다(레16:21. 참조).… 우리 자신의 가증스러움을 고백함으로써 우리 사이에서 그리고 온 세상 앞에서 우리 하나님의 선하심과 자비를 나타내는 것은 합당한 일이다(III.4.10).

칼빈은 교회가 공적으로 범한 죄를 고백해야 하며, 특히 "사람들이 어떤 공통의 죄를 지었을 때에는 특별히 실행해야 한다"고 강조한다. "모든 백성이 에스라와 느헤미야의 지도 아래 행한 공적 고백은 이 두 번째 종류의 고백의 실례였다(느1:7; 9:1-2). [···] 우리의 자기만족과 우둔과 태만이 얼마나 크고 심각한가를 깨닫는 사람이라면, 그리스도인들이 공적고백의 행위를 통해 자기를 낮추는 일을 실행한다면, 그것은 유익한 규례가 될 것이라는 나의 의견에 동의할 것이다"(Ⅲ.4.11.)고 말한다. 칼빈은 이러한 맥락에서 목사가 주일마다 자신과 교인들의 이름으로 고백문을 작성하여 온 회중의 사악함을 고발하며 주의 용서를 간구할 필요를 언급한다.

4. 부흥운동과 공개적인 죄 자백

부흥의 불길이 타오르는 곳마다 자기의 죄를 사람들 앞에서 공개적으로 고백하는 일이 자주 있다. 조나단 에드워즈, 요한 웨슬레, 이반 로버츠, 찰스 피니, 무디. 길선주, 김익두, 이성봉, 평양대부흥회, 고려신학교의 부흥 역사에 나타난 공개적인 죄 자백에서 볼 수 있다.

1907년 평양에서 대부흥이 일어났을 때 사람들은 울면서 죄를 고백했다. 당시 집회에 참여한 많은 사람들이 공개적으로 죄를 자백한 것은 사실이다. 그러나 회중 앞에서 공적인 행사로 참회를 한 것이 아니라 성령의 감동을 받은 사람들이 자발적으로 참회고백을 했다. 공개적인 죄 참회를 강요하지 않았다. 자연스럽게 고백을 했다.

고려신학교의 초기에도 대부흥운동이 있었고, 공개적인 죄 참회가 있었다. 이 경우도 공개적인 죄 고백이 강요된 것이 아니다. 박윤선 교수는 고려신학교 초창기에 있었던 고신교단의 한 면을 말해준다. 1950년, 6·25 동란이 발발하기 전에 학교 안에 큰 회개운동이 일어났다.

이른 봄 어느 날 경건회 시간에 설교 담당이었던 나는 요한복음 21장 15-17절의 말씀을 읽고, 주님이 베드로에게 하신 말씀("요한의 아들 시몬아 네가 나를 사랑하느냐")을 근거로 하여 설교한 후에 학생들 중에서 누구든지 한 사람 일어나 기도하라고 말하였다. 이때에 어느 학생이 일어나서 기도하였다. 그의 기도는 참으로 눈물겹고 진실한 내용이었다.

그 기도가 끝나자마자 곧이어 다른 학생이 간절한 마음으로 회개 기도를 하였고, 또 뒤를 이어 많은 학생들이 연속해서 기도했으므로 그 장내 전체가 기도의 분위기로 꽉 찼다. 그런고로 학교 측에서도 강의를 전폐하고 학생들의 기도가 중단되지 않도록 협력하였다. 학생들은 통회하는 마음으로 저마다 앞에 나아가 죄를 자복했고, 상상도 못할 죄까지 숨김없이 모두 토해냈다. 그것은 사람 앞에 죄를 고백함이 아니라 하나님 앞에 자백함이었다. 그 분위기는 눈물, 기쁨, 사랑으로 충만하였다.

학생들의 자복하는 기도는 종일 이어졌고 그 기도회는 한 주간이나 계속되었다. 이 기도운동이 고려고등성경학교(부산 부민동 소재)에서도 일어났고, 점점 퍼져 고려측 교회 전체에 큰 영향을 미쳤다고 생각한다.

한국 땅에 환란이 이르기 전에 이처럼 회개운동이 일어난 것은 우연한 일이 아니라 하나님께서 우리로 하여금 환란을 대비하도록 하신 귀한 섭리였음을 후에 알게 되었다.[10]

고려신학교는 성령강림과 심령부흥으로 그 날 강의를 전폐했다. 참회기도는 1주일 동안 계속되었고, 그 운동은 경남과 부산과 울산 지역 전체로 확산되었다. 통회하는 마음으로 저마다 하나님 앞에 나아가 죄를 자복하고, 상상할 수 없는 죄까지 숨김없이 토해냈다. 사람들은 성령의 역사와 그것에 대한 체험에 몰입했다.

박윤선은 부산 초량교회당에서 열린 전국 피난 교역자 부흥회에서 일어난 성령의 역사와 참회고백과 부흥의 역사를 증언한다. 당시 초량교회를 담임하던 고려신학교 설립자 한상동 목사와 박윤선 · 박형룡 · 김치선 박사 중심으로 전국 피난교역자 부흥회가 열렸다. 한 주간 동안 하기로 하고 집회를 개회했다. 매일 새벽기도회와 낮 성경공부와 저녁집회를 가졌다.

이 집회의 목적은 교역자들의 자기반성과 우상숭배의 죄 참회고백이었다. 일제말기에 신앙의 충절을 지키지 못하다가 하나님의 은혜로 광복을 맞이했으니 이제 교회의 성결성을 회복해야 한다고 생각했다.

> 하나님의 은혜로 제2차 세계대전이 끝나고 한국은 해방을 맞았는데, 이 시점에서 교회의 성결성을 아는 이들은 자타의 회개를 주장하지 않을 수 없었다.

이때 집회 시간마다 하나님의 은혜가 풍성히 임하였고, 처음에는

---

10 박윤선, "우리가 서 있는 역사적 입장," 『파수군』, (1956), 9-10; 박윤선, 『성경과 나의 생애』 (서울: 영음사, 1992), 100-101. 합동신학교 시절에 출간한 이 책은 『파수군』에 기고한 글을 다듬은 것이다. 하나님께서 고신운동을 인정하는 증거로 부흥운동이 주어졌다고 하는 부분은 생략한다.

11 앞의 책.

찬성하지 않던 이들도 점차 가담하게 되었다. 사흘째 되던 날 새벽으로 기억되는데, 그 시간에 참석한 교역자들이 거의 대부분이 크게 통회하며 자복하는 회개를 하기 시작하였다. 그 뼈아픈 회개는 각자가 과거 일제의 핍박 시에 신사참배를 한 그 죄로 인한 것이었다.[11]

박윤선은 새벽기도회 인도를 맡았다. 설교 도중 한부선 선교사가 총회석상에서, 만주에서, 옥중에서, 목숨을 걸고 신사참배, 우상숭배 반대투쟁을 한 이야기를 시작했고, 집회가 뜨거워졌다. 설교자 박윤선은 자신이 신사참배를 한 적이 있다고 말하면서 그것을 참회했다. 이 때 성령의 불길은 더욱 타올랐다. 집회는 한 주간 더 연장되었다.

이 사실을 듣고 그 자리에 참석했던 교역자들이 한 사람씩 한 사람씩 회개하는 기도로 이어져서 그 집회의 분위기는 더욱 뜨거워졌다. 이때에 성령의 도우심으로 설교하는 나 자신부터 내 죄를 회개하면서 증거하게 되었으니 감사한 일이었다. 즉 나도 단 한 번이지만 신사참배를 한 범과(犯過)가 있으므로 나는 언제나 그 일로 인하여 원통함을 금할 [길이] 없었는데, 이때에 그 죄를 회중 앞에 고백하였던 것이다.

그 집회의 끝 날이 다가올 때 거기에 참석했던 교역자 일동이 한 주간 더 연장하기를 원했으므로 이번에는 울산과 온산 지방에 머물러 있던 교역자들을 모셔와 그들도 함께 참석한 가운데 집회를 계속하니 시간시간 은혜가 더욱 풍성하였다.

그 다음에는 울산, 온산에서 집회를 열게 되었다. 그 곳은 전선이 가까운 지역이므로(당시 낙동강 북방에서 격전 중이었음) 인심은 더욱

긴장되어 있었다. 그 집회에서도 큰 회개의 운동이 일어났다.[12]

앞서 언급한 고려신학교 부흥과 참회기도, 피난교역자들의 참회고백과 눈물로 이어진 집회가 있은 뒤에 연합군은 인천상륙 작전에 성공하고 서울을 수복했다. 이 땅의 반쪽이라도 자유 한국이 되찾은 것은 부산의 한 모퉁이에서 우상숭배의 죄를 참회하는 사람들의 눈물어린 참회고백이 있었기 때문이 아닐까?

5. 건덕의 문제

한국교회는 일제말기에 여러 해 동안 우상숭배를 행하고 배교하고 백귀난행을 저질렀다. 그러나 광복 후에 그것들을 공적으로 참회하지 않았다. 개인이 하나님과의 관계에서 해결할 것이라고 말한 홍택기 목사(신사참배를 결의한 제27회 총회 총회장)의 주장을 정당한 것으로 여겨왔다. 공동체적으로 범한 죄를 개인적인 고백으로 대신하려고 한 것이다. 이러한 발상은 사람들이 어떤 공통된 죄를 지었을 때에는 공개적인 죄 고백이 필요하다는 것을 강조한 칼빈의 가르침(III.4.11)과 상반된다. 죄를 반드시 개인적으로 고백해야 한다거나, 반드시 공개적으로 자백하라고 하는 것은 잘못이다. 죄를 숨기려 하는 습성을 도식화, 절대화하는 것도 잘못이다.

"모든 것이 가하나 모든 것이 유익한 것이 아니요 모든 것이 가하나

---

[12] 앞의 책.

모든 것이 덕을 세우는 것이 아니다"(고전 10:23). 설교자는 죄에 빠진 교회를 향하여 회개하고 돌아서서 거룩함을 회복하라고 가르칠 책임이 있다. 공중 앞에서 죄를 공개적으로 참회하고 고백할 때 유익한 점이 있다. 그러나 이유빈이 말하는 공개적인 죄 자백이 교회에 미치는 역기능이 심각하다는 이야기들이 전해지고 있다. 여러 지역에서 신앙공동체에 덕스럽지 못한 소식이 전해진다. 목사나 목사 부인이 회중에게 자기의 음행 죄를 느닷없이 자백하는 바람에 온 회중이 혼비백산하는 일이 있다고 한다. 간음, 도적질, 사기 등 죄를 공개적으로 고백하여 큰 후유증을 안겨준다고 한다. 이를 보아서 이유빈의 주장과 활동은 죄를 멀리하게 하고 교회의 순결성을 도모하게 하는 다소 유익한 점이 있으나 교회의 건덕(健德)을 세우지 못한다. 목사가 간음죄와 같은 것을 그가 목회하는 회중에게 느닷없이 공개적으로 자백하는 것은 교회의 건덕보다는 해를 가져다준다. 기독교인의 건덕의 원리에 위배된다.

죄의 종류는 여러 가지이다. 개인, 집단, 직분에 따라 헤아릴 수 없이 많다. 모든 죄를 천편일률적으로 공개적으로 자백하라고 하는 것은 죄의 다양성에 비추어 볼 때 설득력이 없다. 죄 가운데는 공개적으로 고백해야 할 것이 있는가 하면 그렇게 하지 않아도 무방한 것이 있다.

성경은 공개적인 죄 자백을 의무화하지 않는다. 이유빈 측도 공개적인 참회를 의무화 하지 않는다고 말하고 있다. 말로는 의무화 하지 않는다고 하지만 예수전도협회의 강조점이 공개 죄 자백에 초점이 있고 그것을 의무화하는 것 이상으로 강조하고 있다. 죄 고백의 방법에 연연하며, 공중의 모임에서 공개적으로 자백할 것을 사실상 재촉한다. 이 단체의 집회에 참석하는 사람들은 분위기 때문에 공개적으로 죄를 자백해야 하는 것으로 생각하게 된다고 한다.

죄 사함의 권세는 예수 그리스도께 있다. 공개적인 죄 자백을 지나치게 강조하면 인간의 행위(고백)를 절대시하는 위험에 빠질 수 있다. 공개적인인 죄 자백을 죄 사함의 능력으로 보거나 연계시킬 우려가 있다.

한국교회는 참회해야 할 것도 많고 그릇된 습관도 적지 않다. 그러나 이 교회는 주님이 사랑하는 신부이다. 그리스도께서 자신의 피를 주고 사신 정결한 신부이다. 물론 지상의 교회는 완전하지 않다. 허물이 많다. 그러나 허물 일부를 부각시켜 그것을 마치 전부인 것처럼 공략하고 깎아내리는 것은 복음전도와 교회건설에 막대한 장애가 될 수 있다. 죄는 '사랑 안에서' 지적해야 한다. 죄를 공개적으로 자백하는 문제로 교회 안에 갈등이 생기고 신앙공동체 안에 파당이 생기고 하나 됨이 깨어지는 것은 빈대 한 마리를 잡으려다 초가삼간을 태우는 것과 같다. 어느 하나를 극단적으로 강조하면 또 다른 극단에 빠지게 된다.

이유빈과 예수전도협회는 진정한 참회를 거부하는 한국의 기독교인들의 패역과 교만을 지적하고 거룩성을 회복하도록 하는 긍정적인 면이 있다. 패역한 세대가 자기의 죄를 통분히 여기고 하나님께 고백하며 그러한 맥락에서 사람들 앞에서 공개적으로 자백하는 일은 얼마나 귀하고 값진 일인가? 그러나 그것이 결과적으로 건덕이 되지 않고 여러 가지 부작용을 일으키고 성경이 의무화 하지 않는 것을 극단적으로 강조하는 것은 옳지 않다. 이유빈과 그가 이끄는 예수전도협회의 죄 공개 자백 사상은 경계해야 한다.

7

교회사 공부와 목회의 통합성

―교회사 지식이 목회에 꼭 필요한가?―

　신학교가 개설하는 교회사 과목들은 교회 안에서 일어난 사건과 사상의 흐름을 역사적으로 살펴보고 신앙선배들의 발자취를 더듬어 그들의 성공과 실패를 거울삼아 내일의 교회건설을 설계하고 비평적으로 자신과 교회의 현재를 성찰하게 한다.
　신학도들은 교회사 공부를 소홀히 하는 경향이 있다. 성경관련학과목이나 교의학 과목은 중요하게 여기면서도 교회사는 차선의 중요성을 가진 과목처럼 대한다. 적당히 배우고 넘기려 한다. 이러한 경향은 교회사 지식이 목회현장에서 반드시 필요한 것은 아니라고 하는 생각을 깔고 있다. 교회사 공부를 열심히 하면 좋지만 그렇게 하지 않아도 목회를 하고 설교를 하는 데 그다지 문제될 게 없다고 생각한다.

교회사 공부를 어설프게 하고 목회일선에 나가는 사람이 직면하는 문제는 통합성(Integrity)의 결함이다. 국사를 공부하지 않은 사람이 이순신, 광개토대왕, 세종대왕을 논하거나 화랑도, 이기론, 실학, 동학사상을 가르치는 것이 어려운 것과 같다. 역사공부는 모든 학문 분야의 기초이다. 교육학도는 교육사를, 과학도는 과학사를 배운다. 기초가 튼튼해야 장려한 건물을 지어 올릴 수 있다. 교회의 사역자는 교회사를 알아야 균형 잡힌 설교, 교회교육, 목회를 할 수 있다.

신학교에서 교회사를 공부했는데도 통합성 있는 목회를 하지 못하고 자신과 교회를 비평적으로 성찰하지 못하는 까닭은 무엇인가? 목회의 통합성 구축에 도움을 주는 방식으로 공부를 하고 배우지 않았기 때문이다. 교회사를 교회 안에서 일어난 과거의 사건을 단순하게 열거하고 설교의 예화꺼리로 삼도록 하는 정도로 가르치고 배웠기 때문이다. 이러한 차원의 교회사 지식은 굳이 없어도 목회는 할 수 있다.

교회사 공부에서 가장 중요한 것은 어떤 눈으로 역사를 볼 것인가 하는 것이다. 목회현장의 어제와 오늘을 비평적으로 파악하는데 일조할 수 있는 관점을 가지고 해야 비로소 교회를 위한 학문, 통합성을 구축하는 공부가 될 수 있다. 다시 말하면 목회자들이 통합성을 가지지 못하는 까닭 가운데 하나는 교회사 공부를 피상적으로 하거나 사건을 나열하는 식으로 했기 때문이다. 교회의 동반자가 될 수 있는 역사관점을 가지고 전체를 꿰뚫어 통찰할 수 있는 방식으로 공부하지 않았기 때문이다. 교회사를 '제3의 성경'

이라고 말하는 것은 그것이 단지 설교 예화를 많이 제공하기 때문이 아니라 사물을 전체적으로 바라보는 눈과 메시지를 제공하기 때문이다.

교회는 역사공동체로 존재한다. 어제와 오늘은 연결되어 있다. 역사는 먼지 나는 고문서 뭉치를 뒤지는 무미건조한 작업만이 아니다. 교회사에는 사상, 지혜, 철학이 있다. 고뇌와 감동과 충격이 있다. 사람, 자연, 낭만이 어우러지고 삶과 신앙의 열정이 한 덩어리가 되어 영원한 것을 구가(謳歌)한 동시대인들의 열망, 아픔, 피땀, 인고, 아름다움이 담겨있다. 우리의 삶과 교회의 신앙이 역사 속의 인물들과 어느 정도로, 어떻게 다른지 파악할 수 있게 한다. 교회개혁자들이 목숨을 걸고 분연히 일어선 까닭과 프로테스탄트교회의 텃밭의 체험과 지식은 오늘의 교회를 개혁하고 건설하며 또 미래를 예견하게 한다.

역사를 이끌어 가는 원동력과 시대의 특징과 가치는 당대인의 눈에는 잘 보이지 않는다. 그것들은 역사가가 어떤 관점을 가지고 과거를 되짚어 볼 때 비로소 드러난다. 역사의 의미는 역사가가 건전 타당한 관점을 가지고 해석할 때 파악된다.

그렇다면 어떤 관점이 교회사 연구에 가장 바람직한가? 목회의 통합성에 이바지할 수 있는 역사관, 교회사관은 무엇인가? 어떤 방식의 역사 공부가 목회자의 상상력을 극대화하고 지각의 장을 넓혀주고 목회현장을 비평적으로 이해할 수 있게 하는가? 그리고 그 관점과 방식은 과연 건전하고 타당한가?

1. 교회사를 배우는 목적

　사람은 기억이라고 하는 천부(天賦)의 재능을 갖고 있다. 과거의 중요성을 인식한다. 어제 일을 회상하면서 더 나은 내일을 꿈꾼다. 농부는 지난해의 경험을 되살려 이듬해의 농사를 잘 지어보려고 한다. 알레르기환자는 과거의 경험을 살려 다가올 고통을 피할 방도를 모색한다. 자동차 회사는 지난해에 생산한 자동차의 특성과 판매 실적을 참고하여 더 편리하고 잘 팔릴 수 있는 차를 설계한다. 교사는 과거의 학생지도 경험을 살려 앞으로 더 잘 지도하려고 한다.

　인간은 과거로부터 자신을 단절시키거나 도피할 수 없는 존재 방식을 갖고 살아가고 있다. 자식은 부모에게서 비롯된다. 현재는 과거의 텃밭에서 건설된다. 그러므로 오늘을 바르게 알려고 하면 어제를 알아야 한다. 오늘의 상황이 어떻게 여기에 있게 되었는가를 알려고 하면 역사에서 그 답을 찾아야 한다.

　역사는 똑같은 형태로 반복되지 않는다. 성경의 "해 아래는 새 것은 없나니"(전1:9)라는 말은 지중해 연안의 세속사상을 인용, 소개한 것이다. 우리에게 주어지는 하루하루는 어제의 반복이 아니라 하나님께서 허락하시는 새로운 날이다. 역사는 창조에서 시작하여 종말을 향해 나아가고 있다. 어제가 있었기 때문에 오늘이 있는 것은 아니다. 내일은 오늘에 달려 있지 않다. 어제와 오늘은 전적으로 하나님의 뜻(Council)에 달려 있다. 내일은 하나님이 허락해야 존재할 수 있다.

역사는 똑같은 형태로 반복되지 않으므로 엄격한 의미의 예측성(Predictability)을 갖고 있다고 말할 수 없다. 그러나 예측성을 지니고 있지 않다는 것은 그것이 미래를 위한 거울이 못되거나 교훈을 줄 수 없다고 하는 의미는 아니다. 인간의 삶은 대개 유사한 형태로 진행된다. 조선왕조의 역사는 베트남왕조의 역사와 비슷하고, 중세 서양사는 동북아시아의 고려사와 흡사하다. 오늘날 일어나는 사건들은 대부분 이미 과거에 비슷한 형태로 일어난 바 있다. 그 이유는 인간의 본성이 변하지 않기 때문이다.

이런 의미에서 과거의 경험은 현재를 바르게 알기 위한 터전이며, 성공적인 미래를 위한 거울이다. 역사는 우리가 어디로 가야 할 것인가에 대한 지혜를 제공한다. 균형 잡힌 눈, 판단력, 감각을 제공한다.

2. 교회사와 목회활동

현재의 교회가 겪고 있는 갈등은 대개 과거에 존재한 것들에 뿌리를 두고 있다. 교회가 직면하는 어렵고 성가신 일들은 그것이 교단 문제이든지 초교파적인 사안이든지 간에 어제로부터 비롯되었다.

교회가 직면하고 있는 문제에 대한 통찰과 지혜를 얻으려면 교회의 현재로 연결된 역사적 시점으로 돌아가야 한다. 맺힌 매듭을 푸는 작업은 어제의 교회에서 시작해야 한다. 오늘의 교회는 어떤 형태로 자리 잡고 있든지 간에 어제의 교회에서 비롯되었다. 고대교회, 중세교회, 종교개혁교회를 거쳐 오늘에 이르렀다. 교회의 신앙고백, 교리, 신학, 제도는 역사의 산물이다. 오늘의 교회가 안고 있는 문제의 근원은 어제의 역사 안에 있다.

교회를 괴롭히는 이단 문제에 대한 교훈을 얻으려면 과거로 돌아가야 한다. 교회사는 이단의 유형과 그릇된 사고 형태가 무엇인가를 보여준다. 이단 교리가 왜 잘못이며, 어떤 영향을 미쳤으며, 어떤 상황에서 교회 안에 자리를 잡게 되었는가를 가르쳐준다. 이단 사상의 변천 과정과 특징을 알려준다.

교회사는 이단 사조가 어떤 상황에서 기승을 부리는가를 알려준다. 교회가 세상지혜와 비성경적 신념체계를 수용하면 이단이 흥왕했다. 이단은 교회가 인본주의 신념을 기독교의 가르침과 결합시키거나 신학을 세상 사조와 혼합시킬 때 나타난다. 플라톤주의와 신플라톤주의가 기독론과 관련하여 고대교회와 중세교회를 어지럽혔고, 아리스토텔레스주의가 중세교회를 사변화 시켰다. 이성주의와 낭만주의가 자유주의 신학을 몰고 왔다.

교회사는 교회가 진리의 말씀을 가르치지 않을 때 이단이 성행한다는 것을 보여준다. 이단은 교회가 교권과 의식에 집착할 때 확산되었다. 성직자들의 사치와 부패가 극심할 때 흥기(興起)했다. 말씀에 굶주린 사람들이 허기진 배를 움켜쥐고 동분서주 영적 양식을 찾을 때 인기를 얻었다.

교회사는 어제의 신앙 형식이 오늘의 영적 필요를 어떻게 채울 수 있는가를 보여준다. 오늘날의 교회의 신앙고백이 성경에 대한 과학적인 추론의 결과로 얻어진 것만은 아니다. 교회가 하나님의 말씀과 진리를 가르친 결과이다. 특정 유형의 신앙, 교리, 신학, 제도를 이해하려고 하면 그 자체에 대한 정보를 가지기에 앞서서 그것들이 형성된 역사를 알아야 한다. 어떻게 생성하고 발전해 왔는가를 알아야 그 정보가 비로소 교회를 위한 살아있는 가르침이 된다. 시공적(時空的)으로 멀리 떨어진 과거의 교회가 여러 가지 문제를 어떻게 처리해 왔는가를 알면 오늘의 교회 안에서 일어나고 있는 일들을 어떻게 해결해야 할 것인가에 대한 통찰을 가질 수 있다. 교회가 어느 방향으로 나아가야 할 것인가에 대한 안목을 가질 수 있다.

교회사 지식은 평범한 일반 신자들을 위해서도 절실히 필요하다. 교회 구성원들은 교회의 현 상태에 대한 적절한 견해를 가져야 한다. 교회 안의 갈등은 대개 지도자들 때문에 일어나고, 그 영향은 평범한 다수 신자들에게 미친다. 사태가 심각한 상태에 이르러도 다수 신자들은 문제의 원인에 대한 지식을 갖지 못한 채 방관한다. 만약 문제를 역사의 관점에서 조망하면, 그 문제 자체에 대한 통찰을 가질 수 있을 뿐 아니라 다른 편의 사람들이나 견해를 달리하는 교단과 교파에 대한 지식을 가질 수 있다. 자기가 가진 기존의 생각을 포기하든지, 아니면 상대방의 견해를 거부하고 자기의 관점을 더욱 확고하게 붙잡든지 하게 된다. 이런 점에서 교회사는 교회를 위한 학문이다. 교회를 위해 봉사하는 기능을 가지고 있다.

하나님은 역사를 통해서도 말씀하신다. 교회사는 일반계시의 최고봉이다. 교회는 이 세상에 존재하는 조직체 가운데 가장 중요한 기관이며 따라서 교회사는 역사 가운데서 가장 중요하다. 하나님의 뜻을 알고자 하면 교회를 섬긴 사람들, 하나님과 이웃을 섬긴 사람들의 행적을 탐구하는 것이 첩경이다. 남아프리카공화국 개혁교회의 관습과 정신과 생활을 개혁하자면 인종차별 시대의 그 교회의 역사를 알아야 한다. 독일교회의 정신성을 바꾸려고 하면 제2차 세계대전 때 나치정부에 아부하던 '독일기독교'의 행태에 대한 지식을 가져야 한다. 나치정권을 지지했던 교회와 반대했던 교회의 역사를 알아야 한다. 한국교회의 오늘날의 성격을 바로잡고 갖가지 질병을 치유하자면 일제말기의 한국교회의 친일, 배교, 우상숭배, 백귀난행, 민족배신 행태와 광복 후 과거사 청산 과정에서 드러난 교회의 패역하고 교만했던 역사에 대한 지식을 가져야 한다. 역사를 알면 인본주의 장애물들의 숲을 헤치고 나아가 성경이 제시하는 목표지점에 진리의 깃발을 꽂을 수 있다.

 교회사는 하나님께서 자기 백성을 어떻게 사랑하셨는가를 알려준다. 하나님의 백성이 하나님의 사랑에 어떻게 반응했으며 우리가 하나님의 나라와 그의 영광을 위해 할 수 있는 일이 무엇인가를 보여준다. 어떻게 하는 것이 하나님의 명령을 따르고 그의 뜻에 순종하는 것이며, 몸과 마음과 정성을 다하여 하나님을 사랑하고 이웃을 자기의 몸 같이 사랑하는 것이 어떤 것인가를 보여준다. 세상에서 일하는 하나님의 손길을 감지할 수 있게 하며, 역사를 통해 말씀하시는 하나님을 깨닫게 해 준다.

 교회사 지식은 하나님의 백성들의 연합과 일체감을 높인다. 시대마다 특징이 다를 지라도 모두가 하나님의 나라 일원이라는 것을 알게 한다. 서로 다른 지역, 국가, 정치, 경제, 문화 여건에서도 인

종과 시대를 넘어서는 신앙의 동질성을 갖도록 한다. 지난 시대의 성공과 실패의 경험은 우리와 하나님의 관계를 교정하게 하고, 신앙공동체 안에서 자신의 기능과 직무가 무엇인가를 깨닫게 한다.

3. 역사란 무엇인가?

역사가는 현장을 탐사하고 자료를 수집하여 그것의 순수성, 통일성, 의도, 가치를 파악해 낸다. 사건이 발생한 상황에 뛰어들어 문제를 동시대적으로 이해한다. 전체의 조망 아래서 부분을 파악한다. 통합성, 상상력, 직관을 사용하기도 한다. 가정(假定)을 세우고 그것을 증명한다. 사건을 유추하여 상관성을 밝혀낸다. 보편적인 개념을 찾아내고 그것을 지적인 형태로 기술한다. 역사가의 주 임무는 과거에 일어난 사건의 무게를 달고, 중요성을 가려내며, 진의를 판단하고 해석하여 재구성하는 일이다.

19세기의 실증주의자들은 역사를 '객관적'으로 연구할 수 있다고 믿었다. 그들은 역사학을 화학이나 생물학과 같은 것으로 여겼다. 사실들(Brute Facts)을 확인하여 그것들을 '있는 그대로' 서술하고, 객관적으로 판단하는 것이 가능하다고 생각했다. 역사의 의미는 역사 그 자체에 내재해 있기 때문에 역사가는 중립적인 눈으로 사실을 파악하여 그것을 독자에게 제시할 뿐이라고 생각했다. 이데올로기나 정치나 종교의 관점이 역사 해석이나 서술에 끼어들지 않도록 해야 한다고 보았다.

19세기 독일의 일련의 역사가와 신학자와 사회학자들은 자연 과학자가 자연을 연구하듯 역사 사실을 실증적으로 연구할 수 있다고 믿으면서 '객관적 사실'을 강조했다. 마치 객관적 사실이 인간의 주관성과는 무관하게 언제든지 검증될 수 있는 상태로 우리의 문 밖에 놓여 있는 것처럼 생각했다. 그러나 과거는 현재의 창문을 통해서만 접근할 수 있을 뿐이다. '객관적 검증'을 허락하지 않는다.

　인문·사회과학이 말하는 객관성 유지란 사실을 사실대로 정확히 서술하고자 하는 실증 노력이다. 초연성(超然性)을 가지고 제3자의 관점에서 역사를 냉철히, 공평히, 중립적으로 다룬다는 점에서 이러한 노력은 언제나 환영하고 높이 평가할 만하다. 역사가가 실증적인 자세로 연구에 임하고, 평가하고, 해석하려고 노력하는 것은 바람직하다. 누가 보아도 건전하고 타당한 결론을 내려야 한다. 그러나 인문과학에서 실증 태도를 가지고 연구에 임하는 것과 실증주의 역사 연구가 실제로 가능하다는 것은 별 개의 문제이다.

　실증주의 역사연구는 유토피아(Utopia)이다. 인간이 사물을 객관적으로 파악하는 것은 불가능하다. 학자는 중립적인 관찰자가 될 수 없다. 아무런 편견이나 선이해 없이 사실에만 충실할 수 있는 존재가 아니다. 인문과학의 대상은 대부분 실험 가능한 형태로 존재하지 않는다. 연구 대상은 제한된 이성의 창문을 통해 펼쳐질 뿐이다. 사람은 자기의 주관적인 관점을 가지고 사실에 접근한다. '역사적 사실'이라는 것도 의식적 으로나 무의식적으로 주관성이라는 프리즘을 거쳐 알려진 것이다.

　임마누엘 칸트(Immanuel Kant, 1724-1804)는 근대 인문과

학 이해에 대한 커다란 변혁을 가져왔다. 인간 인식의 제한성을 밝히면서 지식의 능동성을 강조했다. 인간은 사물이 전달하는 지식을 수동적으로 받아들이는 것이 아니라 인간 속에 선험적으로 자리 잡고 있는 오성(Understanding)과 범주들(Categories)이 무형의 인지 대상을 분석하여 우리가 지식이라고 일컫는 내용을 결정한다는 것이다. 이 주장에 따르면 인간은 오성과 범주들을 통해 능동적으로 사실을 이해한다. 사실에 대한 인간의 이해와 지식은 주관적이다. 학자는 자기의 실존 조건과 환경에서 무의식적 또는 의식적인 선입견이나 전제를 가지고 사실을 재구성한다. 그렇기 때문에 엄격한 의미에서 사실에 대한 순수하고 객관적인 접근은 불가능하다.

사물에 대한 인간의 이해는 항상 자기가 살고 있는 시대의 역사와 문화의 정황과 관련을 갖고 그것의 영향을 받기 마련이다. 무오(無誤)한 지식을 가질 수 있는 상상적, 형이상학적, 초역사적, 초인간적인 영역은 존재하지 않는다. 인간이 합리적으로 절대적인 어떤 것이나 명제적으로 무오한 지식을 갖는 것은 불가능하다. 특별 계시와 같은 신적인 차원은 예외적이지만 그 밖의 일반적인 방법으로는 완전한 지식을 갖기 어렵다. 우리가 학문을 통해 진리를 추구하고 논문과 글로 밝히려고 하는 것은 확실성이지 절대성이 아니다.

한편, 칸트 사상 아래에서 많은 지식인들이 상대주의와 주관주의라는 늪에 빠졌다. 진리는 주관적 해석활동의 산물이며, 따라서 인문과학의 활동은 사변적인 것을 넘어서지는 못한다고 생각한다.

객관적 지식을 추구하려는 열의를 상실한 채 맥없이 연구에 임한다. 칸트의 영향은 신학 영역에서 신앙과 합리적 지식 사이에 공통적인 것이 전혀 있을 수 없다는 생각으로 나타났다. 역사 사실들의 객관화를 거부하며, 기독교 신앙과 그것의 역사적 기초를 의심한다. 초자연적 사건으로 알려진 것들은 모두 신화화 된 것이라고 보며, 맹신적인 종교심이 무의식적인 신화화를 통해 의도하지 않은 거짓말을 만들어낸 것으로 본다.

역사가가 '객관적 사실'를 밝히려는 학문 의욕을 완전히 상실하거나 포기할 필요는 없다. 절대다수의 사람들이 '객관적 사실'이라고 생각하는 것은 일정한 장소와 어떤 시점에 일어난 어떤 사건이다. 객관적 연구란 평범한 목격자가 사건을 있는 그대로 왜곡됨이 없이 진술하려는 노력이다. 아집과 당파적 편견을 경계하면서 사실을 왜곡하려는 의도 없이 역사를 담담한 마음으로 서술, 평가, 판단하는 일이다. 사실에 대한 주관적 요소를 완전히 배제할 수 있는 것은 아니지만 균형감각과 타당성을 가지고 사실을 있는 그대로 기술하려고 노력하는 접근방법을 상식객관주의(Common Sense Objectivism)라고 말할 수 있다. 이성의 제한성과 해석학적 조건을 인정하면서도 사실을 과학적으로 타당하게 밝혀보려고 접근하는 방식이다.

4. 역사를 보는 눈

역사가는 불가피하게 전제와 관점을 가지고 역사연구에 임한다.

자기의 눈으로 과거에 일어난 사건의 중요성을 구분하고 해석하고 알기 쉬운 형태로 재구성한다. 사건의 무게를 달고 가치를 평가하고 의미를 파악하여 서술한다. 역사가는 불가피하게 자신의 경험, 교육배경, 신념, 가치관, 세계관을 가지고 역사 사건을 분석하고 해석하며 재구성한다. 역사라고 일컫는 것은 모두 이러한 과정을 거쳐 재구성되고 알려진 것들이다. 그러므로 의식적이건 무의식이건 자신이 살고 있는 시대의 위치와 분위기와 관점을 반영한다. 역사가의 생각과 생활을 통제하고 있는 사회 환경의 지배를 받는다. 자신이 가진 관점과 전제에 따라 사건을 해석하고 평가한다. 자기에게 유리한 쪽으로 파악한다.

교회사를 평가하고 기술하는 시각은 다양할 수 있다. 역사주의, 경제사관, 정치사관, 문화사관, 이상사관, 사회사관, 수량(數量)사관, 심리사관, 언어사관, 민족사관, 민중사관으로 연구할 수 있다. 공산주의 유물론의 관점으로 연구할 수도 있다.

우리나라의 교회사가들은 1970년부터 민족교회사관 또는 민족주의 시각으로 연구하고 있다. 너도나도 '민족, 민족' 하면서 접근한다. 일본기독교사 연구가들이 일본민족주의 시각으로 교회사를 연구하는 것과 동일한 방법으로 접근한다.

교회는 일반 사회조직과 달리 성경, 신앙고백, 신학 등 어떤 규범과 표준을 가진 공동체이다. 역사기술에서 가장 중요한 것은 사건 평가의 관점과 기준이다. 교회사는 교회가 무엇인가에 대한 이해와 더불어 성경과 신앙고백의 관점으로 접근해야 타당한 평가를 내릴 수 있다.

성경이 가장 요긴하게 교훈하는 것은 사람이 하나님에 대해 믿어야 할 바와 하나님이 사람에게 요구하는 본분(本分)이다. 필자의 '신앙고백교회사관'은 이러한 관점에서 출발한다. 성경을 신앙과 행위의 최고 표준으로 삼는다. 하나님께서 선지자들과 사도들에게 제공한 역사 해석의 기준과 관점에 따라 교회 안팎에서 일어난 사건들을 파악한다. 신앙의 빛 아래서 그것들의 의미와 중요성을 식별한다. 특정 시대의 기독교 신앙공동체가 하나님에 대해 무엇을 믿고 고백했으며, 하나님께서 요구하는 바에 어느 정도로 충실했는가 하는 관점으로 접근한다. 신앙공동체가 말과 글과 행동으로, 머리, 가슴, 손, 발로 고백한 신앙에 초점을 맞춘다. 교회사를 전 포괄적으로 접근하면서도 신앙고백적 활동에 주목한다.

신앙고백교회사관은 하나님께서 우리를 향해 어떤 일을 했으며, 그의 사랑과 자비가 어떤 것인가에 주목한다. 역사 지식이 신자를 돕고, 생활을 교정하며, 하나님의 손길을 감지하도록 한다.

인간이 역사의 의미를 항상 완벽하게 이해할 수 있는 것은 아니다. 하나님의 일에는 인간이 이해할 수 없는 신비가 있다. 인간의 시력은 죄로 말미암아 어두워졌다. 자신을 계시한 하나님은 자신을 감추시기도 한다. 신자가 역사를 통해 드러나는 하나님의 뜻을 다 헤아려 완전히 이해할 있는 것은 아니다.

신앙고백교회사관은 이스라엘 시인이 '광야교회'의 역사를 파악하듯 성경의 빛과 조망 아래서 교회의 과거와 현재를 이해하고 평가하며 해석한다.

하나님이여,
주께서 우리 열조의 날,
곧 옛날에 행하신 일을
저희가 우리에게 이르매
우리 귀로 들었나이다.
주께서 주의 오른 손으로
열방을 쫓으시고 열조를 심으시며,
주께서 민족들을 괴롭게 하시고
열조는 번성케 하셨나이다.
저희가 자기 칼로 땅을 얻어 차지함이 아니요.[중략]
우리가 종일 하나님으로 자랑하였나이다.
우리가 하나님의 이름을
영영히 감사하리이다.(시편 44:1-8)

이스라엘의 역사가(시인)는 하나님의 천지창조, 출애굽, 가나안 정복, 이스라엘 왕국 건설, 바벨론 포로사건, 귀향 등을 신앙고백의 눈으로 파악한다. 그 사건들에서 하나님의 임재와 인도의 손길을 감지하고 전율을 느낀다. 광야교회의 신앙이 퇴색되는 것을 바라보면서 조상들에게 행한 하나님의 인자하심을 기억하라고 외친다.

교회 안에서 일어난 역사 사건들은 모두 신앙고백적 표현이다. 긍정적인 것도 있고 부정적인 것도 있다. 유서 깊은 기독교 신앙에 충실한 신앙고백적 활동이 있는가 하면 불의와 야합하고 배교하는 지경에까지 이른 행위도 있다.

교회사 연구를 문헌고증식으로, 실증주의 방식으로 접근하면 사건의 배후에는 있는 신앙고백적, 신학적 의미를 성찰하는 것이 어렵다. 그것을 하나님의 말씀의 관점으로 해석하고 서술하기 어렵다. 교회 안에서 일어난 사건들과 신념은 시종일관 신학적 함의(含意)를 지니고 있다. 교회사는 신학적으로 조망해야 그 가치와 의미를 바르게 파악할 수 있다.

신앙고백교회사관은 중세기의 왈도파교회가 그 당시의 교황의 교회보다 더 중요한 것으로 판단한다. 그들은 성경의 가르침에 따라 믿고 살고자 하는 신앙고백적인 활동을 했기 때문이다. 신앙고백교회사관을 가진 역사가는 제2차 세계대전 동안에 나치정부에 항거하는 독일고백교회가 나치에 아부하던 독일기독교보다 더 훌륭하다고 평가한다. 일본민족주의 정권에 아부하여 배교하던 한국교회보다 그것에 항거하여 투쟁하던 신사참배거부운동교회가 더 성경의 가르침에 충실한 것으로 본다. 성경을 역사평가의 기준으로 삼는 것이다.

5. 신앙고백교회사관

역사는 평가기준이 무엇인가에 따라서 해석이 달라진다. 그 예는 일제말기 한국교회 안에 일어난 사건에 대한 평가에서 두드러지게 나타난다. 한국교회는 과거사 청산 과제와 관련하여, 일제에 야합하던 친일파 인사들은 자신들이 '교회를 지켰다'고 말한다. 어느 한국교회사가는 배교하는 기존 교회조직을 허물고 독자적으로 노회를 세우려고 했던 신사참배거부운동 주도자들을 분리주의자들로 단정하고 그들이 도나투스주의자들이 가졌던 완전주의 교회관을 재현한 것으로 본다. 과연 이러한 판단이 옳은가?

신앙고백교회사관으로 보면 친일파 인사들이 말하는 '교회'는 진정한 교회가 아니다. 우상숭배, 배교, 이단화된 집단이었다. 참 교회는 지하 감옥, 한촌 사랑방, 암혈토굴 속에 있었다. 신앙고백교회사관으로 보면 신사참배거부운동은 진정한 교회운동이었고, 종교개혁자들의 교회관과 일치한다.

관점에 따라 역사해석이 달라질 수 있다는 말을 바꾸면 학문연구가 교회를 위한 것이 될 수 있고, 그렇지 않은 것일 수도 있다는 것을 뜻한다. 신학이 교회를 위한 학문이라고 하지만 항상 교회를 위한 것이 되는 것은 아니다.

교회사 서술에 동원되는 민족교회사관, 민족주의사관, 민중사관, 토착교회사관 등은 교회사관으로 적합하지 않다. 실증주의적 접근이나 문헌고증식의 교회사 연구는 교회를 위한 역사관점으로 타당하지 않다. 교회사 공부는 '교회가 무엇인가'에 대한 신앙고백적 통찰과 성경 가르침에 부합하는 신앙고백의 눈으로 파악해야 한다.

이 말을 바꾸면, 교회사 공부가 목회와 연결되지 않고, 교회를 위한 학문이 되지 못하는 것은 사건들을 나열하는 식으로 공부하고 그 관점이 성경의 가르침에 부합하지 않기 때문이다. 민족교회사관이나 민중사관이나 토착화교회사관 등 인본주의 관점은 신앙공동체의 역사에 대한 올바른 해석을 제공하지 못한다.

역사가 어떤 의미를 가지고 있는가 하는 것은 역사 사건 그 자체에서 얻을 수 없다. 인본주의 관점은 인간의 죄와 패역(悖逆)이 하나님께 어느 정도로 모독적인가는 인간이나 인간이 만든 어떤 것이나 인간 안에서 일어난 사건이 그 답을 줄 수 없다. 왜 하나님이 교회 성장의 암적 존재인 이단을 허용했는가에 대해서도 답할 수 없다. 왜 이단이 등장했는가에 대한 답을 제공하지도 못한다. 성경은 "저희가 나간 것은 저희가 우리에게 속하지 아니함을 나타내려 함이니라"(요일 2:19)고 한다. 장로 요한은 하나님께서 이단을 허용한 것은 그들이 하나님의 백성이 아니라는 것을 드러내기 위함이라고 해석한다. 비기독교인 역사가는 하나님께서 광활한 하늘과 궁창을 만든 까닭이 무엇인지 알 수 없다. 계시 신앙의 눈을 가진 시편 기자(역사가)는 그 답을 가지고 있다. "하늘이 하나님의 영광을 선포하고 궁창이 그 하신 일을 나타내는도다"(시19:1)고 한다.

인간의 역사와 그것들의 의미는 다만 하나님이 주신 특별계시의 빛 아래서 찾을 수 있다. 하나님의 말씀에 종속된 역사과학만이 인간역사에 대한 타당한 해석을 가능하게 한다. 죄인을 구원하며 의를 이루는 하나님의 주권적 통치와 섭리의 관점에서 해석하고 평가할 때 하나님의 시간 창조, 만물 창조, 인간의 타락, 구원, 종말사건으로 이어지는 역사를 올바르게 파악할 수 있다. 신앙고백교회사관은 하나님의 말씀—성경을 교회사 해석, 평가, 편찬의 기준으로 삼는다. 교회사는 신학(Theological Science)이며 교회사가는 신학자이다. 교회사 해석은 역사를 공부한 신학자의 몫이다.

신앙고백교회사관을 가진 역사가는 역사연구를 실증적으로 접근하는 노력을 하면서도 성경을 역사평가의 기준으로 삼아 특정 신앙공동체와 신자들이 하나님께 대해 무엇을 믿고 고백했으며, 하나님께서 요구하는 것에 대해 어떠한 반응을 보였는가에 주목한다. 그 시대의 교회가 얼마나 교회의 본질과 사명에 충실했는가를 살핀다.

신앙고백교회사관의 타당성과 효용성(Validity)은 성경과 직결되어 있다. 성경이 하나님의 특별계시를 담은 진리의 말씀이면 그것을 기준으로 하여 역사를 해석하고 기술하는 것은 성경 그 자체에 준하는 타당성을 가질 수 있다.

'신앙고백사관'과 '신앙고백교회사관'은 차이가 있다. 전자는 교회의 교리, 사상, 신앙고백문헌을 다루는 데에 초점이 있으며, 후자는 전자의 제 요소들을 포괄하면서 신앙공동체의 전 역사를 성경과 진리성의 관점에서, 그 공동체가 하나님에 대하여 무엇을 어떻게 믿고 고백했으며 하나님께서 요구한 것에 대해 어떤 반응을 보였는가에 교회의 본질과 사명에 충실했는가에 주목한다.

『사도행전』은 신앙고백교회사관으로 기술된 교회사의 전형(典型)이다. 그리스도의 도성인신, 대속적 죽음, 육체적 부활, 하나님의 나라 등 신앙고백에 초점을 두고 있다. 성령충만, 복음에 대한 확신, 하나님 나라의 희망, 사랑의 열기를 담아내고 있다. 설교와 복음전도 활동, 교리, 복음전도 사역을 다룬다. 당시 교회의 주 관심과 활동이었던 복음확장, 교회건설, 말씀전파에 역점을 두고 있다. 초대교회와 신자들이 하나님에 대해 무엇을 믿고 하나님께서 그들에게 요구한 과제들을 어떻게 수행했는가를 서술한다.

6. 교회사 연구와 성령사역

신앙고백교회사관은 인간의 삶과 사회의 전 영역, 경제, 사회, 정치, 문화 모든 것의 주는 하나님이며(엡1:22), 이 모든 영역들을 다 소중한 것으로 보는 가운데서도 교회가 특별한 위치를 차지하는 것으로 여긴다. 교회를 성령의 감도로 유지되는 신앙공동체로, 지구상에 있는 그리스도의 몸으로 본다. 그리스도께서 성령 사역을 통해 자기 백성을 통치한다고 믿는다.

성령은 교회를 진리 가운데로 인도한다. 성령은 지금도 교회의 발전을 감독하고 있다. 교회가 영적으로 죽은 상태가 될 그때도 성령은 허물어진 건물 속에 남겨진 사람들 가운데 역사한다. 성령은 신앙을 보존하고, 부흥을 가져다준다(사1:9; 렘33:9이하 참고). 수난 시기에도 실교자와 너불어 교회를 진리 가운데로 인노한다. 성령은 남겨진 신실한 사람들로 하여금 복음 역사의 그루터기가 되게 하고 그것에서 새 순이 돋게 한다.

성령은 교회의 거룩한 목적을 수행하는 신적 능력이다. 하나님께서 창세전에 그리스도 안에서 우리를 택하시고, 우리로 사랑 안에서 그 앞에 거룩하게 흠이 없게 하시려고 그 기쁘신 뜻대로 우리를 예정하셨으며, 예수 그리스도로 말미암아 자기의 아들들이 되게 하셨고, 또 우리에게 거저 주신 하나님의 은혜의 영광을 찬미하게 하려는 목적(엡1:4이하)을 이루게 한다. 신앙고백교회사관은 교회의 이러한 목적과 특성을 올바르게 간파하기에 적합하다. 목회현장과 설교의 통합성으로 연결되는 교육을 가능케 한다.

교회사는 성령 하나님의 역사와 활동을 다룬다. 성령은 복음 전파 사명을 수행하는 사람에게 능력을 부여한다. 비기독교인의 사고와 활동 심지어 복음의 대적자 안에서도 활동하여 그들의 교회를 자극하도록 만든다. 그러나 성령은 주로 교회 안에서 역사하며, 교회의 생활을 고무시킨다. 신자들에게 신앙을 심고, 새 생명의 탄생을 돕고, 신자들이 세상에 복음을 증거하도록 힘을 제공한다. 우리가 섬기는 그리스도의 교회는 2천 년의 역사를 가진 신앙공동체이다. 성령 하나님께서 말씀과 더불어 교회를 이끌어 왔다. 교회사는 성령의 인도함을 받는 가운데서 하나님의 말씀을 기준으로 역사를 연구하고 해석하고 재구성해야 한다. 교회의 진정한 동반자가 될 수 있다. 성경의 가르침과 성령의 실재와 교회의 본질에 대한 신학적 지식을 가진 사람이 연구하는 것이 바람직하다.

교회사 연구나 공부는 사건의 단순나열이나 암기가 아니라 그 의미를 신앙고백교회사관과 같은 성경에 부합하는 역사관점으로 해석하고 또 그러한 역사안목을 키울 때 성령의 인도를 받는 사람이 할 때 비평적인 통찰을 가진 역사해석을 할 수 있고 목회의 통합성 구축에 이바지할 수 있다.

8

예수의 부활은 역사적 사실인가?

—역사가의 눈으로 보는 부활 신앙—

    유서 깊은 기독교는 성경이 말하는 사건들이 실제로 발생했다고 믿는다. 성경이 신화를 기록한 책이거나 광신자들이 본 환영(幻影) 이야기를 담은 것이 아니라 시간과 공간 안에서 실제로 일어난 사실들(facts)을 기록한 것이라고 본다.

    초대 기독교인들은 기독교 초기의 역사적인 사건들이 실제로 일어났음을 증명하는 방식으로 기독교의 진정성(眞正性)을 입증하려고 했다. 역사적 사건들의 실재성과 그것에 대한 증거가 기독교의 참됨을 증명하고 보장할 수 있다고 믿었다.

    그러나 오늘날의 진보주의계 신학자들은 성경 이야기는 신화이며, 초대교회의 고백을 담은 것이라고 본다. 실제로 있었던 일을 기록한 것이 아니라 사랑하는 사람에 대해 쓴 과장된 이야기, 광신자들이 본 허상 이야기를 기록한 것이라고 본다. 예수는 자신을 하나님 또는 그리스도라고 말한 바 없으며, 초대교회가 그리스도로 탈바꿈시켰다고 본다.

이러한 탈기독교적인 사상은 19세기와 그 뒤의 자유주의 신학 추종자들이 역사-비평 방법이라는 것을 동원하여 '역사적 예수'라고 하는 인물을 만들어 낸 것과 관련되어 있다. 이들은 '신앙의 예수'와 '역사적 예수'를 구분한다. 초대교회가 믿고 고백한 예수, 오늘날의 유서 깊은 기독교가 고백하는 예수는 2천년 전에 있었던 '역사적 예수'가 아니라고 본다.

한편, 관념주의와 실존주의에 충실한 일련의 '기독교인들'은 역사를 가지고 기독교의 진정성을 입증하는 근거가 될 수 없다고 생각한다. 기독교 신앙을 역사의 증명을 통해 입증하려는 전통적인 방식은 오히려 기독교 신앙의 진정성을 위험하게 만든다고 생각한다.

이러한 논의는 특히 예수 그리스도의 성육신과 부활이 역사적 사실인가 하는 질문을 둘러싸고 진행된다. 부활에 대한 과학적인 검증이 가능하다면 그 사건을 검토하여 그것이 '객관적인 사실'이라는 결론을 내릴 수 있다. 그러나 부활 사건은 반복되지 않으며, 역사가의 실증적인 탐색을 허용하지 않는다. 시간을 거슬러 올라가 그때 그 장소에 가서 그 사건을 검증하거나 확인하는 것은 불가능하다. 과거로 되돌아갈 수 없다. 그러므로 부활 사건의 사실(fact) 여부는 과학적으로 검증할 수 없다.

그렇다면 우리가 예수의 부활이 역사적 사실이라고 믿는 근거는 무엇인가? 부활 사건에 대한 성경의 증언은 기독교 신앙의 기초인가? 부활 신앙은 '신앙의 문제'이지 '이성의 문제'(역사적 사실)는 아니라고 하는 주장은 옳은가? 역사적 사실에 기초하지 않은 기독교 신앙이 존재할 수 있는가? 이러한 질문들에 답하자면 먼저 '역사,' '역사적 사실'이 무엇인가를 규명해야 한다.

1. 역사와 역사지식

고려시대의 최이(崔伊)는 강화도에서 인류 최초의 인쇄술을 발명했다. 임진왜란 때 진주성 싸움에서 어느 조선인은 사람을 수송하는 최초의 비행물체를 공중에 띄웠다. 세종대왕은 오늘날의 언어학자들이 경탄하는 위대한 문자 한글을 만들었고, 마르틴 루터는 1517년 만성절 전야에 95개조 신조문을 비텐베르크성채교회당 문에 붙임으로써 서양사의 물줄기를 바꾸어 놓았다. 우리는 이러한 사건을 '역사'라고 일컫는다.

과거에 발생한 사건이라고 하여 다 역사가 되는 것은 아니다. 인간에게 영향을 미치는 의미심장한 사건 만이 역사가 된다. 2천 년 전 어느 날 골고다 언덕에서 일어난 모든 일이 다 역사로 우리에게 알려진 것은 아니다. 예수께서 십자가에 못 박힐 때, 그 주변에는 많은 사람들이 있었다. 성난 군중을 보고 겁에 질려 우는 어린이, 신발이 벗겨져 맨발로 걷는 사람, 캄캄해지는 대낮의 변화에 겁이 나서 집으로 돌아가는 사람도 있었을 것이다. 그러나 우리는 그러한 사실에 대한 지식을 갖고 있지 않으며, 그것들을 '역사'로 여기지 않는다.

어느 나라 대통령이 아침 식사를 하다가 갑자기 기침을 했다고 하자. 그가 각혈을 하고 그날 밤에 세상을 떠났다면 그 기침 사건은 역사로 기록될 것이다.

이처럼 과거에 있었던 사건이라도 중요하지 않거나 무의미하거나 사소한 것들은 역사가 되지 않는다.

역사는 과거에 발생한 의미심장한 사건에 대한 기록이다. 족보나 연대기 같은 단순기록도 역사에 해당하는 것은 사실이지만, 의미 있는 역사는 아니다. 중요한 사건만이 역사가 된다.

역사는 과거에 일어난 사실을 단순히 소개하는 것만이 아니라 그 사건이 왜 발생했으며 무엇을 의미하는가를 알려 준다. 역사가는 과거에 일어난 중요한 사건을 지적으로 알아보기 쉽게 재구성한다. 자신의 경험을 토대로 그에게 정보와 지식을 제공하는 자료들을 종합적으로 검토하고 자기의 가치기준과 관점과 이해에 따라 평가한다. 구전(口傳)으로 내려오는 이야기나 옛 문헌에 담겨 있는 정보나 그 밖의 여러 가지 형태의 증거들을 자신의 현재의 경험과 관점으로 재구성한다.

독일어는 '역사'를 두 개의 단어로 표기한다. 과거에 발생한 사건을 히스토리에(Historie)라고 하고 그것에 대한 실존적인 이해와 해석을 담아 재구성한 것을 게쉬히테(Geschichite)라고 한다.

예수라는 인물이 존재했고 그가 십자가에 달려 죽었다는 것을 부정하는 사람은 많지 않다. 그러나 그의 삶과 죽음이 의미하는 바에 대한 사신 인정과 해석은 다르다. 유서 깊은 기독교는 하나님께서 자기 백성을 죄에서 구원하기 위해 친히 인간이 되셨고, 대속제물이 되셨으며, 그 사건이 인류 구원을 가능하게 하는 유일한 근거라고 믿는다. 십자가 사건은 모반죄나 모독죄로 처형당한 사람의 죽음이 아니라 인류를 사랑하고 하나님의 정의를 만족시키기 위한 속죄사역이었다고 믿는다.

19세기 이후의 자유주의 신학 추종자들은 유서 깊은 기독교가 믿어 온 예수와 2천 년 전에 실제로 존재했던 예수가 같지 않다고 본다. 신약성경이 역사적 사실을 서술한 것이 아니라 종교심으로 가득 찬 광신자들의 '고백'을 담고 있다고 본다. 고백은 사랑하는 사람에게 바치는 일종의 과찬이다. 다른 사람들의 눈에는 예쁘게 보이지 않는 여인이라도 그를 사랑하는 남자의 눈에는 예쁘게 보인다. 그래서 '당신은 참으로 예쁘다'고 고백한다. 이처럼 신약성경은 그 시대에 그리스도를 따르던 자들의 '고백'과 무의식적인 거짓말을 담고 있다고 본다. 예수는 자신을 그리스도라고 주장한 바 없는 데, 초대 기독교인들이 그를 지나치게 존경하여 신화화 했고, 종교시장에 내다 팔기 위해 그리스도라는 이름의 '상품'으로 포장했다고 본다. 예수가 하나님이며 그리스도라고 하는 신앙은 초대 기독교인들이 만들어 낸 상품으로 여긴다. 이러한 주장과 더불어 나타난 것이 '역사적 예수'이다. 고백과 허상 이야기를 제거하고 찾아낸 실제 예수라고 믿는다.

한편, 20세기에 들어서서 자유주의자들은 관념론적이고 실존주의적인 태도로 돌아섰다. 진보주의 신학자들은 부활 사건에 대한 게쉬히테의 의미에 집착하고 히스토리에는 관심이 없다. 과거에 일어난 사건을 과학적으로 증명하는 것이 불가능하다는 이유로 그리스도의 부활을 믿는 것은 케리그마—설교를 통해 선포되었기 때문이지 합리적 이성으로 검증할 수 있기 때문이 아니라고 본다. 그런데 아이러니한 것은 그들이 검증할 수 없는 과거의 사건에서 자신들의 신앙의 실존적인 의미를 찾는다는 점이다.

보수주의계 신학자들은 일반적으로 히스토리에의 중요성을 강조하며 역사적 사건의 게쉬히테의 성격에 대해서는 무관심하다. 부활 사건을 '역사적 사실'로 믿으면서도 그것이 어떻게 '역사적 사실이 되었는가'에 대한 논의는 회피한다. 우리는 '타임머신'을 타고 과거로 돌아가 역사적 사실을 확인할 수 없다. 그러므로 우리가 어떻게 역사지식을 소유하게 되었는가에 대한 인식 과정을 무시할 수 없다. 그리스도가 죽은 자 가운데서 살아나 잠자는 자들의 첫 열매가 되었다고 하는 역사지식이 어떻게 형성되고 알려졌는가에 대해서는 관심을 보이지 않는다.

2. 실증주의적 접근: '역사적 예수'

19세기에 이르러 '역사적 예수' 연구가 활발하게 이루어지면서 신약성경의 신빙성에 의문을 제기하는 사람들이 실증주의 연구 방법을 토대로 역사를 과학적으로 탐구하고자 했다. 이러한 방법으로 접근한 대표적인 역사가는 랑케(Leopold von Ranke, 1795-1886)였다. 그는 역사를 '실제로 있었던 그대로' 서술하는 것이 가능하다고 믿었다. 역사란 인간의 과거에 일어난 사실을 말하는 것이며, 그 목적은 증거를 수집하고 일차 자료들을 핵심 근거로 채택한 뒤에 자신의 선입관이나 편견을 개입시키지 않고 일어났던 사실을 있는 그대로 기록하는 것이라고 보았다. 역사가의 덕목은 초연성, 불편성(不偏性), 객관성을 유지하는 것이며, 역사가가 이러한 자세로 접근, 연구하면 정확한 역사를 접할 수 있고, 과거에 대한 객관적인 서술이 가능하다고 생각했다.

실증주의 역사연구 방법으로 『영국문화사』(History of Civilization in England)를 저술한 헨리 버클(Henry Buckle, 1821-1862)은 갈릴레오의 등장 이후로 만물과 우주를 지배하는 자연법칙이 발견된 것에 힘입어 인간의 역사를 지배하는 철칙이 존재한다고 믿었다. 그는 자신이 믿었던 바를 입증하기 위해 역사를 탐구했다. 역사를 과학으로 보고 역사적 사실들에서 귀납적으로 어떤 철칙을 찾아내고자 했다.

실증주의의 창시자인 사회학자 콩트(Auguste Comte, 1798-1857)는 오직 과학적인 방법을 적용함으로서 진리를 파악할 수 있다고 보았다. 콩트 이후, 실증주의자들은 역사 사건을 지배하는 통일된 자연법칙을 찾아내고자 했다. 그것이 당대의 역사연구의 가장 두드러진 특징이 되었다.

역사에서 '객관적인 사실'을 찾아내고 편견 없이 역사를 '사실 그대로' 기술하려고 한 실증주의자들의 노력은 높이 평가할 만하다. 그러나 역사에서 어떤 철칙을 찾아낸 사람은 없으며, 자신의 연구결과가 '객관적'으로 진실하다고 자신 있게 말할 수 있는 사람은 아무도 없다.

자유주의 신학 추종자들이 과학적 역사 탐구가 가능하다는 것을 전제로 '객관적'인 방법으로 예수의 생애와 가르침을 실제로 있었던 그대로 탐구하고자 했다. 복음서는 객관적인 역사지식이 아니며 광신자들의 이야기를 기록한 것이라는 전제를 가지고 출발했다. 성경이 신화와 무의식적인 거짓말을 포함하고 있다고 보았다. 따라서 비평적인 역사방법으로 접근하면 예수의 참 모습을 '객관적'으로 밝힐 수 있다고 믿었다.

이러한 접근방법은 세 가지 그릇된 전제를 깔고 있다. 이것들 가운데서 하나만 잘못되어도 그것에 바탕을 둔 주장은 진리가 아니다. 첫째는 자율적 인간 이성의 능력을 확신하는 계몽주의이다. 계몽주의 시대의 아들들은 인간 이성이 진리에 대한 궁극적 시금석이라고 보았다. 이성을 최고의 재판관으로 삼아 모든 것을 판단할 수 있다고 생각했다.

둘째는 자연주의(Naturalism)이다. 그들은 초월적이거나 초자연적인 실재를 부인했다. 유서 깊은 정통 기독교는 하나님께서 초자연적인 초자연주의에 바탕을 두고 있다. 하나님께서 직접적으로 기적을 일으키며 특별한 방법으로 진리를 사실대로 계시할 수 있다고 믿지 않는다. 자유주의 신학에 바탕을 둔 '새로운 기독교'는 초자연적인 것을 믿는 신앙을 경멸한다. 기적은 일어나지 않으며, 성경에 나타난 초자연적 사건은 신화이며 광신자들의 종교 이야기와 환상을 재구성한 것으로 보았다.

셋째는 실증주의적인 역사방법에 대한 확신이다. '역사적 사실'을 객관적으로 접근하는 것이 가능하다고 믿었다. 예수를 '실제로 있었던 그대로' 탐색하고, 사실들을 발견하는 것이 가능하다고 보았다.

자유주의 신학 추종자들이 이러한 전제들을 바탕으로 하여 역사비평 방법으로 발견해 낸 '역사적 예수'는 초자연적인 존재가 아니다. 대속 죽음이나 육체부활과는 무관하며 초대 기독교가 가지고 있던 예수에 대한 신앙과 역사 서술과 해석의 상당 부분은 사실과 다르다고 생각했다. 예수는 신적 존재가 아니며, 성육한 분도 아니며, 기독교의 초기 역사는 대부분 허구라고 보았다.

자유주의 신학 추종자들의 역사탐구는 복음서의 역사적 가치를 격하시킨다. 앞서 지적했듯이 광신자들의 고백과 환상과 고상한 거짓말을 담은 것으로 본다. 신약성경의 예수에 관한 기록을 편견과 사실무근의 '고백'을 재구성한 것이며, 자신들이 발견한 '역사적 예수'만이 객관적이고 편견 없는 '역사적 사실'이라고 믿는다. 그들은 신약성경이 제시하는 예수를 혹평하면서도 그들 자신들이 만들어낸 예수를 '객관적'인 또는 '역사적'인 인물이라고 생각한다. 자신들이 주관적으로 해석하고 재구성한 것을 '역사적 사실'로 믿는다.

19-20세기 예수 전기 작가들은 '역사적 예수' 연구가들이다. 그들

은 자신들이 생각하는 이상적 인물을 그려냈다. 자신의 생각대로 환자의 얼굴을 고치는 성형외과 의사와 같이 새로운 인물을 만들었다. 그리고 그 인물이 2천 년 전에 존재했던 '역사적 예수'라고 믿었다. 자유주의 신학자들, 종교다원주의자들, 예수 세미나관련 학자들이 말하는 '역사적 예수'는 2천 년 전에 존재했던 분이 아니다. 그들이 그릇된 전제와 방법을 따라 만들어낸 가상(假想)의 인물이다.

관점과 전제와 무관하게 연구, 해석, 서술할 수는 역사는 없다. 족보나 연대기는 예외이다. 역사는 물리학자들이 하는 방식의 사실 증명이 불가능하다. 계몽주의, 자연주의, 실증주의에 바탕을 둔 역사 연구가 '신앙의 예수'와 구분된 '역사적 예수'를 발견하고자 했으나, 자유주의 신학을 추종한 것이 지나지 않으며 그러한 시도는 지나치게 순진한 것이었다.

3. 역사관념주의적 접근

20세기를 풍미하던 관념주의, 실존주의 역사연구 방법은 실증주의 역사방법에 대한 반동으로 등장했다. 주관성을 배제한 역사연구가 일장춘몽에 지나지 않는다고 보면서 실증주의적인 역사탐구를 완전히 거부했다. 역사적 사실을 '실제로 있던 그대로' 기술하거나 그것에서 철칙을 찾아내거나 그것을 바탕으로 미래를 예견할 수 있다고 생각을 부정했다. 사건을 일어난 순서대로 정리하는 것을 역사연구의 과제로 보는 것을 반대했다.

관념주의 역사관은 역사 그 자체에서는 어떤 의미도 발견할 수 없다고 생각하고 역사가의 실존적인 내면성에서 역사의 의미를 찾으려고 했다. 역사가의 책임과 역할을 강조하고 역사가 재구성된다는 사실에 지나치게 집착했다. '히스토리에'보다 '게쉬히테'에 몰두했다. 그 결과, 역사를 '객관적'으로 탐구하려는 의지를 완전히 상실한 채 역사연구에 임하면서도 자신들이 새로운 역사이해의 지평을 펼친다고 생각했다.

자연과학과 인문과학의 연구 대상은 같지 않다. 자연과학은 인간 밖에 있는 것을 연구하며, 인문과학은 인간 안에 있는 것을 연구한다. 역사연구는 인간의 이해(verstechen)라고 하는 과정을 거쳐 과거의 행위를 재생하거나 재고하는 작업이다. 해석자는 저자의 원초적인 창조의 순간을 다시 경험한다. 자신의 현재적 경험에서 과거를 재생한다.

임마누엘 칸트의 인식론에 바탕을 둔 관념론은 역사가 개별적이며 유일하고 반복되지 않는 성질을 지니고 있다는 사실을 간파했다. 이러한 관점에 따르면 역사는 살아있으며, 그것에 대한 연구는 사건의 내면과 외면을 탐사하는 작업이다. 사건의 내외 양면을 하나로 통일시키는 일이다. 자연은 과학자에게 언제나 하나의 단순한 현상일 따름이지만 역사 사건들은 그 이상이다. 역사가는 역사 사건 그 자체에만 주목하지 않고 오히려 그 사건들을 통해 사건들의 배후에 있는 사상을 파악해야 한다고 본다. 틸타이(Wilhelm Dilhey, 1833-1911)와 콜링우드(R. G. Collingwood, 1889-1943)는 이러한 신념을 가지고 접근하면서 역사를 사상사(History of Idea)로 이해했다.

관념주의자들은 19세기 자유주의 신학 추종자들이 시도한 그릇된 방법에 하나의 대안을 제시하여 기독교 역사 연구에 도움을 주었다. 이 움직임은 '예수의 종교'와 '예수에 관한 종교'를 분리시키고자 하는 진보주의계 신학자들의 시도로 이어졌다. 관념주의 시각을 가진 실존주의자들로 하여금 '객관적 사건'에 대한 관심에서부터 주관적인 결단과 활동을 강조하는 역사연구에 관심을 갖게 했다.

역사탐구와 서술의 주관적 요소를 중요하게 여기는 관념론적 접근은 역사이해에서 외부세계, 곧 객관적인 세계를 무시하거나 거의 배타적으로 여기면서 개인의 이해, 결단, 위탁이라는 내면세계만을 지향하는 폐단을 가져왔다. 관념론적 역사연구가 외적 사건과 함께 내적 세계가 존재한다는 사실을 일깨워 준 것은 좋으나 내적 세계가 외적 사건과는 무관한 것으로 여기는 결과를 초래했다. 사실을 규명하는 것보다는 역사가가 가지고 있는 의도, 목적, 정책, 목표, 취향, 정서, 견해를 찾아내는 일을 역사가의 최고의 관심거리로 만들어버렸다.

독일 신학자 루돌프 불트만(Rudolf Bultmann, 1884-1976)은 기독교가 과거에 일어난 사건에 관심을 가질 필요가 없고 인간의 내면에서 일어나는 일에 관심을 가져야 한다고 생각했다. 2천 년 전 골고다 언덕에서 일어난 사건은 오늘날의 기독신자의 실존적인 체험 속에서 지금 일어나는 것들보다 덜 중요하다고 보았다. 기독교 신앙은 골고다 언덕이나 빈 무덤에서 일어난 역사 사건에 토대를 둔 것이 아니라 현재 나에게 무엇을 의미하는가에 가치가 있다고 생각했다. "역사의 의미는 언제나 당신의 현실 속에 존재한다. 당신은 관찰자로서는 그것을 알 수는 없고. 단지 당신의 책임 있는 결단 가운데서 알 수 있다"고 주장했다.

관념주의적 접근방법은 역사의 재구성적 성질과 주관적인 특징에 지나치게 집착한 나머지 기독교 신앙을 '객관적'인 사실에서 분리시킨다. 신앙과 역사를 격리시키려고 한다. 이성과 신앙, 믿는 바와 아는 것,

'히스토리에'와 '게쉬히테'를 떼어놓으려고 한다.

불트만은 기독교 신앙이 역사 사건에 토대를 두게 되면 오히려 위험에 놓이게 된다고 보았다. 과거에 일어난 사건을 과학적으로 증명하는 것이 불가능하기 때문이라는 것이었다. 그에게 기독교 신앙의 대상은 역사성을 가진 예수가 아니고 케리그마(설교)를 통해 선포되고 실존적으로 받아들여지는 예수이다.

불트만은 선포된 메시지와 그 메시지를 받아들이는 신자 사이에 여러 가지 불필요한 것들이 끼어있다고 생각했다. 기독교의 핵심이 문화의 껍질 속에 채워져 있다고 보았다. 그의 '비신화화 신학'은 여기에서 출발한다. 성경에 기록된 것들을 글자 그대로 믿는 일은 어리석으며, 자연과학과 모순되는 성경의 이야기들을 모두 신화로 여겼다. 신약성경의 핵심 메시지에 대한 불트만의 탐구는 그 메시지의 주변을 둘러싸고 있는 문화의 껍데기를 벗겨내는데 초점이 있었다.

불트만이 생각하는 성경의 첫 번째 신화는 현대 과학과 모순되는 성경의 서술들이다. 진화론이나 지동설에 상반되는 것들이다. 그 다음은 현대 심리학과 모순되는 것들이다. 귀신들린 자들의 행동이나 초인간적인 악령을 언급하는 성경기사이다. 불트만이 말하는 '과학'이 무엇인지는 명확하지 않다. 자연과학자도 절대적인 것으로 신뢰하지 않는 자연법칙이나 과학을 절대시 하고 그것을 바탕으로 비신화화 이론을 전개했다.

불트만의 시각을 적용하면 유서 깊은 기독교의 중추 교리인 성육신, 동정녀 탄생, 속죄사역, 부활, 승천 등이 실제로 있었든지 허상이든지 간에 기독교는 그럴듯한 종교가 될 수 있다. 기독교 신앙은 역사적 사실과는 아무런 관련이 없으며, 부활사건은 부활신앙의 토대가 될 수 없다. 그리스도의 성육신, 동정녀 탄생, 육체부활과 같은 유서 깊은 기독교 신앙의 중추 교리는 덧없는 것들이다.

자유주의 기독교와 유서 깊은 기독교는 뿌리가 다르다. 19세기 자유주의들이 '역사적 예수'라는 새로운 예수를 만들어 낸 것처럼, 오늘날의 자유주의 신학 추종자들은 '새로운 기독교'(New Christianity)를 창안했다. 자유주의 신학 추종자들은 자신들이 만들어낸 새 종교에 새 이름을 붙이지 않고 해묵은 이름인 '기독교'라는 명칭을 붙였다. 그렇게 함으로써 오랜 역사를 가진 종교의 평판, 특권, 터전을 새로운 종교의 것으로 삼는다.

4. 예수의 부활과 '역사적 사실'

이상의 논의는 역사적 사건이 기독교 신앙의 토대가 될 수 있으며, 부활이라는 사건이 과연 기독교 신앙의 기초인가 하는 질문을 제기한다.

앞서 지적했듯이 칸트의 인식론에 충실한 사람들은 역사의 상대적인 면을 강조한다. 역사관념주의와 주관주의는 역사를 주관적인 해석활동의 산물로, 사변적 작업 그 이상이 아닌 것으로 본다. 역사지식은 인위적인 것이며 주관적인 성질을 지니고 있다. 과거의 역사적 사실에 대한 순수하고 객관적인 접근이 불가능하다. 그러므로 사변 작업의 결과에 지나지 않는 것을 기독교 신앙의 토대로 삼는 것은 어리석다고 생각한다. 기독교가 소중하므로 역사와 같은 가변적이고 검증 불가능한 것에 기독교를 의존시키거나 종속시킬 필요가 없다고 본다.

그러나 가만히 생각해 보자. '역사적 사건'과 그것에 대한 '이해'는 불가분의 관계에 있다. '게쉬히테'는 '히스토리에'에 바탕을 두고 있다. 기독교 신앙이 '객관적 사실'에 기초해 있다고 말할 때 '객관적'이라는 것은 관념론적 개념이 아니라 보편적인 상식개념에 바탕을 두고 있다.

세상은 이러한 '객관적' 정보를 토대로 하여 움직이고 있다. 이 객관성은 어느 한 장소, 어느 한 시점에서 발생한 사건에 대해 그것이 사실이라고 증거하는 정직한 증언에 토대를 두고 있다. 일어난 것을 목격하고 그것을 사실대로 전달, 보도하려는 노력으로 이루어진다.

상식객관주의는 인간 이성의 제한성과 인문지식에 대한 상대적, 주관적 요소를 인정하면서도 사실을 사실대로, '있는 그대로' 알리려고 하는 노력을 중요하게 여기는 신념을 반영한다.

역사적 사실에 기초하지 않는 신앙은 참 신앙이 아니다. 그리스도의 성육신, 부활, 승천이 역사적으로 일어난 실제 사건이 아니라면 그것을 믿는 것은 어리석다. 사실에 근거하지 않는 종교지식이나 교리를 신앙하는 것은 맹신에 지나지 않는다.

한편, 절대 객관주의 관점으로 역사에 접근하면 역사지식에 동원되는 주관적 이해와 재구성적 측면을 간과하게 된다. 우리가 알고 있는 예수 그리스도에 관한 것들 가운데 많은 부분을 전해 준 누가복음의 저자는 이 점에 대해 다음과 같이 말한다.

우리 가운데 이루어진 사실에 대하여 처음부터 말씀의 목격자 되고 일군된 자들의 전하여 준 그대로 내력을 서술하려고 붓을 든 사람이 많은지라. 그 모든 일을 근원부터 자세히 미루어 살핀 나도 데오빌로 각하에게 차례대로 써 보내는 것이 좋은 줄 알았노니 이는 각하로 그

배운 바의 확실함을 알게 하려 함이로다(눅1:1-4).

이것은 복음서 기자들이 성경에 기술된 역사사건을 '이해'라는 과정을 거쳐 재구성했음을 의미한다. 성령의 간섭 아래서, 유기적인 감화와 감동으로 사실을 기록한 것이다.

역사가 '이해'라는 과정을 거친다는 말은 '역사적 사실'에 대한 이해와 재구성에 미친 관점, 세계관이 무엇인가 하는 점이다. 기독교인은 하나님의 초월적인 활동을 믿는다. 하나님은 인간의 제한성을 뛰어넘는 특별계시라는 방법으로 '역사적 사실'이 왜곡되지 않게 우리에게 알려지도록 했다.

성령은 역사가 안에서 역동적으로 유기적으로 역사한다. 예수의 부활을 목격한 사람들은 성령의 지도 아래서 자신들이 인식한 역사지식을 정직하게 전했고, 서술했다. 하나님은 그 역사지식에 오류가 없도록 간섭했다. 성령의 초월적이고 내재적인 활동은 성경 기록자들로 하여금 일어난 사건을 사실 그대로 기술하고 그것들의 의미를 정확하게 서술하게 했다. 성경은 인간의 인식능력의 한계를 뛰어넘는 하나님의 초자연적, 초월적 활동의 감동으로 기록된 오류 없는 하나님의 말씀이다.

정리하자면, 그리스도의 부활이 '역사적 사실'인가, 그것이 기독교 신앙의 토대인가 하는 것은 상식객관주의(Common Sense Objectivism)의 관점에서 이해해야 한다. 성경 저자들은 하나님의 초월적이고 초자연적인 활동 아래서 예수께서 십자가 위에서 죽었을 뿐 아니라 그의 죽음이 인류를 위한 대속적인 사역이라고 서술한다. 예수는 부활했을 뿐 아니라 그것이 모든 잠자는 사람들의 첫 열매라고 한다. 우리가 믿고 있는 부활은 '역사적 사실'에 대한 정직한 증언자들의 증언과 하나님의 영감을 받는 저자들의 노력의 결과이다.

예수의 부활이라는 '역사적 사실'과 그것에 대한 해석은 기독교 신앙의 토대이다. 성경이 말하는 역사의 진실성은 특별 계시로 주어진 하나님의 말씀, 곧 성경의 진정성에 버금간다. 그리스도의 성육신과 부활은 초자연적인 계시의 성격을 지녔으면서도 보편적인 역사의 범주에 속한다. 그것들은 상식적인 의미의 '객관적 사실'이다. 성령님은 성경 기록자들, 선지자들과 사도들이 역사를 정직하게 사실대로 기록하도록 했다. 역사를 통해 말씀하시는 하나님의 계시를 기록하게 했다. 신화, 과장된 고백, 고상한 거짓말이 아니라 목격자들의 정직한 증언을 담도록 했다.

실증주의자처럼 역사의 주관적, 재구성적 요소를 무시하고 접근하면 2천 년 전에 이 땅에 오신 예수와 무관한 '역사적 예수'를 만들어 낼 수도 있다. 관념론자들처럼 역사지식의 주관성에 집착하여 역사의 사실성과 '객관성'을 무시하면 기독교 신앙은 허상을 붙잡는 것이 된다. 기독교 신앙의 진정성과 그리스도의 부활에 대한 신앙은 정직한 증언자들이 '역사적 사실'을 있는 그대로 증언해 준 것과 성령 하나님의 감화, 감동을 받아 기록한 하나님의 말씀에 바탕을 두고 있다.

9

우상숭배는 나라와 민족을 망친다

― 단군상 조형물 철폐운동 ―

하버드대학교와 예일대학교에는 유태인 학생과 교수가 상대적으로 많나. 세계를 주름잡는 각 분야의 유명 인사들 가운데 유태인이 많은 것은 잘 알려진 사실이다. 그런데 냉대 받고 떠돌던 유태인들이 다른 민족의 자녀들보다 공부를 잘 하고, 성공률이 높은 것은 무엇 때문일까?

유태인의 두뇌가 타고날 때부터 다른 민족보다 우수하다고 보는 사람은 많지 않다. 사람은 비슷비슷한 능력을 가지고 태어난다. 두뇌는 태어난 뒤에 가정교육이나 교육환경에 따라 발달한다.

유태인의 자녀들이 다른 민족보다 탁월성을 보여주는 것은 그들의 가정교육 때문이다. 유태인 가정교육에 대한 여러 종류의 책들이 발간되었고, 우리나라에도 많이 알려져 있다. 유태인 가정교육의 핵심은 신앙교육이다. 하나님이 유태인들을 선택하여 메시아 시대를 도래하게 하는 중요한 역할을 하게 했으므로 마음과 뜻과 정성을 다하여 여호와 하나님을 섬기고 열심히 공부하고 인류의 발전에 이바지 해야 한다고 가르친다. 유태인들의 두뇌가 명석한 것은 이러한 가정교육과 신앙교육에 달려 있다.

유태인의 신앙교육 가운데서 가장 중요한 것은 신(神)을 어떤 형상이나 모양으로 표현하지 않고, 우상숭배를 금하는 것이다. 눈에 보이지 않는 신을 신앙하는·종교적 실천이 유태인의 삶과 신앙의 중심에 자리 잡고 있다.

죄성을 지닌 인간은 항상 어떤 형상을 만들어 섬기려고 한다. 종교성은 우상숭배로 나타난다. 우상성은 눈에 보이는 것을 섬기며, 그 이상의 어떤 것을 생각하지 못하게 한다. 그러나 유태인들은 눈에 보이지 않는 신을 섬기고 예배해 왔다. 그들의 삶과 교육은 그 신을 머리로 생각하게 하는 방법으로 이루어진다. 생각이 생각을 만들어 내고, 인지능력의 폭을 넓히고 깊이를 깊게 한다. 눈에 보이지 않는 신을 섬기는 일은 창조적인 사고능력과 인지능력을 확장한다.

유태인의 역사는 어떤 형상을 만들고 그것을 숭엄한 마음으로 바라보거나 섬기는 것을 경계하는 교육으로 일관한다. 모세가 받은 십계명은 "우상을 만들지 말고 거기 절하지 말라. 땅 위에 있는 것, 땅 아래 있는 것 어떤 형상이든지 만들지 말고 섬기지 말라"고 규정한다.

우상숭배는 하나님이 가장 싫어하는 행위이다. 하나님은 이스라엘 백성들이 여로보암이 세운 금송아지를 섬길 때 진노했고, 그들의 행악을 저주했다. 유태인들이 금송아지 우상을 만들고 그것에 신적인 가치를 부여하고 참배하는 것에 대해 진노했다. 벌을 주어서 그 잘못된 행위를 잊지 않고 우상숭배를 하지 않도록 했다. 유태인의 가정교육, 신앙교육의 핵심은 그 민족의 역사이다. 그 역사의 중심에는 우상숭배 금지 교육이 자리 잡고 있다.

다니엘과 그의 친구들 이야기는 유태인들이 우상숭배를 얼마나 철저히 거부했는가를 보여준다. 그들은 포로로 잡혀간 타국에서도 신상(神像)을 만들고 그것에 절하지 않았다. 그것을 거부했고, 그 일에 목숨을 걸었다. 느부갓네살 정권은 신상 낙성식에 나팔과 피리와 수금과 삼현금과 양금과 생황 등 모든 악기가 소리를 낼 때 구부려 절하지 않는 사람을 즉결 처단했다. 그러나 사드락, 메삭, 아벳느고는 절하기를 거부했다. 그들은 붙잡혀 풀무 불에 들어갔으나 타지 않았다.

우상숭배를 하지 않은 용감한 유태인 청년들의 이야기는 하나님께서 살아계시고 그가 당신의 계명을 순종하는 사람 편에 서 계신다는 것을 가르친다. 유태인들은 이러한 가르침을 받으면서 자란다.

우상숭배를 에사롭게 행하거나 대수롭지 않은 것으로 여기는 나라들은 대부분 미개하다. 문화, 사회, 도덕의 수준이 낮고 발전이 저조하다. 우상숭배의 종교가 성행하는 나라로서 선진국 대열에 드는 나라는 없다. 참 하나님의 계시가 없고 선지자가 없고 진리가 없는 나라와 민족은 문화와 과학 영역의 발전도 미미하다.

이런 관점에서 보면 우상을 만들어 섬기거나, 우상숭배를 조장하는 행위는 궁극적으로 망국에 이르는 일이다. 참배를 할 목적으로, 종교적인 동기로 조상(彫像)을 만들고 그것을 우상처럼 떠받드는 것은 우상숭배에 버금가는 행위이다. 이러한 행위는 민족과 나라의 장래를 어둡게 한다. 젊은이들의 사고(思考) 발전을 억제하고, 창의성, 상상력, 논리력을 원시 상태로 전락시킨다.

근년에 민족주의 인사들이 이른바 국조 단군상이라는 조형물을 만들어 공립학교 교정에 세워놓았다. 일부 기독교인들이 그것을 제거한 것이 사회문제로 대두되어 있다. 국조 단군상이라는 조형물을 만들어 세운 것은 그것에 참배케 할 목적이다. 이것은 우상숭배의 풍토를 조장한다. 우리나라를 우상숭배의 나라로 만드는 첫걸음이다.

필자의 고향은 아름다운 산하(山河)를 가진 지리산 아래 하동이다. 북으로는 지리산, 남으로는 짙푸른 한려수도, 동으로는 기름진 사천평야, 서로는 하동포구, 위 아래로 오르내리는 배들이 오가는 섬진강이 흐르고 있다. 하동에서 구례까지의 강변 길은 '우리나라에서 가장 아름다운 곳'으로 알려져 있다. 세계의 여러 곳을 둘러 본 필자의 눈에는 세계에서 가장 아름다운 곳이다. 하동의 역사는 진시황제가 보낸 동남동녀 3천 명이 불로초를 찾아 헤매다가 탐라국으로 떠난 이야기로 시작한다.

하동 땅 지리산 동남향 청학동 계곡에는 단군상 조형물이 만들어져 있다. 이 나라의 젊은이들로 하여금 참배하게 할 목적으로 건립되었다. 하나님께서 만드신 그 아름다운 자연 경관을 가진 산 속에서 창조주가 가장 싫어하는 우상숭배 행위가 이루어지고 있다. 하동군이 그 일을 관광 사업 차원에서 앞장서서 추진했다.

여러 해 전 노태우 씨가 대통령으로 집권할 때 대구 팔공산에 거대한 불교사원이 건축되었다. 대구시가 그 건축비의 큰 몫인 어마어마한 돈을 부담했다. 국가나 지방정부가 세금을 가지고 교회당을 지어준다는 이야기를 들어본 바 없다. 그런데 혈세를 가지고 어찌하여 특정 종교의 사원을 지어준 것인가? 세비(歲費)로 특정 종교의 건물을 세워준 것은 무엇 때문인가?

그들은 그것을 국립공원 안에 지었다. 엄격한 건축 규제법을 가진 나라이면서도 국립공원에 특정종교의 사원을 건축하는 데는 그 법을 적용하지 않는다. 하동군과 정부는 지리산 경내에 특정 종교단체가 삼성궁(청암면 묵계리)이라는 불법 건물을 짓고 넓은 국유지를 차지하고 있어도 그것을 시정하려고 하지 않는다. 국가공무원이나 지방공무원들이 불법을 저지르고 있어도 시비를 거는 사람이 없다.

필자는 지금부터 약 10년 전에 이른바 삼선궁에 들러서 종교적인 작태를 확인한 바 있다. 입구에서 징을 치고 기다리면 안에서 무명옷을 입을 사람이 나와서 인솔하여 들어간다. 몇 개의 건물들이 있는데 그 가운데는 출처불명, 정체불명의 단군상을 그려놓고 그것에 절을 하게 한다. '천부경'이라는 경전을 앞에 두고 당당히 종교 단체인 것을 과시한다. 그들은 단군을 신격화 한다. 환인전, 환웅전, 건국전을 두고 있나. 난군신화, 국수적 민족주의, 샤머니즘적인 종교성이 혼합된 일종의 단군교라는 것을 명백히 보여준다.

하동지역 기독교인들은 단군상 조형물 건립의 종교적 동기를 지적하고 국고지원이나 지방비 지원을 문제 삼았다. 군수는 종교적 의미가 부여될 경우 지원을 하지 않겠다고 약속했다. 지원했던 국고도 전액 환수하겠다고 했다. 그러나 그것은 입술에 발린 말로 그쳤을 뿐, 시행되지 않았다. 우리나라 인구 4분의 1이 기독교인이다. 기독교인들이 낸 세금이 포함된 39억 원(1995년 기준)이라는 어마어마한 돈이 특정종교를 지원하고 그 본부를 만들어주고쓰고, 우상숭배를 조장하는 데 사용되고 있다.

한문화연합이라는 단체가 이른바 국조 단군상이라는 조형물을 만들어 공립학교나 공원에 세움으로써 민족의 정신적 구심점을 갖도록 하고, 또 단군의 홍익인간 이화세계의 정신을 민족공동체의 구심점으로 삼자고 하는 것은 민족주의적인 동기로 그렇게 한 것이다. 그러나 약소민족이 가지는 감상적인 국수주의에 지나지 않는 것으로 보이는 이 운동은 신화를 역사적 사실로 여기는 것에서 시작한다. 그렇게 한다고 하여 본래 존재하지 않은 민족정신이 생기는 것은 아니다.

단군은 신화에 나오는 인물이다. 그가 역사적 인물인가 아닌가 하는 것은 상고사(上古史)를 연구하는 사학자들이 학문적으로, 냉철하게 밝혀내야 할 과제이다. 신화를 실존 역사인 것처럼 서술하는 것은 잘못이다. 단군주의자들이 내세우는 『환단고기』는 위서(僞書)이며, 역사로서의 가치가 없다. 역사를 국수주의적으로 연구하거나 왜곡하는 행위는 배격되어야 한다. 진실하지 않은 역사를 내세워 민족주의를 조장하는 것은 도리어 민족을 우롱하는 자조적(自嘲的)인 행위이다.

단군 이야기는 그것을 종교화 하고 상품화 하려는 사람들이 생각하는 만큼 역사적 근거를 가지고 있지 않다. 식민사관론자들이 단군의 역사를 말살하는데 앞장섰다고 주장하지만, 그러한 점을 다소 인정하더라도 단군 이야기는 어디까지나 신화이다. 신화는 사실을 다소 반영할 수도 있지만 고대인의 사유(思惟) 체계의 산물이다. 역사적 사실로 인정하기에는 문제점이 많다.

단군상 조형물 건립자들은 종교적인 목적으로 세운 것이 아니라고 말한다. 다만 교육적인 목적으로 세운다고 한다. 그러나 단군을 숭배하는 종교단체가 수없이 많고, 또 단군상 조형물 건립 취지문은 분명히 "이것을 참배하는 모든 사람들이…"라고 기록하고 있다.

혹 단군이 역사적 실존 인물이라도 그가 존경의 대상이기는 하지만 예배의 대상은 아니다. 그는 종교적인 참배의 대상이 아니다. 더욱이 조형물을 만들어 공립학교 교정에 세우는 것은 숨은 의도를 가지고 국민을 기만하는 행위이다. 단군을 상품화 하는 사교주의자들의 기만에 속아 넘어가지 않아야 한다.

단군상 조형물을 설치하려는 민족주의자들은 일본에 대한 피해의식을 가지고 있는 것으로 보인다. 단군을 내세워 일본처럼 우리도 민족정신을 강화하고, 시조를 신격화 하는 것이다. 이것은 역사를 왜곡하고 조상을 신격화 하는 따위의 일본 민족주의운동을 본받는 일이다. 우상숭배의 나라 일본은 망국적인 민족주의운동 때문에 시달리고 있다.

감상적인 민족주의는 민족을 우매하게 만든다. 교육을 담당하는 사람들은 단군주의자들과 부화뇌동하여 역사를 왜곡하지 않아야 한다. 정부가 공립학교나 공원에 세운 단군상 조형물 제거에 적극적으로 임하지 않는 것은 직무유기이다. 공교육 현장에 단군상 조형물을 세워 참배케 하고 우상숭배 분위기를 조장하는 것은 국법을 어기는 일이다(헌법 제20조 1-2항, 교육기본법 제1장 6조 2항). '관광단지 조성'이라는 미명으로 국민이 낸 세금을 가지고 특정종교 단체를 지원하고 공립학교 교정에 상을 세워 우상숭배를 조장하는 일은 비리이다. 공무원들이 지리산 국립공원 안에 불법건물을 묵인할 뿐만이 아니라 오히려 불법건물을 조성하면서 사교의 무리들과 부화뇌동하는 것도 마찬가지이다. 이를 감독하고 제재해야 할 감사원이 강 건너 불구경하듯 하는 이유는 무엇인가? 정부는 부당한 국고 사용자들과 직무를 유기하는 공무원들을 엄중히 문책해야 한다.

우리나라의 개천절은 제정 취지와 달리 이제는 단군교의 날이 되었다. 백낙준 박사가 교육부 장관으로 재직할 때 '홍익인간'을 국가의 교육사상으로 정했다. 기독교인인 그가 그것이 무엇인가를 알고 정한 것인지 의심스럽다. "단군은 우리의 조상이다"고 하는 식의 개천절 노래도 적절하지 않은 표현이다.

한국교회가 무섭게 도전해 오는 우상숭배 풍토에 어떻게 대처하는가 하는 것도 주목할 만하다. 한국기독교교회협의회(KNCC)는 단군상 조형물 철거 문제에 대해 소극적이다. 그것을 공립학교 교정에 설치하는 자들이 그것을 종교적인 목적으로 세운 것이 아니라고 하기 때문에 문제될 것이 없다고 본다. 일제가 신사참배를 종교적인 것이 아니라고 하는 기만적인 해석을 한국교회가 수용한 것과 비슷하다.

단군상 조형물을 세운 목적이 이 나라의 젊은이들이 그것을 "참배"케 할 목적이라고 명시하고 있는 데도 일부 교회들은 애써 그것이 종교적인 것이 아니라고 강변하는 까닭은 무엇인가? 우상숭배의 풍토에서 자란 사람은 그러한 종교 행위를 보고서도 그것이 종교적인 것이 아니라고 생각한다. 일제가 신사참배를 종교행위가 아니라고 강변하면서 강요하자 친일파 인사들은 그것을 솔선수범했다. 그들의 후손들은 지금도 단군상 조형물이 문제될 것이 없다고 한다. 한국기독교교회협의회의 회원교회인 대한성공회의 사제이며 성공회대학교의 구약학 교수인 김은규 박사는 우상숭배금지계명의 철폐를 주창하고 있다. 반면에 단군상 조형물 철폐운동에 적극적으로 가담하는 사람들은 일제시대에 이족침략과 강압통치에 항거한 사람들의 영적 후손들 또는 그때 적극적으로 항거하지 못한 것을 뉘우치는 사람들이다.

 공립학교 교정에 단군상 조형물을 설치하는 것을 문제시하지 않는 진보주의 기독교인들에게 묻고 싶다. 단군상 조형물을 세우는 자들에게 묻고 싶다. 우리 민족이 이민족 침략자의 사상적, 민족적, 종교적 압박을 받을 때, 다시 말해서 민족정기가 사라지고 민족정신이 말살될 때, 그대들과 그대들의 조상들은 무엇을 하고 있었는가? 황민화의 도구가 되었거나 일본 귀신 앞에 절하면서 솔선수범하며 민족정신을 버리지 않았는가? 7-8년 동안이나 버리지 않았는가? 신도주의의 충실한 시녀노릇 하지 않았는가?

 단군상 조형물을 설치하는 자들은 민족주의 감정에 호소하면서 그것을 반대하는 기독교인들을 반민족자로 규정하고 있다. 단군상 조형물을 건립하는 것은 민족주의 행위이며, 그것을 반대하는 것은 반민족주의적인 행위라는 논리를 펼치고 있다. 단군상 조형물 건립을 반대하는 기독교를 향해 반민족적인 종교로 몰아붙인다. 한문화운동연합이 민족정신의 구심적으로 단군을 한껏 내세워 단군상 조형물 건립에 반대하는 자들이 이의 제기를 하지 못하도록 만들어 놓고서 특정 종교집단의 숨은 의도를 교묘히 관철시키고 있다.

 우리 민족이 민족이라는 개념을 뚜렷하게 가진 것은 오래되지 않았다. 민족정신을 고무시킨 것은 기독교이다. 필자는 이 문제를 '프로테스탄티즘과 민족주의'(『미스바』 4, 1975)에서 다룬 바 있다.

 우리 민족이 황민화의 길을 걷고 있을 때 이 땅에 유일하게 민족정체성을 가진 참 민족공동체가 있었으니 그들은 오늘날 단군상 조형물 철거운동을 전개하는 일부 기독교인들의 신앙의 조상들이다. 온 나라와 온 백성이 민족을 배신하고 일제의 요구에 따라 백귀난행을 저지르고 있을 때, 그들은 당당히 신사참배와 반민족행위에 반대하면서 항거했고, 그것을 정치운동으로 전개하고 민족혼을 유지했다. 오늘의 단군상 조형물 철거운동에 앞장서고 있는 사람들은 그들이 신앙적인 후예들이다. 그런데도 반민족자들의 후예들, 변질했던 자들은 일제의 우상숭배에 거부하여 신앙의 절개와 민족혼을 지켰던 과거사를 가진 자들과 그들의 후손들을 향해 반민족 운운하고 있다. 참으로 기막힌 노릇이다.

영주시민교회의 최흥호 목사가 영주남산초등학교에 세워진 단군상 조형물을 철거했다는 까닭으로 구속되어 의정부 교도소에 수감되었다. 그는 영주지역기독교연합회 회장이었다. 그 단체의 이름으로 학교장에게 단군상이라는 '쓰레기'를 공립학교 교정에서 철거해 달라고 통보했다. 철거하지 않으면 대낮에 제거하겠다고 연락했다. 1999년 12월 어느 정한 날 찾아갔을 때 어린 학생들이 있기에 이를 고려하여 학교가 파한 뒤에 한다고 한 것이 오후 5시 20분이었다. 5시 이후에 하면 야간파괴행위라는 죄목이 성립된다고 한다. 그 이유가 추가되어 그는 구속되었다. 그는 2000년에 의정부 시내의 백성공원 안에 세워진 단군상 조형물도 제거했다.

최흥호는 학교장을 찾아가 공립학교 교정에 단군상 조형물을 설치하는 것의 부당성을 말하고 정한 날짜까지 철거하지 않으면 그 쓰레기를 대신 철거해 주겠다고 통보한 뒤에 그것을 제거했다. 대한민국은 단군의 나라가 아니다. 단군교의 나라도 아니다. 단군주의자들이 독점하는 나라도 아니다. 대한민국은 이 나라 국민 전체의 나라이다.

기독교가 폭력적인 집단으로 비쳐지는 것은 바람직하지 않다. 기독교는 아직도 이 땅의 나그네이며 외국종교로 인식되고 있다. 근년에는 안티기독교 운동도 전개되고 있다. 우리의 사회는 기독교 편이 아니다. 다른 종교와 충돌하면 기독교가 손해를 보게 된다. 뱀같이 지혜롭게 그리고 겸손하게 접근해야 한다. 단군상 조형물을 직접 철거하기 보다는 합법적인 방법으로 항의하고 법적으로 투쟁하거나 설득하는 것이 최선의 방법이다.

훌륭한 인물에 대해서는 존경하는 마음을 가지는 것으로 그쳐야 한다. 사람을 신격화하고 숭배하는 것은 미개한 나라 사람들의 특성이다. 우상숭배는 민족과 나라를 망하게 한다(단3:1-7). 단군상 조형물은 우상숭배 풍토를 조장한다. 그것을 철거하는 운동은 궁극적으로 민족과 나라를 위한 일이다.

10

굶주린 동족, 외면할 것인가?

배고픔은 전쟁보다 더 잔인하고, 죽음 보다 더 무섭다. 지금 북녘의 우리 동포들은 배고픔으로 시달리고, 많은 사람들이 영양실조로 굶어죽어가고 있다. 탈북자 학교에서 공부를 하는 젊은이들을 보면 한결같이 키가 작다. 영양보충을 제대로 하지 못한 탓이다. 그렇게라도 살아남은 것은 천만다행이다.

평양 당국이 식량난을 국제사회에 알리고 지원을 호소한 것은 1995년 무렵부터이다. 그 무렵 우리는 그 호소가 다소 과장된 것이고, 지나치게 민감한 반응을 보이는 것은 남북문제 해결에 도움이 안 된다고 생각했다. 그러나 10년이 지난 지금의 북녘 동포들의 가난과 굶주림은 인간이 참아낼 수 있는 한계를 넘어섰다. 관망하고 있을 수 없는 상태이다.

1. 아일랜드 감자기근

아일랜드와 영국의 사이의 갈등과 적대감과 증오심을 '영원히' 고착시킨 것은 '아일랜드 감자기근'(1845, Irish Potato Famine)이다. 이 사건으로 1845년에서 1947년 사이에 아일랜드인 백만 명 이상이 굶어 죽고, 5만 명 이상이 영양실조로 질병에 걸려 사망했다. 기근 상황에서도 아일랜드 농민들은 영국인 지주에게 고액의 세금, 사용료를 내고 식물을 바쳐야 했다. 사건이 발생한 10년 만에 아일랜드 인구는 8백 50만 명에서 6백만 명 이하로 줄어들었다.

그때 이웃나라 영국은 해묵은 감정과 정치적인 이해관계를 앞세우면서 배고픈 사람들을 돌아보지 않았다. 아일랜드 인구의 절반가량이 아사(餓死)하고 있는 데도 강 건너 불구경하듯 외면했다.

아일랜드의 일부는 12세기에 영국의 식민지가 되었다. 17세기에 들어서서 더 넓은 지역이 영국의 지배를 받았다. 이런 일로 두 나라 사이의 감정이 좋지 않았다. 영국은 산업이 발달하고 인구가 팽창하면서 많은 양의 농산물을 아일랜드에서 수입했다. 영국이 농산물 수입을 점차 늘리자, 아일랜드는 점점 더 농업에 의존했다. 영국의 섬유 산업의 발달은 아일랜드의 목화 산업과 가내 수공업의 도산을 가져왔다. 아일랜드 사람들은 불가피하게 농토를 개간하고 감자를 대량 재배했다. 아일랜드 인구 90%가 감자재배에 의존하고 있었다.

설상가상으로 아일랜드의 빈부의 격차는 갈수록 심해졌다. 14%의 사람들은 토지의 4분의 3을 소유했다. 부유한 영국인들이 아일랜드의 농토를 대규모로 소유했다. 인구는 1845년에 이르러 850만 명으로 증가했다. 당시의 감자 생산량은 약 1,400만 톤이었다. 그 가운데서 약 47%를 식량으로 소비했고, 35%를 가축사료로 사용했다. 일부는 수출하거나, 종자로 사용했다.

아일랜드는 감자의 퇴화를 방지하고 초기 질병을 막기 위해 씨감자를 멀리 떨어진 미국에서 들여왔다. 그 경로를 통해 감자마름병(Potato Blight)이 들어와 나라 전역에 급속히 퍼졌다. 감자줄기와 입과 뿌리가 숯처럼 새까맣게 말라버리고 악취가 나는 병이었다. 공기에 의해 전념이 되어 들판에 있는 곡식만이 아니라 집안에 있는 것들도 공격당했다. 이 병은 미국에서 1843년에 발생했고, 1845년에는 유럽의 일부 다른 지역에도 번졌다. 그 해 10월 중순에 아일랜드에 들어와 불과 몇 달만에 전 지역에 번졌다.

아일랜드 농부들은 아사하거나 영양실조로 신체가 허약해져 각종 질병에 걸려 죽었다. 아이들과 노인층의 피해가 심했으며, 여자보다 남자가 더 많이 사망했다. 감자마름병은 아일랜드를 붕괴시켰다. 이 국가적인 대재앙은 1920년대까지 이어졌고, 완전히 종식된 것은 1947년 무렵이다.

아일랜드는 그 재앙 앞에서 속수무책이었다. 그러나 이웃나라 영국은 해묵은 감정과 정치적인 이해관계를 따지면서 도움을 주지 않았다. 굶어 죽어가는 사람들을 강 건너 불구경하듯 관망하고 있었다. 기독교가 국교인 영국은 산업의 발달로 부유했다. 지원할 역량이 있었다. 넉넉한 식량을 보유하고 있었다. 그런데도 굶어 죽어가는 사람들을 돌보지 않았다.

재앙의 직접적인 원인은 급속한 경작지의 증가, 지주들의 대 농장 건설, 감자 생산량의 증가, 단일 작물 재배, 감자의 높은 식량 의존도, 그리고 미국산 씨감자 도입 등이다. 그러나 그 재앙은 영국과 직결되어 있었다. 영국은 아일랜드로 하여금 재앙을 이겨낼 힘을 앗아갔다. 아일랜드를 영국의 식량 기지화 하는 정책을 펼쳤다. 영국의 산업이 발달하자 아일랜드 제조업은 붕괴되고 국민의 절대다수가 농업, 특히 감자생산에 몰두했다. 그 밖에도 사회적으로 심화되는 지주제도, 영국인 지주가 높은 임대료를 요구하는 등 재앙을 극복할 힘을 앗아갔다. 아일랜드가 재앙을 이겨내지 못한 것은 영국인 때문이라고 해도 과언이 아니다. 그런데도 영국은 기아에 허덕이는 아일랜드를 돌보지 않았다. 결국 두 나라 사이의 갈등, 적대감, 대립을 되돌릴 수 없을 정도로 고착시켰다.

2. 북한의 식량난

북한의 식량난은 필자가 '북녘의 굶주린 이웃을 살리자'(『월간고신』, 1996.4.)는 글을 쓰던 그 무렵에 외부로 많이 알려졌다. 평안북도 소재 모 병원은 1996년 8월부터 11월까지 1,420명이 '영양실조'로 사망했다고 보고했다. 피해를 입은 사람은 주로 어린이와 노약자였다. 그 병원의 원장은 사망 원인을 '영양실조'로 기재하여 보고했다는 이유로 당국의 문책을 받았다고 한다. 신의주 동림군의 한 인민학교 학급은 어느 날 정원 37명 가운데 겨우 6명이 등교했는데, 결석 사유는 배고픔이었다고 한다.

평양 당국은 1995년 12월에 전국에 '양곡 및 가축 강탈자를 즉결 처형하라'는 포고령을 내렸다. 쌀 강도, 절취범, 밀수범 등 70-80명을 '사회 불량자'로 분류하여 공개 처형했다. 공터와 강변에 수천 명의 주민들을 모아 놓고 세 명의 재판관이 죄명을 낭독한 뒤에 총살했다. '인민재판식 처형'을 했다고 한다. 식량난이 얼마나 심각한가를 말해 주고 있다.

북한의 식량난은 1995년 유엔 인도사무국(UNDHA)에 식량 원조를 요청함으로써 외부세계에 알려졌다. 그해 12월 평안도와 황해도 수해지역을 방문한 유엔식량 농업기구(FHO)와 세계식량계획(WFP)의 북한 곡물과 식량 공급 평가단은 곡물 부족량이 최소한 1백20만 톤에 달하며, 약 2백10만 명의 어린이와 50만 명의 임산부들이 기아에 직면했다고 보고했다. 세계보건기구(WHO)는 그 이듬해 춘궁기에 상당수의 북한 어린이들이 기아와 영양실조로 사망할 것이며, 즉각적으로 식량 원조를 하지 않을 경우, 5세 이하의 어린이 20% 정도가 숨질 위험에 처해있다고 밝혔다.

북한의 연간 평균 곡물 수요량은 6백만~6백 50만 톤 정도라고 한다. 그러나 1991년부터 생산량이 매년 2백만 톤 정도 감소했다. 이상저온과 집중호우 등 빈번한 자연재해, 병충해의 확산, 비료와 농약의 부족, 경작 방식의 낙후, 농민들의 생산의욕 침체 등으로 사정이 더욱 악화되었다. 1995년에는 설상가상 대홍수로 말미암아 겨우 3백만 내지 3백 50만 톤 정도를 생산했다. 중국, 일본, 태국, 한국에서 수입해 오는 것을 고려해도 약 3백만 톤의 곡물이 부족한 형편이다.

북한이 1995년의 홍수 피해 뒤에 조직한 '큰물피해대책위원회'(책임자 정윤형)의 한 관계자는 "북한의 올 식량 수요량은 7백만 톤인데 지난해 수확량은 3백 40만 톤에 그쳐 3백 60만 톤이 부족하며, 1일 1식(일인당 4백 그램)으로 연명한다고 해도 절대부족량은 1백 20만 톤이며, 이것이 없으면 우린 다 굶어죽는다"고 실토했다고 한다.

북한은 지난 몇 년 동안 노동자에게 하루에 식량 7백 그램, 노인과 가정주부에게 3백 그램을 지급해 왔다. 그것조차 '애국미,' '절약미' 등의 이름으로 20% 정도가 강제 반납돼 실제로는 배급량을 채우지 못했다. '하루 두 끼 먹기 운동'으로 '도중식사'(점심)가 사라진 지는 오래되었다. 일부 지역에서는 곡물을 수송하는 도로가 미비하여 몇 개월 동안 식량배급이 지연되고 있다고 한다.

평양 주재 외국 외교관들이 전하는 바로는 노동자에게 배급되는 옥수수를 포함한 곡물 배급량은 하루 한 끼 정도의 양에 해당하는 300그램으로 줄었다고 한다. 300그램은 양손으로 받아 움켜질 정도의 양이다. 지금은 어느 정도 나아진 것으로 보이지만, 아일랜드의 식량난 문제가 반세기 이상 이어진 것처럼, 북한의 식량난은 여전히 심각한 상태이다.

북한의 인권과 식량난은 농업구조가 해결되지 않는 한 벗어날 길이 없다. 공산주의 체제는 식량난을 극복할 힘을 제공하지 못한다. 에너지와 생필품은 바닥났다. 사회주의 계획 경제가 갖는 모순에 기인한 산업구조의 불균형 심화, 근로자들의 생산의욕 상실, 노동 생산성의 정체, 자본과 기술과 경영과 관리능력의 부족, 사회간접 자본미비 등의 요인 때문에 북한이 단 시일 안에 경제회생을 이루어 주민생활을 가시적으로 개선하는 것은 불가능하다. 경제가 침체된다가 막대한 군사비와 체제강화를 위한 과다한 재정이 소모되고 있다. 북한 주민들의 불만은 커질 대로 커졌고, 인내의 한계를 넘어섰다.

3. 북한인권실태보고서

동국대학교 북한학연구소는 국가인권위원회의 의뢰를 받아 조사한 '북한인권실태보고서'(2005)를 발표했다. 북한을 자극할 수 있다는 이유로 국가인권위원회가 발표를 잠시 보류해 물의를 빚은 보고서이다. 남북 관계 개선이 중요하지만, 2005년, 지구상에 이런 '인권 부재(不在) 국가'가 있나 싶을 만큼 충격적인 내용을 담고 있다. 2004년 10월부터 2005년 1월까지 탈북자 50명을 심층 회견하고 탈북자 교육기

관인 하나원에 수용된 탈북자 100명을 대상으로 설문조사한 것이다.

이 보고서에 따르면 탈북자 62%가 북한생활에서 가장 힘든 점으로 '먹는 문제'를 꼽았다. "시장에서 굶어 죽은 시체를 옆에 두고 떡 장사를 하드라"는 증언도 나왔다. 함경북도에 살던 B씨(여·54)처럼 "굶어 죽은 사람을 직접 봤다"고 증언한 탈북자는 전체의 64%다. "굶어 죽은 사람이 있다는 소문을 들었다"고 답한 사람은 26%였다. 직접 간접으로 아사자를 목격한 경우가 90%에 이른다.

식량난으로 가장 고통을 당하는 연령대는 노인과 아동이다. 보고서는 특히 아이들의 생존권은 심각하게 위협받고 있다고 밝힌다. 이른바 '꽃제비'라고 불리는 떠돌이 아동들은 굶주림으로 집을 나오거나, 부모가 굶주림으로 사망해 시장을 떠돌며 구걸 행각을 하다 길거리에서 사망하기도 한다고 한다. "시장에 가서 [음식을] 사먹으면 사먹는 사람이 가슴이 떨려요. '한 입만 달라고' 덮치는 '한 입 떼'가 몰리고… 국수 파는 곳에서 국수물이라도 달라고 아이들이… 그 물이라도 먹겠다고, 정말 눈물 없이는 볼 수 없어요"(여·53 주부, 1998년 5월 탈북).

어느 증언자는 한국과 외국이 지원한 쌀은 모두 간부들에게 돌아갔다고 말한다. "남한이나 외국에서 지원된 쌀은 인민들한테 1킬로그램도 돌아오지 않았다. [지원된 쌀이] 군에 많이 가고 안전부 보위부 검찰 등의 간부들에게 다 주고 나면 인민들은 기대할 수 없다"고 말한 사람도 있었다. 1999~2000년에 탈북한 사람들은 모두 "남한과 외국의 식량원조 사실을 몰랐다"고 한다. 북한 정부가 국제사회의 대북지원 사실을 국민에게 숨긴 것이다.

북한에서 유치원 교사로 일하다가 탈북한 55세의 어느 여성은 북한 안의 탈북자 수용소 실태가 어느 정도로 참혹한가를 알려준다. "아기들은 보통 [태어 난지] 보름이 안 가서 죽고, 노인들은 영양실조 때문에 얼굴이 헐어요. 그래서 얼굴에 쇠파리가 앉고 구더기가 끼고… 굶어 죽었다고 봐야 하는지 균이 들어가 죽었다고 봐야 하는지, 그런 실례가 많아요."

인신매매를 당한 경험이 있거나 매매를 당하는 여성을 봤다는 응답도 83%에 이르렀다. 어느 여성은 자신의 두 딸이 모두 유흥업소에 팔려갔다고 말했다. "둘째·셋째 딸이 중국 친척집에 가서 도움을 좀 얻으러 가는 길에, 조선족에게 잡혀서 팔렸어요. 중국 돈으로 4500원씩에. 소식이 안 닿길래 혼자 [딸을 보기 위해] 밤에 강을 건넜어요. 친척집에 가서 기다리니 1998년 2월21일에 소식이 왔는데, 걔들이 '왕청 다다구'란 데 팔려가 있다고…."

굶주리다 못해 탈북한 사람들을 붙잡아 가둔 탈북자 수용소에서는 강제낙태가 행해지고 있다고 하는 충격적인 소식도 있다. "[탈북하다 잡힌 임산부들은] 낙태를 시키죠. 더러, 배를 막 발로 차가지고. 병원에 약이 없으니까, 중절시키는 약이 없으니까 배를 차서 8개월짜리 아기는 조산되고, 4개월짜리 애기는 유산되고… 그런 일이 한 달 동안 있었어요."

탈북을 했다가 또는 제3국으로 체포됐다가 북한으로 송환된 여성탈북자 가운데 3%는 자신이 강제 낙태를 당했다고 답했다. 21%는 직접 목격한 적이 있다고 답했다. "[임산부가] 아기를 낳으면 안전원들이 아기를 코가 땅에 닿게 엎어놔요. 애가 살겠다고 버둥거려도 엄마는 가슴을 쥐어뜯고 울면서 애가 죽기만을 기다릴 수밖에 없어요. 건강한 아기는 3~4일, 보통은 이틀 울다 죽어요. 그러면 안전원들이 들어와서 '이렇게 애가 우는 과정을 봐서라도 중국엔 다신 가지 말라' 그래요."

탈북자들이 들려준 인권유린 실태 가운데 가장 충격적인 것은 탈북자 수용소인 무산보위부, 청진집결소, 양강도 혜산시의 '927사무소'에서 벌어진 일들이다. "무산보위부에 처음 잡혔을 때 옷을 아예 다 벗기고 손을 머리에 얹고 앉았다 일어나는 것을 50번 반복하거든요. 왜 이런 걸 하냐고 옆 사람들에게 물어보니까 이렇게 하면 항문이나 자궁에 [감춰놓은] 돈 넣은 것이 나온대요."

당 지도부에서 일한 어느 여성(43)은 '927사무소' 실태에 대해 이렇게 말한다. "아침마다 5~6명이 굶어 죽어서 나가요. 입고 있던 일제 가죽점퍼 주면 보내준다고 해서 다행히 나올 수 있었어요. 이런 사회주의가 제일이라며 한 때 마이크를 쥐었던 게 너무 혐오스러워 이 땅에 다시는 발길을 돌리지 않겠다고 결심했어요." '927 사무소'는 9월 27일에 김정일 위원장이 중국으로 탈북한 사람들을 수용해 '교양학습'을 시킨 뒤 고향으로 보내라고 해서 붙여진 이름이라고 한다.

탈북자의 75%는 '공개 처형 장면을 직접 목격했다'고 증언했다. 처형 '소문을 들었다'고 답한 탈북자는 17%였다. E씨(45)는 "1998년 4개월 동안 내가 본 것만 20~30명이나 된다"고 말했다. 아동의 24%만 학교에 가고, 50% 이상이 강제노동에 동원되고 있다고 한다. 모내기, 추수 같은 농업은 물론 건설 현장에도 끌려간다는 게 탈북자들의 증언이다.

4. 피는 물보다 진하다

워싱턴은 지난 몇 년 동안 보기 드문 인내심을 가지고 북한을 협상 테이블로 끌어내고 있다. 식량지원을 하면서 회유하려는 정책을 펼치고 있다. 이러한 정책을 펼치는 것은 북한이 내부 불안에 대한 대응으로 전쟁을 일으킬 가능성이 있다고 판단했기 때문인 것 같기도 하다.

북한이 식량난을 해소하고, 남한이 전쟁도발 가능성을 줄이고 북한 체제가 연착륙(Soft Landing)을 하도록 유도하여 궁극적으로 평화적 통일을 앞당기려면 다음 세 가지를 선결해야 한다.

첫째, 경제난이 북한의 폭발적인 변화의 요인으로 작용하지 않도록 식량, 의료품, 생활필수품을 대폭 지원해야 한다. 우리가 보낸 쌀이 군량미로 둔갑하지 않을까 걱정할 필요는 없다. 쌀이란 것은 수년 동안 저장해 둘 수 있는 식품이 아니다. 인민군이 먹더라도 안타깝게 생각할 필요는 없다. 그들도 우리의 동포이다. 나중에 맞붙어 한 판 싸움을 하더라도 동족이 아사되는 것만은 막아야 한다. 아일랜드의 재앙을 외면한 영국의 잘못을 답습하지 않아야 한다.

둘째, 북한 동포들의 자존심을 상하지 않는 방법으로 도움을 주어야 한다. 북한은 국제구호 기관이 식량을 직접 배분하는 것을 허락하면서도 대한적십자사가 보내는 구호물자는 거부한다. 굶주리는 상황에서 누구로부터든지 일단 받아들일 자세는 되어 있지만 자존심이 상하는 성격의 지원은 달갑지 않다는 것이다. 수십 년 동안 '주체사상'을 배운 그들은 '마사다'의 유대인들처럼 집단적 아사를 결행할 망정 굴욕적이 되면서까지 구호품을 받으려 하지 않을 것이다. 구제할 때 "오른 손이 하는 일을 왼손이 모르게"하며, "사람 앞에서 의를 행치 않도록 하라"(마6:1-4)는 말씀을 따라야 한다.

셋째, 정부는 민간단체나 개인의 대북 접촉과 지원의 문을 활짝 열어 놓아야 한다. 미국의회는 법률을 개정하여 정부의 허락 없이 민간단체와 개인이 북한을 지원하는 것을 허락했다. 평양 당국은 식량과 함께 거세게 밀어닥치는 대외개방, 외부정보, 문물의 유입을 막기 위해 쌀을 수송하는 인부를 억류하고 무장공비를 남파하는 등의 무장공비를 남파하는 방법으로 호전적인 태도를 보인 바 있다. 북한은 쌀은 원하지만 개방은 원하지 않는다. 평양당국은 남한 정부가 "외국에서 쌀을 사서라도 원조하겠다"고 한 말에 크게 반발한다. 적대관계에 있는 상대방과의 교류는 일방적이기 보다는 상호적이어야 한다. 정부차원의 지원은 계속하되 이때 대남관계의 변화를 요구하는 원칙을 고수하면서 다른 한편으로 민간차원의 지원을 적극 권장할 필요가 있다.

개혁신학은 영혼구원과 복음전파와 교회설립만이 아니라 하나님의 주권이 이 세상의 모든 선한 영역에 미쳐야 한다는 것을 강조한다. "생육하고 번성하여 땅에 충만하라. 땅을 정복하라. 모든 생물을 다스리라"(창 1:28)고 하는 문화명령을 중요하게 여긴다. 문명을 하나님의 일반 은총의 선물로 보며, 기독교인들이 복음으로 세상을 변혁시켜야 한다고 본다. 세상과 대립하여 오직 영혼구원에만 관심을 가지는 근본주의를 거부한다.

칼빈주의는 5대 교리(인간의 전적 타락, 무조건적 선택, 제한된 속죄, 불가항력적 은혜, 성도의 견인)만이 아니라 정치·과학·예술 등의 주제에 관심을 가진다. 우리는 민족, 정치, 사회, 문화에 대해 책임을 갖고 있다. 개혁주의 전통은 빈부, 인종, 주택, 시민권리, 평화, 가난, 기아, 군비축소, 국가안보, 정의실현·사회악 타파·구조악 철폐·인권투쟁·성차별 철폐·핵무기 제거·환경보존 피조세계의 통합을 향한 봉사의 문을 열어놓고 있다. 드라마·댄스·문학·회화·조각·건축·음악에도 관심을 갖고 있다. 개혁신학과 개혁교회가 개인구원—영혼구원에만 매진해야 하는 것으로 사회, 문화, 민족, 이웃 등 세상 문제에 무관심한 것으로 보는 것은 오해이다.

　피는 물보다 진하다. 민족은 이데올로기보다 더 '영원'하다. 굶주리는 북한 동포들을 굶주릴 수밖에 없는 사람들로 생각한다면 우리는 그들의 형제, 이웃, 동포될 자격이 없다. 경제능력의 척도로 가난한 사람을 비판하는 것은 옳지 않다. 북한의 빈곤은 어떤 의미에서든지 남한과 무관하지 않다. 빈곤과 식량난의 주원인은 공산주의 정치체제의 결함이지만, 그러나 한 나라의 경제적 부와 빈곤은 국제관계와 무관하지 않다. 미국과 일본이 이런 저런 이유를 대면서 북한에 대한 식량지원을 주저하는 것은 참으로 정의롭지 않다.

　우리는 북녘의 굶주린 동포를 외면할 것인가? 동족의 굶주림과 인권피해 소식을 듣노라면 피가 거꾸로 흐른다. 아사 직전에 있는 동포는 일단 살려놓고 볼 일이다. 식량지원은 통일보다 더 시급한 과제이다. 북한의 인권유린도 좌시할 수 없다. 우리가 북한의 인권 참상에 침묵하는 것은 양심과 도덕을 포기하는 행위이다. 남한과 한국교회가 북한 식량지원의 양이 적은 것은 아니지만, 동족을 살리기 위해서는 더 많이 지원해야 한다. 아사하는 동족을 구원하는 것보다 더 시급한 민족적인 과제는 없다.

　"누구든지 자기 친족 특히 자기 가족을 돌아보지 아니하면 믿음을 배반한 자요 불신자보다 더 악한 자니라"(딤전5:8). "네 원수가 주리거든 먹이고 목마르거든 마시게 하라 그리함으로 네가 숯불을 그 머리에 쌓아 놓으리라. 악에게 지지 말고 선으로 악을 이기라"(롬12:20).

11

신앙발달과 인격성숙

―예수를 믿어도 신앙인격이 성숙하지 않는 까닭―

　예수를 믿는 것과 신앙인격이 성숙하는 것은 불가분의 관계에 있다. 중생체험은 영적인 변화와 인격적인 변화를 일으킨다. 그러나 기독교인이면서도 인격적으로 전혀 성숙하지 않은 사람이 있다. 인격 파탄의 행동을 하고 공동체를 어지럽힌다. 인간관계의 악순환을 몰고 온다. 교회를 다닌 연륜이 오래되고 상당한 신학 지식을 가졌는데도 인격적으로 전혀 성숙하지 않은 사람도 있다. 예수를 믿는 것과 신앙인격 성숙이 무관한 게 아닌가 하는 생각이 들게 한다. 예수를 믿는다고 하여 신앙인격이 저절로 성숙하는 것은 아니라는 점을 보여준다.

　목회자는 어떻게 하면 신앙인격의 성숙을 도울 수 있는가? 어느 설문조사는 우리나라의 기독교 청소년들에게 '왜 교회를 가느냐?'고 물었더니 '그냥 간다'고 하는 답이 가장 많았고, '안 가면 부모가 혼내기 때문이다'고 하는 대답이 그 다음으로 많았다고 한다. '모태신앙이기 때문에,' '유아세례를 받았기 때문에,' '교회에 이름을 등록했기 때문에,' '기독교인이기 때문에,' 그리고 '그냥' 교회에 출석하며 자신을 기독교인으로 여기는 경우가 많다. 이러한 동기로 교회를 다니는 것은 교회가 신봉하는 신조나 부모나 친구의 종교관습을 자신이 관습과 타율에 따라 신봉한다는 말이기도 하다.

현대 기독교인의 특성 가운데 하나는 신앙과 행위의 괴리가 뚜렷한 점이다. 신앙은 무기력하고, 실천은 수동적이다. 예배처소에 갈 때 하나님께 '미안한 마음'을 가지고 가며, 죄책감을 가지고서 '엿새 동안 세상에서 죄와 더불어 살다가 왔다'고 기도하기도 한다.

신앙이 무기력하고 수동적인 이유는 무엇일까? 시동이 걸리지 않는 자동차처럼, 상당한 성경지식과 교리를 알고 교회 생활을 잘 하는 것 같은데, 자세히 보면 신행(信行)의 괴리가 극심하며, 세상의 유혹과 도전에 쉽게 넘어간다. 그 까닭은 무엇인가?

이 문제는 중생체험, 영성, 신앙훈련, 심리(Personality) 등 다양한 각도에서 검토할 수 있다. 신자가 죄를 끊고 악을 멀리하며, 세상의 도전과 유혹에 대항하며, 하나님 나라를 위해 헌신하는 것은 궁극적으로 말씀과 성령 안에서 자존감을 가지고 자율적이고 능동적으로 임할 때 가능하다. 이런 점에서 신앙적 자아의식, 내면적 독자성, 강한 주체성을 가진 신앙인격을 구축하는 노력이 요구된다.

신앙교육은 신자들, 특히 청소년들에게 성경지식과 개혁주의 신념 체계에 바탕을 둔 세계관과 교리를 가르치는 단계에서 말씀과 성령 안에서 자기를 깨뜨리고 의식의 세계에서 만이 아니라 무의식의 세계에서조차 신앙을 내면화 하며, 영적 자각을 갖는 신앙발달과 인격성숙에 초점을 모을 필요가 있다. 다가오는 시대의 교회성장과 신앙공동체를 견고하게 구축하는 일은 신앙적인 자기 정체성을 확립한 교인들을 어느 정도로 많이 확보하는가에 달려있다. '교회 다니는 사람'(Church-goers)으로 만족하지 않고 중생 체험이 인격성숙으로 연결되어 영적 자각을 갖고 하나님을 신뢰하고 자율적으로 하나님 말씀을 따라 성실히 살아가는 신앙인(Believers)을 양육해야 한다.

1. 신앙과 신조

설교와 교회교육의 기본 과제는 그리스도에 대한 '신앙'을 가르치는 일이다.[1] 신앙은 일차적으로 기독교의 진리, 가치체계, 행동양식, 소망 등을 자신의 것으로 수납하고 그것에 따라 살아가는 것으로 드러난다. 헌신하고 섬기는 궁극적 실재를 향한 우리 자신의 신뢰(Trust)와 위탁(Commitment)으로 표현된다. 신앙은 신적 존재에 대해서만이 아니라 삶의 목적, 우선순위, 절대 가치, 자아의 확장인 직업, 지위, 평판, 영향력, 재물, 사랑, 성, 타인을 둘러싼 것과도 밀접하게 관련되어 있다. 신앙은 제도, 제의, 종교형식들로 표현될 수도 있고 그렇지 않을 수도 있는 것들, 우리의 삶의 방식, 깊은 사랑과 값비싼 충성을 바치는 방법들을 형성해 준다.[2]

신앙(Faith)과 신조(Belief)[3]는 밀접하게 관련되어 있으나 엄격하게 따지면 구분된다. "신앙은 좀 더 심원하고 풍부하며 개인적이다. 이것은 종교 전통에 의해 형성되고, 때로는 어느 정도까지 교리에 의해 생겨난다. 신앙은 제도적 성질이 아니라 개인적인 성질을 지니고 있다. 신앙은 자신과 그의 이웃과 세계에 대한 전인적인 반응이다. 일상적인 차원을 넘어서기도 한다.[4]

한편, 신조는 신앙의 구성요소이다. 신조는 초월적 경험과 그 관계성을 개념 또는 명제로 이해하고 해석한 결과이다. 신앙은 명제나 개념만으로 구성되지 않는다. 신앙은 초월적인 존재인 하나님에 대한 신뢰와 그 분의 가르침에 대한 실천이나 충성으로 표현된다. "최상의 신앙은 평온과 용기와 충성과 봉사의 형태로 나타난다. 최고의 신앙은 고요한 확신과 기쁨 가운데 우주 안에서 평안을 느낄 수 있도록 하며 이 세계와 자기 자신의 삶에 대해 심원하고 궁극적인 의미를 발견하도록 할 뿐만 아니라 현실세계에서 자기 자신에게 어떠한 일이 일어나도 흔들리지 않는 그러한 확신과 기쁨을 제공한다."[5] 이러한 신앙을 소유한 사람은 재난, 혼란, 풍요, 슬픔에 직면해도 동요하지 않으며, 확신과 의욕에 넘치는 삶을 산다. 기회를 포착하고 다른 사람에게 즐거운 마음으로 자선을 베푼다.

'신앙'을 의미하는 히브리어(aman he min, munah)와 그리스어(pistuo, pistis)와 라틴어(credo, credere)는 신조(belief)를 뜻하지 않

---

[1] 빌1:25; 딤전4:15, 마28:20 참고하라.
[2] See Paul Tillich, *Dynamic of Faith* (New York: Raper & Row, 1957).
[3] Belief를 '신념'으로 번역하기도 하지만 이것은 내적 확신(신념)만이 아니라 신조에 근거한 일련의 교리에 대한 확신을 뜻하므로 '신조'로 번역하는 것이 본래의 의미에 가깝다. 그러나 둘 다 본래의 의미를 완전히 전달하지는 못한다.
[4] Wilfred Smith, *Faith and Belief* (Princeton: Princeton University Press, 1979). 12.
[5] Smith, 12.

는다. '나는 하나님을 믿는다'(신앙한다)는 말과 '나는 하나님의 존재를 인정한다'(신조에 동의한다)는 것은 다르다. 유태인과 기독교인과 로마인들은 신의 존재를 인정하고 있었기 때문에 신의 유무를 따지는 일은 없었다.

'신앙'을 뜻하는 라틴어 크레도(credo)는 '나는 마음을 쏟는다,' '나의 마음을 바친다,' '나는 이로써 나 자신을 …께 맡긴다,' '나는 충성을 서약한다' 등으로 사용된다. 사람은 자기가 알고 있는 것에 자기를 맡긴다.[6] 신앙은 마음 또는 의지의 문제이다. 절대자를 신뢰하고 그 분에게 충성하며 '마음과 뜻과 정성을 다하여' 자신을 위탁하는 데서 드러난다.

'믿는다'(Believe)는 동사는 16세기 초까지도 '마음을 쏟는다'의 뜻에 가까웠다. 신앙을 의미는 독일어 글라우베(Glaube)는 '소중히 하다,' '사랑하다'는 의미를 담고 있다. 종교개혁기 후에, 특히 17세기와 18세기에 이르러 '믿는다'(belief, believe)는 신앙 선언이나 어떤 명제를 인정하는 의미로 사용되기 시작했다. 모호한 어떤 것을 확실하게 인정하는 것을 의미했다. '신앙하다'는 말이 하나의 명제를 목적어로 받는 경우 신념 체계의 진실성과 적합성에 관한 교리적 선언이 된다. 그래서 '믿는다'는 말은 일련의 명제들을 승인하거나 신조와 신념체계를 인정하는 것을 지칭했다.

개혁주의 전통은 신앙의 내면성(Internality)보다 외형성(Externality)에 더 많은 관심을 드러냈다. 무엇을, 어떤 형식에 따라 믿을 것인가에 높은 관심을 보여 왔다. 칼빈주의자들은 종교개혁 신학자 존 칼빈의 가르침과는 달리 '신앙'을 진리체계에 대한 인정, 승인, 동의(assent)로 이해하는 경향을 보여 왔다.[7] 그들의 신앙교육은 성경과 신조를 가르치는 데 초점을 두었다. 설교는 논리적인 서술로 진행되었다. 하이델베르크 신앙문답, 웨스트민스터신앙고백서, 웨스트민스터 대·소교리문답에 담겨 있는 교리를 외우고, 그리스도의 속죄교리와 성경교리를 등을 체계적으로 배우고 동의하는 것을 '신앙'과 동일시했다.

신앙에 대한 이런 식의 이해를 가진 개혁주의 전통 아래 있는 교회들은 교회성장의 위기에 직면해 있다. 대체로 복음전도 활동이 빈약하고 신앙생활이 경직되어 있다. 교회성장이 그다지 두드러지지 않다. 성인세례를 베푸는 경우가 드물고, 자녀를 많이 낳아 키우는 방식으로 교인 수를 확보하기도 한다. 교인들이 빠져 나가지 않도록 다독거리는 방법으로 교인 감소를 지연시킨다.

'개혁주의 전통'과 '교회성장'이 걸맞지 않게 여겨지는 것은 이러한 이유 때문이다. 창의적인 목회방법을 계발하고 시대정서에 부합하는 설교를 하고 하나님의 말씀을 현대인이 심장에 뿌리내리게 하는 탁월한 사역을 하지 않으면 서양교회가 보이고 있는 이러한 현상은 조만간에 한국교회의 특성이 될 수도 있다.

기독교 신앙은 성경 가르침에 바탕을 두고 있다. 성경의 내용과 교리를 수납하는 것에서 시작한다. 신조에 토대를 두고 있으며, 어느 정도 그것에 의해 형성된다.

---

[6]Smith, 76.

[7]칼빈은 신앙이 지식과 이해를 요구하는 것으로 보면서도 궁극적으로 가슴의 문제로 본다(『기독교강요』 II. 28.; III.2.33, 36). John Hesselink, *On Being Reformed*(Ann Arbor: Servant, 1983), 74-75.

그러나 교리를 인정하고 수납하는 것을 신앙으로 본다면 '믿음의 조상' 아브라함이 지녔던 '신앙'이 무엇인가 하는 질문이 제기된다. 신앙은 언제나 관계적이다. 신앙에는 항상 대상이 있다. "나는 …를 신앙한다"고 표현한다. '신앙한다'는 말은 부모와 자녀, 교수와 학생, 임금과 신하 사이에 존재하는 충성과 신뢰와 의존성을 담고 있다.

다음으로 제기되는 문제는 교리체계를 수납하고 인정하면서도 하나님을 신뢰하고 하나님께 자신을 전적으로 위탁하지 않을 수 있는 점이다. 신조(Belief)는 수용하지만 신앙(Faith)이 없는 사람이 있다. 신학지식이 많고, 기독교 형태의 생활을 하고 있지만 신앙의 대상을 신뢰하거나 충성, 헌신하지 않는 사람이 있다. 윤리를 말하고 타인의 허물을 질책하는 데는 신속하지만 자기 계발과 인간성숙이 초보 단계에 머물러 있는 것을 볼 수 있다.

신앙은 신조를 수긍하는 것으로 끝나지 않는다. 그것은 궁극적으로 하나님을 사랑하는 일이다. 칼빈이 이해한 신앙의 핵심은 "우리의 가슴을 주께 바치나이다"고 하는 구호에서 잘 드러난다. 미국 칼빈대학교나 학생신앙운동(SFC)의 배지(Badge)에 '하트' 모양을 손으로 떠받치고 있는 것을 볼 수 있다. 이것은 칼빈이 가르친 신앙을 이미지로 표현한 것이다.

칼빈의 사상과 17세기와 그 이후의 칼빈주의는 다소 차이가 있다. 칼빈에 따르면 신앙은 근본적으로 우리의 마음과 의지의 문제이다. 충성과 신뢰에 바탕을 둔 의존성과 위탁이다. 마음과 뜻과 정성을 다하여 신앙의 대상을 사랑하고 그에게 자신을 위탁하는 결단이다. 신앙은 절대 타자에 대한 신뢰와 초월적 가치와 영적 힘에 대한 충성으로 표현된다. 이러한 신앙은 주체적이며 총체적이다.

2. 신앙의 발달 단계

바울은 신자들이 '신앙의 진보'를 보이라고 가르친다(빌1:25; 딤전 4:15참고). 개혁주의 전통이 강조하는 성화(Sanctification)의 핵심은 신앙의 성장이다. 웨슬레신학이 강조하는 완전(Perfection), 동방신학이 강조하는 신성화(神聖化: Deification)는 모두 신앙의 발달과 상승에 그 초점이 있다. 신앙은 중생 체험으로 완성되는 것이 아니라 그것에서 시작하여 발전한다. 그렇다면 신앙을 어떻게 발달시킬 것인가?

에모리대학교의 신앙발달연구소 소장 제임스 포울러(James Fowler)[8]는 삐아제(Piaget), 에릭슨(Eric Erikson), 콜버그(Lawrence Kohlberg)의 인간발달 심리이론과 자신이 8년 동안에 400여 명의 사람들과 회견한 결과를 가지고 신앙의 발달단계를 분석했다. 아래에 소개하는 일곱 가지 신앙발달 단계는 그가 저술한 『신앙의 단계들』(Stages of Faith, 1979)[9]을 요약하고 적용한 것이다.

포울러의 신앙발달론과 필자의 견해가 완전히 일치하는 것은 아니다. 그가 말하는 신앙은 그리스도의 십자가 아래서 일어나는 초자연적이며 무시간적인 변화와 무관한 것 같은 인상을 준다. 기독교 신앙의 변화와 발달은 심리학자들이 말하는 단계들을 뛰어넘거나 초월할 수 있다. 신앙의 발달 단계들을 지나치게 세분화할 필요가 있는가 하는 의문도 든

---

[8] 전 하바드대학교, 현 에모리대학교 교수이다.

다. 그가 말하는 '신앙'은 기독교 신앙에 제한된 것도 아니다. 기독교 신앙의 한 측면이면서도, 모든 종교인들과 모든 인류가 가질 수 있는 인간성숙을 의미한다. 선불교의 십우도(十牛圖) 사상과 비슷한 내면적인 발달을 뜻한다. 기독교인들이 그리스도를 주로 고백하고 신조를 받아들이지만 정작 인간성숙과 발달이 이루어지지 않는 것은 포울러가 말하는 신앙발달 단계를 거치지 않았기 때문이다. 우리가 포울러의 이론을 살펴보는 것은 기독교인의 신앙성숙도 일련의 발달단계를 거쳐야 할 필요가 있다고 하는 자각하기 때문이다.

1) 유아기적-미분화 신앙

아이가 이른 아침에 잠에서 깨어나 배가 고프고 기저귀가 축축하면 막연한 불안을 느낀 나머지 울음을 터뜨린다. 답답함을 울음으로 표현하고 도움을 청하는 것이다. 유아기에 속하는 미분화된 신앙인은 이와 마찬가지로 막연하게 종교의 씨앗과 영원을 사모하는 마음을 가지고 절대자를 의식하는 단계에 있다. 신뢰, 용기, 희망 등의 씨앗들이 미분화된 방식으로 융합되어 양육자의 보살핌을 받고자 한다.[10]

2) 제1단계: 직관적-투시적 신앙

아동기에 해당하는 3-7살배기 아이는 직관적이며 투시적인 단계에 있다. 인식능력이 발달하면서 내적으로 성장한다. 쉴 새 없이 '이게 뭐야?'(what), '왜?'(why), '무엇 때문에'(for what) 하고 물어댄다. 이

단계의 아이는 자기중심적이다. 지각 대상에 대한 두 가지 서로 다른 관점들을 통합시키거나 비교할 줄을 모른다. 하나의 현상에 대해 자기가 경험한 것과 지각한 것이 유일한 관점이라고 생각하여 아무 의심 없이 그것을 믿어버린다. 서로 다른 견해와 관점을 통합시키지 못하고 자기의 관점이 적합한가를 검토할 줄도 모른다. 자기와 가까운 어른들이 보이는 모범, 분위기, 행동, 이야기에 의해 매우 강력하고 영속적인 영향을 받는다.[11]

신앙이 이러한 단계에 머무는 사람은 환상적인 생각을 좋아한다. 교리에 대해 질문을 많이 한다. 그러나 논리적이지 않고, 이미지들과 느낌들로 구성된 생각을 통해 긍정적인 것들과 부정적인 것들을 대립시킨다. 타인을 모방하며, 자기중심적인 특성을 보인다.

3) 제2단계 : 신화적-문자적 신앙

10세 전후의 어린이는 어려운 수학 문제를 풀 수 있고 사물을 분류하거나 기계를 조작할 수 있다. 사람들의 공통 관심사나 사물에 대한 타인의 관점을 이해할 수 있다. 어떤 것을 추론하고 검증할 수 있으며, 질서정연하고 신빙할 만한 세계를 구상한다. 어느 정도의 귀납적 사고와 연역적 사고를 할 수 있다. 보이는 것과 보이지 않는 실재를 구분한다.

---

[9] *The Psychology of Human Development and the Quest for Meaning* (New York: Harper & Row, 1978).
[10] Ibid., 120-121.
[11] Ibid., 122 ff.

자기의 관점과 타인의 관점을 통합시킬 수 있는 능력이 생긴다. 자기의 경험을 이야기할 수 있는 능력이 나타나고, 그것을 의미와 결합시킨다. 자기가 속한 가족이나 사회의 기원과 그 형성에 관한 이야기를 경청할 수 있다. 타인의 관점을 이해하며, 상호간의 공평성과 권선징악을 이해한다.[12]

신앙이 이 단계에 있는 사람은 자기가 속한 공동체의 상징, 이야기, 신조, 관례를 받아들여 자신의 것으로 삼는다. 교리를 수납하고 그것의 이치를 어느 정도 이해한다. 그것들을 자신의 말로 이야기할 수도 있다. 도덕규범들과 신조들을 문자적으로 이해한다. 청년기와 성년기의 사람이라도 이 단계에 머무는 경우가 많다.

4) 제3단계: 비분류적-관습적 신앙

사춘기에 접어든 아이는 신체와 정서 생활에 변화가 일어난다. 거울을 자주 본다. 얼굴과 몸은 얼마나 틀이 잡혀졌는지, 신체의 곡선은 어느 정도 멋있는가를 관찰한다. 자신의 내면에서 형성되고 있는 것들을 감지하기 시작한다. 새로운 느낌, 통찰, 불안, 결단 등을 들어줄 귀와 자신의 내면에 자리 잡기 시작한 인간성의 이미지를 봐줄 눈을 가진 신뢰할 만한 사람들을 찾는다. 이때 '단짝'이 생긴다. 자기 자신의 독자적인 사고가 생겨남과 동시에 자신의 사고에 대해 반성할 수 있는 능력도 생긴다. 사물에 대한 평가능력이 생기고 문제 해결을 위한 다양한 가설과 설명을 동원한다. 현실을 준엄하게 비판하는 눈을 갖는다.[13]

신앙이 이 단계에 있는 사람은 자신의 암묵적 가치체계와 신조를 비판적으로 성찰하며, 어느 정도의 일관성을 가진 가치와 신조 덩어리를 소중히 여긴다. 그러나 그것을 객관화 시켜 검토하지는 못할 뿐만 아니라 때로는 자기가 그러한 이데올로기를 가지고 있다는 사실조차 인식하지 못한다. 어떤 권위를 인정하고 받아들이는 것은 그것이 가치 있다고 생각하기 때문이며, 그것에 친밀감을 느끼기 때문이다. 이러한 사람은 자신에게 중요한 위치를 차지하고 있는 타인의 기대와 판단에 예민하게 반응한다. 반면에 독자적인 관점을 형성하여 그것을 따르기에는 아직 자신의 주체성과 자율적 판단이 충분히 성숙하지 않았다고 생각한다. 이 단계의 신앙인은 인간관계의 경험들을 확장시킨다. 이것을 순응단계라고 부른다. 이러한 단계의 신앙은 청소년기에 나타나는 것이 보통이다. 그러나 평생 이 상태, 이 단계의 신앙과 인격 상태에 머무는 성인들도 많다.

5) 제4단계 : 주체적-자기 반영적 신앙

포울러가 말하는 제4단계는 청년기, 곧 중학생, 고등학생 연령에 해당한다. 이 나이에 이르면 청소년은 새로운 독자적인 세계를 경험한다. 부모를 떠나 홀로 여행하거나 다른 도시나 다른 나라에서 유학을 하거나 정신적으로 가정을 떠나 독립하거나 병영생활에서 새로운 세계를 접하거나 이 사회에서 저 사회로 옮겨가는 경험을 통해 새로운 세상, 새

---

[12]Ibid, 135 ff.
[13]Ibid., 151 ff.

로운 이데올로기와 접한다. 자신이 갖고 있는 관습적 가치를 재검토한다. 이 단계의 신앙발달은 원초적 관계들에 변화가 생길 때 이루어진다. 부모의 이혼, 사망, 자신의 가출, 이사, 전업, 파산 또는 제3단계의 비분석적-관습적 신앙이 적합하지 못하다는 것을 스스로 인식할 때 이루어진다.[14]

주체적-자기반영적 단계의 신앙인은 자신의 세계관, 가치체계를 상대적으로 인식한다. 자신의 신조나 가치에 대해 비판적 생각을 가지면서 신조를 시인하거나 단순히 동의하는 단계를 넘어서서 그것을 자기 자신의 고백으로 인지한다. 자신의 판단과 행동에 영향을 미치는 무의식적 요인들을 감지한다. 자아 주체성과 자기 견해에 대해 비판적으로 반성하는 능력이 생긴다. 지금까지 의존하고 있던 관습적 권위들을 버리고 강한 실행적 자아를 대두시킨다. 지금까지 지녀왔던 암묵적 가치체계에 거리를 두고 비판적인 태도를 유지한다.

이 단계의 신앙인은 외적 권위에 의존하지 않는다. 신앙의 관습적 정박지를 떠난다. 방향이 확실하지 않은 두려운 상태에서 있을 때 자아의식이 생기며 강력한 주체성이 생긴다. 이 주체성은 자신이 선택하는 개인적 인간관계와 집단과의 관계와 자신의 생활태도를 형성하는 것으로 반영되기도 한다. 이러한 관계와 태도를 통해 새로운 자기 주체성이 형성된다.

이 단계의 신앙인은 종교적인 의미를 담고 있는 상징(Religious Symbols)체계에 비판적 질문을 던지고 그것에 대한 답을 통해 그 실체를 파악한다. 예배, 제의, 상징을 볼 때 "그것에 무슨 의미가 있습니까?" 하고 묻는다. 지금까지는 상징이나 상징행위가 주도권을 가지고 그 참여자에게 권위를 발휘했지만, 이때부터는 참여자가 상징을 이해하는 주도권을 갖는다. 아무런 의심 없이 일련의 종교 상징들을 통해 초월자와 관계한다. 이 단계에 접어들면서 상징의 의미들을 개념화 한다. 상실감, 슬픔, 죄의식을 느낀다. 자신의 결단이나 생활 태도, 신조, 자세 등에 대해 책임을 느낀다. 주체성 대(對) 집단, 주관성 대(對) 객관성, 일차원적 관심인 자기 성취 또는 자기실현 대(對) 타인을 위한 봉사와 타인을 위한 노력 등의 긴장관계에 직면한다. 자기의 견해와 세계관을 타인의 것과 구분한다. 자기와 타인의 행동에 대한 판단과 해석과 반응에 주목한다.

이 단계의 신앙인은 자신의 깨어있는 정신과 비판적 사고에 대해 지나치게 자신감을 가질 수도 있다. 나르시시즘(Narcissism), 곧 자기도취에 빠져 반성적 자아가 실재와 타인들의 관점들을 자기 자신의 세계관과 지나치게 동화시킬 수도 있다.

6) 제5단계 : 접속적 신앙

중년이 되면 '이것이냐, 저것이냐'고 하는 반위적(antithetical) 논리의 차원을 넘어서서 어떤 문제의 두 가지 측면을 모두 인식하는 단계로 발전한다. 사물을 기존 생각에 짜 맞추려는 경향에서 벗어나 사물들 사이에 존재하는 상호 관련성과 다양한 패턴에 주의를 기울인다. 이러한 변증법적 인식의 단계는 어거스틴이 제시한 것과 같다. 내가 성경을 읽

---

[14]Ibid., 174 ff.

는 것이 아니라 성경 본문이 나를 읽고, 그것이 나의 요구와 성령의 역사를 내 안에서 들려지도록 하는 단계이다. 자신에 대해 새롭게 인식하고 재조명하는 시간을 갖고, 자신의 심중에서 울려나오는 음성에 귀를 기울인다. 자기 안에 무의식적으로 뿌리를 내리고 있는 신화, 이상적 이미지, 편견에 대해서도 비판적인 안목을 가진다. 역설과 명백한 모순을 가진 진리를 인식하며, 자기의 생각과 경험과 정반대되는 것들을 통일시키려고 노력한다. 정의를 따르며 종족, 계층, 신앙공동체, 민족이라는 울타리를 벗어나는 사고를 한다.[15]

이 단계의 신앙인은 이제까지 들어보지 못한 다른 사람들이 믿는 기이한 진리가 자기가 진리라고 믿는 것을 공격할 수 있다는 점을 인식한다. 동전의 양면을 고려하며 자기의 생각과 그 생각을 위협하는 것, 곧 자기의 것과 같지 않은 것을 포용한다. 양면성을 지나치게 고려한 나머지 신속한 결단을 내리지 못하고 우유부단하고, 수동적이 되기도 한다. 아무런 행동도 취하지 않거나 냉소적인 태도를 갖기도 한다. 물러서거나, 마음으로만 만족하는 위험에 빠지기도 한다.

7) 제6단계: 신앙의 완성

마지막 단계는 신앙의 완성 단계이다. 포울러는 이러한 단계에 도달한 사람으로 테레사 수녀, 본회퍼, 토마스 머튼을 꼽는다. 완성의 단계라고 하여 완전한 인간성숙이 이루어졌다는 것은 아니며, 보통 사람이 도달하기 어려운 단계에 올라섰다는 것을 뜻한다. 포울러는 이 단계를 복잡하게 설명한다. 간단히 말하자면 이 단계는 하나님 나라를 실현하기 위해 자신의 삶을 바치는 단계이다. 약속된 미래에 매력을 느끼며, 절대자를 철저히 의지하는 차원이다.[16] 이 단계에 도달하는 사람은 많지 않다.

3. 신앙발달 모델: 야곱의 신앙성장

삐아제, 콜버그, 에릭슨, 포울러는 구조주의에 입각하여 심리이론을 전개하고, 도덕, 인격, 인지 발달 단계의 도식을 제시한다. 그러나 이런 구도를 따르지 않아도 성경의 인물들이나 교회사 인물들은 신앙발달과 인간성숙이 어떻게 이루어지는가를 보여준다. 창세기가 들려주는 야곱 이야기는 그 대표적인 예이다.

야곱은 어머니의 치마폭에서 의식 없이 살아가던 내성적이고 이기적인 청년이었다. 그러한 그가 몇 단계의 신앙발달, 영적의식의 발달을 거쳐 하나님이 원하시는 사람이 되었다. 팥죽으로 형을 속이던 시절, 광야 길을 지나 하란에 머물던 시기, 고향으로 돌아가 형 에서를 만날 때의 야곱은 각각 다른 모습을 보였다. 압복 강가의 야곱과 브니엘의 야곱은 아주 달랐다. 한 단계 한 단계 신앙이 성숙했음을 보여준다.

야곱은 자신의 내면의 변화를 경험하고 원초적인 본성과 무의식의 대양에서 영적인 자아가 솟아나고 연단되고 새로워지는, 그래서 사물을 독자적으로 영적으로 인식하고 분별하는 안목을 지닌 신앙인물로 성장

---

[15]Ibid., 184 ff.
[16]Ibid., 199 ff.

했다.[17] 의식의 차원에서만이 아니라 무의식의 차원에서조차 하나님을 신뢰하고, 약속(covenant)에 대한 확신을 가지며, 하나님과 영적인 교제를 나누는 단계로 발전했다. 내면적 독자성과 신앙적 주체의식을 가졌고, 독자적 판단과 자율적 신앙행동을 보여주었다. 야곱의 이러한 인격성숙은 포울러가 말하는 신앙발달 단계들을 보여준다. 아래는 특히 제4단계, 주체적-반영적 단계를 중심으로 야곱의 신앙발달을 분석한 것이다.

야곱은 종교적인 가정에서 자랐다. 에서와는 달리 내향적이고 여성적이었지만 에서를 제치고 아버지의 유산을 물려받는 꿈을 키웠다.[18] 인생의 가능성을 꿰뚫어 보려는 상상의 세계 속에 살았다. 어머니의 품에서 자라난 야곱은 지독히 이기적이었다. 자신이 우주의 중심에 있고, 만사가 자기를 위해 존재한다고 생각했다. 모든 것을 독차지하고 지배하려는 갈망을 가졌다. 그는 기회가 왔을 때 교활한 방법으로 장자의 명분을 샀다. 그 무렵에 특기할 만한 것은 그가 형과 아버지를 속였지만 이 점에 대해 자기의 행동을 합리화하지 않았다는 사실이다. 그는 정신적으로 솔직했다. 이러한 특성들은 포울러가 말하는 제1단계, 직관적-투시적 단계에 속한다.

도망자 야곱은 광야 여행에서 생명의 위험, 염려, 굶주림, 맹수의 습격, 도둑, 추위와 더위를 경험했다. 첫 번째 경험은 고통을 통한 자각이었다. 가정에서 곱게만 자란 내성적이고 직관적인 그는 광야의 거친 환경에 적응할 만한 능력을 갖고 있지 않았다.[19] 새로운 환경들은 야곱으로 하여금 자신의 영적, 정신적 기능에 의지하게 만들었다. 고난의 여정에 들어서면서부터 부모에게서 배운 신앙 전통에 따라 기도를 시작했다. 자기가 속해 있는 종교 전통의 신념과 관례에 따라 기도를 했다. 발달되어 있지 않은 영적, 정신적인 기능에 호소한 것이다.

그의 두 번째 경험은 자아가 하나님과 직면하는 것이었다. 야곱은 꿈 속에서 위대한 분을 만나며, 고난 속에서 예전에 없었던 하나님의 음성을 듣고 영적인 자각을 가졌다.[20] 이제까지 야곱은 그러한 경험을 한 바 없다. 홀로 고난의 여로로 여행하면서 독자적인 자주성이 발달했다. 꿈에서 깨어난 야곱은 두려워하여 "두렵도다 이곳이여 다른 것이 아니라 이는 하나님의 전이요 하늘의 문이로다"(창28:17)고 외쳤다. 이러한 정신적인 발달은 신앙성숙에 필요한 통과의례였다. 이 경험은 이기심을 죽이고 새로운 신앙의 자세를 갖는데 필요한 영적인 자아를 구축해 주었다.

꿈에서 깨어난 야곱은 단을 쌓으면서 하나님과의 일련의 '흥정'을 했다.[21] 야곱의 서원은 조잡한 것이었다. 하나님께서 나를 보호해 주시고 사업이 잘 되면 어떻게 하겠다는 식의 흥정이었다. 하나님은 흥정의 대상이 아니다. 그러나 비록 조잡할지라도 그것이 야곱의 영적인 발달의 한 단계였다는 점을 눈여겨보는 것이 중요하다. 이 단계에서 그는 자기 자신만이 아닌 다른 인격체, 곧 하나님의 실체를 의식했다. 이기심이라

---

[17] 창28:10-22, 32:22-31, 33:1-11
[18] 에서는 육체적으로 건장하고 활동적이며 남성적인 성품의 사나이였지만 '무엇을 먹을까?' 하는 현실과 환경에 관심을 쏟았다. 이 차원은 포울러가 말하는 유아기적-미분화 신앙의 단계 또는 직관적-투시적 신앙단계에 해당된다.
[19] John A. Sandford, *The Man who Wrestled with God: Light from the Old Testament on the Psychological Individuation* (Ramsey, NJ: Paulist Press, 1974), 32.
[20] "나는 야훼니 너의 조부 아브라함의 하나님이요 이삭의 하나님이라"(창28:13).

는 철옹성에 약간의 틈바구니가 보이기 시작했다.

야곱은 만사가 무너지는 것 같은 상황에서 꿈을 꾸었다. 무의식에서 생겨난 원형적인 것이었다. 정신적인 위기를 직면하면서도 사닥다리를 통해 임하는 천사들, 영의 세계에 대한 호기심을 담고 있었다. 야곱은 스스로 꿈에 나타난 사닥다리를 밟고 올라갈 만한 영적인 성숙단계에 있지 않았다. 그러나 그것은 영적인 발달이 시작되고 영적인 의식의 눈이 뜨이기 시작했다는 것을 뜻한다. 그는 포울러가 말하는 제2단계, 신화적-문자적 단계를 경험했다.

아버지와 형을 속이고 생명을 지탱하기 위해 삼촌 집이 있는 하란으로 도망간 야곱은 목적지에 비틀거리며 도착했다. 거기서 아름다운 여인 라헬을 만났다. 그녀를 사랑하면서 그의 인간성숙은 포울러가 말하는 제3단계, 비 분류적-관습적 신앙의 단계로 진입한다.[22] 거기서 인간관계를 확장시키는 '순응'을 경험하면서 자기의 암묵적 가치체계와 신념에 대해 비판적인 성찰을 하게 된다. 이제까지 어머니 치맛자락을 맴돌던 그가 한 여인을 에로스의 대상으로 여긴다. 야곱은 라헬을 성적 욕망의 대상으로 삼은 것이 아니라 그녀를 진심으로 사랑했다. 그녀를 얻기 위해 7년을 하루같이 머슴살이를 했고, 라헬이 아닌 레아가 첫날밤에 주어지자 사랑하는 여인을 얻기 위해 다시 7년 동안 머슴살이를 했다.

야곱은 라헬을 데려올 때 신부의 아버지에게 줄 지참금이 없었다. 그래서 그것 대신에 노동을 제공했다. 야곱은 이성에 대한 자신의 여인상을 사랑한 것이 아니라 이성을 사랑했다. 그의 이상적인 여인상은 자기의 이기심을 만족시켜 주기 바라는 환상적이고 미숙한 단계에 머물러 있지 않았다. 만약 그가 가정에서 곱게 자라 부모 밑에서 결혼을 했다면 제도와 형식과 관습의 울타리에 갇혀 그러한 성숙한 사랑을 경험하지 못했을 것이다. 야곱은 사회 규범에 순응하기 위해 억지로 결혼한 레아에게 최선을 다하는 인간적인 성숙도를 보였다.

야곱은 삼촌의 가축을 자기 것으로 만들 정도로 영리했다. 자신을 해칠 음모를 알고 빨리 도망쳤다. 이때 하나님은 그에게 "네 조상의 땅, 네 족속에게로 돌아가라. 내가 너와 함께 있으리라"(창31:3)고 말씀했다. 야곱은 진퇴양난의 위기에 빠졌다. 고향으로 돌아가라는 음성을 들었지만 그곳에는 살기 등등한 형 에서가 기다리고 있었다. 제3의 장소로 탈출할 수도 있었다. 그러나 과거에 악한 일을 행하던 땅으로 돌아가 에서를 만나지 않는다면 정신적, 영적 발달은 결코 더 높은 단계에 도달할 수 없었다. 그는 제3의 장소로 도망가서 육신적인 평안을 누리며 살 수도 있었다. 그러나 그렇게 되면 라반의 땅에서 고치지 못한 무서운 행실들, 이기심이라는 두꺼운 벽을 헐지 못하게 된다. 영적 성숙은 그 단계에서 고착되거나 중지되고 만다.

야곱은 하나님의 지시에 따라 고향에 가서 에서와 화해하고 속임수로 일관했던 과거의 자신을 대면해야 했다. 자기의 원초적인 이기심과 본성을 거슬러 문제를 직면해야 했다. 그것은 야곱의 신앙발달, 영적 의식의 성장에 필요한 아주 중요한 단계였다. 야곱은 하나님의 음성에 순

---

[21] "하나님께서 나와 함께 계시니 내가 가는 이 길에서 나를 지키시고 먹을 양식과 입을 옷을 주사 나로 편안히 아비 집으로 돌아가게 하시면 여호와께서 나의 하나님이 되실 것이오"(창28:20).
[22] Sanford, 31.

종하기로 독자적으로 결심했다. 수동적인 순종이 아니라 강력한 자아의식을 가진 주체적이고 능동적인 응답이었다. 포울러가 말하는 제4단계의 신앙에 이르렀다. 어떤 위험이 있더라도 그렇게 하기로 했다. 그래서 그는 모든 평안과 안전을 뒤로 하고 위험한 미지의 세계를 대면했다. 위대한 어떤 분이 자기와 함께 한다는 것을 의식하면서 식솔과 양떼를 거느리고 가나안을 향하여 발걸음을 옮겼다.

이 단계에서 야곱은 수동적으로 하나님의 뜻만을 쫓는 사람이 아니라 능동적으로 하나님의 뜻을 따르는 사람으로 변해 있었다. 과거의 야곱은 자기의 목표를 관철하려는 사람이었지만, 현재의 야곱은 하나님께서 세우신 목표를 추구하는 사람이었다. 이기심은 깨어졌고, 새로운 신앙 인격이 그 안에서 자리 잡았다.

삼촌 라반의 군사가 야곱을 뒤쫓고 있었고, 앞에는 형 에서의 군사가 무리를 지어 다가오고 있었다. 진퇴양난의 위기에서 에서에게 화해의 메시지를 전하기 위해 보낸 선발대는 그가 400명의 용사를 거느리고 살기등등 다가오고 있다고 보고했다. 이러한 상황에서 야곱은 자신과 자신의 식솔들과 종들의 신변을 보호하기 위해 제3의 장소로 줄행랑칠 수도 있었다. 그러나 그는 자신이 해야 할 일이 무엇인가를 알았다. 그는 하나님께 모든 것을 맡기는 기도를 올렸다. 그의 기도는 압복 강변에서 했던 홍정이 아니었다. 하나님께서 그에게 내려주신 온갖 축복에 대해 감사하고, 자신이 하나님의 긍휼을 받을 만한 사람이 못되지만 하나님께서 그를 지키고 보호해 주시기로 약속한 것을 회상하면서 하나님께서 자기를 에서의 진노에서 구해 달라고 간구했다. 자신과 가족들을 위한 자기의 두려운 심정을 솔직히 아뢰었다. 야곱의 정직하며 숨김없는 기도는 주체적 자아의식의 발달을 반영한다.

기도를 마친 야곱은 하나님의 뜻을 자의적으로 순종할 수 있는 최선의 방도를 간구했다. 가족, 종, 가축을 두 무리로 나누어 각기 다른 방향으로 나가게 한 뒤에, 그날 밤은 홀로 지냈다. 이 땅에서 마지막 밤이 될지도 모르는 절박한 상황이므로 사랑하는 아내 라헬과 함께 있을 수도 있었을 것이다. 그러나 그는 혼자 있기를 원했다. 사람은 홀로 있으면 의식의 문턱이 낮아져 내면의 소리들을 들을 수 있게 된다. 영적인 것은 여러 사람이 함께 있을 때 보다는 홀로 있을 때 경험하는 경우가 많다.

야곱은 홀로 있을 때 신비한 일을 경험했다. 갑자기 어떤 존재가 그에게 달려들어 그를 붙잡고 밤이 새도록 씨름했다.[23] 야곱이 그 긴 밤 내내 무서운 적과 씨름했다는 것은, 미지의 세계에서 온 신령한 존재와 더불어 씨름했다는 것은 그가 정신적으로 얼마나 강건하고 용감한 상태로 발돋움했는가를 말해준다. 야곱이 어머니의 치마폭에 머물러 있었다면 아마도 그 두려움 때문에 기절하거나 죽거나 자비를 구하거나 도망치려고 했을 것이다. 그러나 야곱은 밤새 씨름을 할 만큼 성숙해 있었다. 심지어 그 씨름의 의미를 파악하기까지 그 영적 실체를 놓치지 않으려고 했다. "당신이 내게 축복하지 아니하면 가도록 하지 아니 하겠나이다." 자신의 경험하고 있는 것의 의미를 파악하기 전에는 아무리 어둡고 무서워도 그 체험을 포기하려 하지 않았다. 영적인 실체와 만남

---

[23]창세기 32:24. Larry Richards, *Let's Day Begin: Man in God's Universe: Studies in Genesis and Jocob* (Elagin, Ill.: David Cook Pub., 1976).

에서 도망가지 않고 그것과 씨름하고 새롭게 태어나고자 했다.

이 영적인 싸움을 통과한 야곱은 이스라엘, 곧 하나님과 씨름한 사람이라는 이름을 얻어냈다. '빼앗은 자' 야곱이 아니라 '하나님과 겨루어 이긴 자' 이스라엘이 되었다. 야곱은 영적인 투쟁을 거쳐 내면에 있는 자신의 어두운 그림자와 씨름을 했다. 이기적인 사람, 형과 아버지를 속인 사기꾼인 자아와 이기심을 물리치고 하나님의 사람으로 성숙한 자아가 대결을 한 것이다.

야곱은 날만 새면 죽임을 당할 자신의 처지를 생각하면서 내면의 검은 그림자와 씨름을 했다. 죽음 앞에서 더 이상 아무런 가치도 없는 이기심과 사기성이라는 검은 그림자를 내쫓았다. 자신 안에 있는 새로운 영적인 자아와 더불어 손을 잡았다. 그리고 그 씨름에서 승리하려고 했다. 강을 건너기 전, 그는 새로운 영적인 사람이 되기를 원했다. 의식의 세계 안에서만이 아니라 무의식의 세계에서조차 검은 자아와 더불어 씨름했고, 드디어 승리했다.[24]

야곱이 경험한 씨름의 의미는 누가 이기고 지며 누가 힘이 세고 약한가에 있지 않았다. 하나님께서 일격을 가하면 환도 뼈가 으스러지고 전신이 으깨질 수도 있었다. 하나님이 원하시는 것은 야곱이 더 높은 단계의 신앙발달과 인격성숙의 변화를 체험하는 것이었다. 이러한 체험은 영적인 실재를 확신하게 하며, 지엄한 하나님과의 관계를 돈독하게 만들어 준다. 많은 신앙인들이 경험하는 바와 같이 이러한 영적인 체험은 의식적일 수도 있고 무의식적일 수도 있다. 언어로 표현할 수 있는 체험일 수도 있고, 그것이 불가능한 것일 수도 있다. 이러한 경험을 한 사람은 과거의 자아로 돌아가지 않고 대개 생을 앞질러 나아간다. 매일 자신의 내적 실재가 바로 곁에 있다고 느끼며 살아간다. 그들은 대개 말이 적고 고독하게 지내지만 그 고독 자체는 위대한 축복이기도 하다.

높은 차원의 영적 세계를 경험한 야곱은 형 에서에게 다가갔다. 지칠 대로 지친 그가 의지할 대상은 하나님 밖에 없었다. 그와 함께 하겠다고 한 그 약속을 믿었다. 살고 죽는 것은 피안의 문제였다. 생사는 하나님께서 당신의 뜻대로 하실 일이며, 자신의 급선무는 이기심을 포기하고 사기꾼인 자아를 직면하고 형 에서와 화해하는 것이었다.

무장한 에서의 용사들이 한 발자국씩 다가왔다. 무시무시한 장면이 펼쳐졌다. 이제라도 도망가면 생명은 부지할 수도 있다는 생각이 들었다. 그러나 야곱은 만사를 하나님께 맡기고 에서에게 다가갔다. 야곱은 그만큼 신앙적으로 영적으로 성숙한 단계에 도달했다. 그는 하나님을 완전히 신뢰했다. 죽고 사는 것은 하나님께서 하실 일이라는 것을 알고서 목숨을 하나님께 맡겼다. 야곱은 강력한 주체성을 지닌 자율적 신앙인으로 성숙했다.

야곱은 에서에게 다가가 일곱 번 절을 했다. 포울러가 말하는 제5단계의 신앙을 보였다. 옛날에 배고파 지쳐 돌아온 형에게 팥죽 한 그릇 주기를 거절했던 그 오만한 청년 야곱이 아니었다. 에서가 야곱을 용납하기 전에 야곱이 에서를 먼저 수용했다. 야곱은 엎드려 형을 향해 "내

---

[24]이스라엘이라는 이름을 지어주는 영적 실체를 향해 당신의 이름이 무엇이냐고 이름을 물었던 야곱에게 그 영적 실체는 대답 대신에 환도 뼈를 치고 떠났다. 절룩거리는 야곱은 밤새도록 씨름한 사람이 단순히 정신적인 현상이 아니라 영적 실체, 능력적인 존재임을 말해 준다. 그곳을 브니엘이라고 이름 지으면서 야곱은 "내가 하나님과 대면하여 보았으나 내 생명이 보존되었도다"(창32:30)고 말했다.

가 형님의 얼굴을 봐온 즉 하나님의 얼굴을 본 것 같사오며"(창33:10) 라고 말했다. 에서는 야곱을 포옹하고 울었다. 용서하는 마음으로 가슴을 열고 미움, 적개심, 복수심의 고리를 끊었다. 그리고 한없이 울었다. 그들은 자신들 안에 있는 검은 그림자를 직시했다. 자아를 대면하면서 균형을 찾았다. 검은 그림자와 손을 잡지 않고 영적으로 성숙한 자아와 손을 잡았다.

4. 자율적 신앙과 교회교육

신앙은 예수를 믿고 교리를 수용하는 것만이 아니라 신앙인격의 발달을 포함한다. 그러므로 신앙교육은 성경과 기독교적 세계관과 신조(Belief)를 가르치는 일과 더불어 주체적인 신앙(Faith)을 구축하도록 해야 한다. 신앙이 원시적인 차원에 머물러 있거나 신화적·문자적·관습적·비분류적 차원에 머무는 수동적이고 형식적인 단계가 아니라 강력한 자아의식을 가진 자율적·주체적인 것이 되도록 해야 한다. 포울러가 말하는 높은 단계의 신앙은 아래 단계의 신앙발달이 이루어졌을 때 가능하다. 목회자나 교회교육 담당자는 '주체적-자기반영적 단계'의 신앙발달에 특별한 관심을 가질 필요가 있다.

신앙이 성숙한 신자들은 야곱처럼 인격적으로 정신적으로 영적으로 어머니의 치마폭을 떠나 검은 자아를 버리고 건전한 자아와 손을 잡고 내면에서 하나님을 신뢰하고 충성하며, 의식의 세계에서만이 아니라 무의식의 세계에서도 영적 의식과 자각이 발달하도록 한다. 강력한 신앙적 자아의식을 길러 하나님의 말씀에 주체적이며 능동적으로 반응하도록 한다. 이런 사람은 '하나님의 뜻이기 때문에' 어떤 것을 행하고 따르는 것이 아니라 그것에 대해 자율적·주체적 결단과 선택의 결과로 그렇게 한다. 자의적으로, 능동적으로 행동한다. '기독교인이기 때문에' 기독교적 관습을 따르는 것이 아니라 그것이 자신의 선택이며 하나님께서 요구하는 것에 대한 기쁜 마음으로 순종하려고 하기 때문에 그렇게 한다. '모태신앙이기 때문에' 예배에 참석하는 것이 아니라 당연히 해야 할 일에 대한 자신의 능동적, 주체적 반응으로 그렇게 한다. 신앙은 이처럼 주체적·자기 반영적·능동적 단계로 발전해야 한다.

예수 그리스도 안에서 자기를 새롭게 발견하고, 자신의 삶을 스스로 조망할 수 있는 주체적 정체감을 어떻게 심어 줄 것인가 하는 것은 이제 목회자, 교회교육자의 과제로 넘겨진다. 신자 자신이 하나님의 형상, 구원받은 백성이라고 하는 정체감을 갖게 하려면 각자가 자신의 내면세계를 자주 들여다보게 하고 자신과 대화를 자주 나누도록 하는 것이 필요하다. '이 문제에 대해 당신은 어떻게 생각하는가?' 히는 질문을 통해 자기의 견해를 반영하게 하고, 건전한 대답을 자신의 신념으로 갖도록 지도할 필요가 있다. 아브라함, 야곱, 요셉 등, 성경 인물들을 모델로 삼아 신앙성숙을 가르치는 것도 하나의 방법이다. 성경본문을 해석하고 설교할 때 '신앙발달' 또는 '주체적 자기반영적 신앙'에 초점을 두어 신자들이 삶 속에서 말씀을 자기의 것으로 삼을 수 있는 나침판을 갖도록 훈련시켜야 한다. 목회자는 칼빈이 강조한 것처럼 신앙을 머리로만 이해할 것이 아니라 가슴으로 받아들이도록 하는 목회방법을 개발해야 한다.

신앙은 머리의 문제가 아니라 궁극적으로 가슴의 문제이다. 가슴의 문제란 아는 것과 행하는 것이 일치된 모습으로 표현되어야 한다는 말이기도 하다.[25] 확고한 자아의식과 행동지침을 가진 사람은 거친 세상의 유혹과 도전 앞에서도 방향 감각을 가지고 항해할 수 있다. 주체적 신앙을 키우려면 말씀의 봉사자와 교회의 교사가 친구와 같은 상담자 역할을 해야 한다. 신자들이 자신의 삶 속에서 경험하는 것과 생활 주변에서 일어나는 일들을 하나님의 말씀으로 조망하고 그것을 자아 정체성 형성의 기회로 삼도록 해야 한다.

예수를 믿는 것과 신앙의 성숙 사이에는 거리가 있다. 예수를 믿어도 신앙인격이 성숙하지 않는 것은 신앙발달의 단계를 밟지 않았기 때문이다. 교회를 오래 동안 출석한 사람도, 상당한 신학지식을 가진 사람 가운데는 신앙인격이 포울러가 말하는 제1단계나 제2단계에 머물러 있는 것을 볼 수 있다. 칼빈의 성화론을 학문적으로 연구하거나 가르치고 요한 웨슬레의 완전주의를 논하고 동방신학자들의 신성화(神聖化: Deification)를 역설한다고 신앙발달과 인격성숙이 이루어지는 것은 아니다.

신조와 신앙 사이에는 포울러가 말하는 신앙의 단계들이 자리를 잡고 있다. 신앙발달, 인격성숙, 영적인 성숙에는 이러한 신앙단계에 대한 이해와 교육과 자기관찰과 훈련이 필요하다. 고통스런 경험이나 불행의 늪에서 하나님을 찾고 절망과 좌절의 웅덩이에서 그를 의지하고 모든 것을 맡기는 경험을 거쳐 인간성숙이 이루어지기도 한다. 무풍지대, 안전지대에서만 살아온 사람보다 험난한 인생살이의 시련을 겪으면서 하나님을 의지한 사람이 더 탁월한 신앙인격을 가질 수 있다.

교회는 신자들을 타율, 형식, 관습에 충실한 수동적 신앙인이 아니라 강력한 자아의식을 가진 능동적·적극적·주체적 신앙인으로 교육, 훈련시켜야 한다. 신조(Belief)를 가르치는 동시에 신앙(Faith)을 키우는 교회교육이 필요하다. 총동원주일 행사를 갖는 등 사람을 모으기에 급급한 물량적이며 성취주도적인 목회사역보다는 성령 안에서 삶이 변하고 신앙이 점진적으로 변화하고 인격성숙을 가져올 수 있는 '신앙교육'이 기대된다.

---

[25]『기독교강요』 III 2.7, 33; II.2.8.

12

한국교회의 계급적 직분이해

1. 집사가 높은가 장로가 높은가?

어느 교회의 집사 장립식에서 권면자는 "미쁘다 이 말이여, 사람이 감독의 직분을 얻으려 하면 선한 일을 사모한다 함이로다"(딤전 3:1)는 성경구절을 읽고 안수를 받은 사람들에게 권면을 했다. 선한 일을 열심히 사모하면서 집사직에 충성하면 장로가 될 수 있다고 말했다. 진급, 승진할 수 있다는 요지로 권면했다. 이 권면자는 교회의 직분들을 계급 개념으로 이해하는 게 분명했다. 일반 성도보다는 집사가, 집사보다는 장로가, 장로보다는 목사의 계급이 더 높거나 서열상 높은 지위에 있다고 생각한 것 같다.

선배나 연장자를 존경하고 그들의 경험과 지혜를 소중하게 여기는 것은 아름다운 일이다. 집사로 봉사하다가 장로로 선택되어 봉사하는 것도 귀한 일이다. 기독교의 복음은 항상 그것이 던져지는 곳의 문화의 옷을 입고 나타나게 마련이다. 한국교회는 한국문화가 가진 우수하고 아름다운 것들을 수용하고 그것을 바탕으로 하나님을 섬기는 것이 마땅하다. 서양 기독교가 한국인의 신앙 표준은 아니며 우리의 이상적인 모델도 아니다. 한국인의 신앙의 표현이 서양 사람들의 그것을 닮아야 할 필요는 없다.

교회의 직분은 문화의 맥락에 따라 그 개념이 약간씩 다를 수도 있다고 생각한다. 성경이 보여주는 것과 똑 같은 형태의 직분을 유지하지 않아도 교회의 사명을 성공적으로 수행할 수 있다면 무방하지 않을까 생각한다. 그러나 동양문화의 특징으로 단정해버리기에는 한국교회의 계급 개념의 직분이해는 지나친 감이 있다. 성경이 말하는 교회 직분의 본질을 흐릴 정도이다. 유교의 장유유서, 서열의식과 그것에 바탕을 둔 전제정치 문화와 권위주의를 반영하는 것으로 보인다.

한국교회의 계급적 직분이해는 다양한 형태로 나타나고 있다. 우선 장로나 권사직을 둘러싸고 일어나는 잡음들을 예로 들 수 있다. 서둘러 장로가 되고 싶어 하고, 집사나 권사로 선출되고 싶어 한다. 공동의회나 교인총회에서 집사나 장로로 선출이 되지 않은 일로 교회 안에서 이런 저런 다른 이유를 빌미로 갈등을 일으키기도 한다. 그리스도를 섬길 기회를 얻기 위해서가 아니라 높은 계급을 얻으려는 목적이 아닌가 하는 생각이 들 정도이다. 연로한 부인 서리집사에게 권사라는 직위를 만들어 '승격' 시키는 것도 계급의식과 무관하지 않은 것으로 보인다.

주보나 주소록에 실은 장로명단을 보면 가나다순이 아닌 서열식으로 표기되어 있는 것을 볼 수 있다. 대개는 장립을 받은 순서에 따른다. 당회가 모일 때도 '수석장로,' '선임장로'라는 말을 자주 쓰고, 당회석을 배치하는 데도 엄격한 서열에 따른다.

서열의식은 노회, 총회에서도 드러난다. 노회원의 좌석을 서열순으로 배열하는 것에서부터 발언을 하고 임원을 선출하고 총대를 뽑는 일 등에 이르기까지 서열 의식에 나타난다. 특히 소수의 연장자 회원들이 발언을 거의 독점하는 것을 볼 수 있다. 이러한 모습을 보면 장로회가 아니라 원로회라는 생각이 든다. 대개 그 소수는 항상 총대로 뽑히고 임원으로 오래 동안 일한다. 노회나 총회는 그들 소수만 모여도 회무를 진행시킬 수 있을 정도이다. 회원 절대다수는 들러리 구실을 하는 것처럼 보인다.

한국교회가 동시대에 어울리는 탁월성을 발휘하자면 그 교회를 지도하는 사람의 연령이 젊어야 한다. 30대와 40대 장로가 당회원의 주류가 되는 것이 바람직하다. 그러나 우리나라의 장로는 문자적으로 '장로'이다. 젊은 장로의 수가 적은 것은 그만큼 교회의 활기와 역동성이 부족하다는 뜻이기도 하다.

장로교 정치원리에 따르면 모든 회원은 동일한 권리, 기회, 의무를 가진다. 연장자라고 하여 발언을 다른 사람보다 더 많이 할 기회를 가질 수 있는 것은 아니다. 연장자나 선배가 우선되는 단체는 원로원이지 장로회가 아니다. 장로회는 회원이면 누구라도 자유롭게 제안하고 발언할 기회와 의사를 개진하고 직임을 맡을 기회를 가지는 제도이다.

그러나 우리의 현실은 그렇지 않다. 선배, 후배, 전임자, 후임자, 수석, 말석, 고참, 신병 등에 지나치게 집착하는 것을 볼 수 있다. 세상은 권위주의 척결을 외치고 있지만 아이러니하게도 민주 정치의 터전을 놓은 장로교회는 권위주의, 원로주의 사고방식과 양태를 벗어나지 못하고 있다.

2. 상석(上席)

한국인의 계급의식은 '장'을 즐겨 사용하는 것에서 나타난다. 구멍가게 주인을 '사장님'이라고 부르고 '이장님,' '반장님,' '동장님'으로 불러주어야 만족해한다. 교회 안에서도 '직전 회장님,' '장로님 사모님,' '직전 총회장님' 등의 용어가 사용된다. 담임목사를 '당회장'으로, 목사의 집무실을 '당회장실'로 표기한다. 명함도 굵직하게 '당회장'이라고 새겨 다닌다.

엄격히 말하자면 당회장은 당회가 모일 때 사회를 하는 사람이다. 서양에서 '장'은 사회자를 뜻한다. '당회장'(Moderator)은 당회가 모일 때, 노회장은 노회가 모여 회무를 주재할 때, 총회장은 총회가 열리는 장소에서 사용되는 단어이다.

'당회장'을 '당회의장'으로, '노회장'을 '노회의장'으로, 총회장을 '총회의장'으로 표기하는 것을 고려해 봄직하다. 우리나라의 국회는 '장'을 '국회의장'으로 호칭한다. 어느 분은 농담으로 당회장을 '당회종'으로, 노회장을 '노회종'으로, 총회장을 '총회종'으로, '회장'을 '회종'으로 부르자고 한다. 의미심장한 제안이다. 호칭은 사람의 의식과 사고와 행동에 영향을 미친다. 의식개혁은 용어개혁에서 출발해야 한다.

　한국교회 안에서 흔히 볼 수 있는 장로석은 계급적인 직분이해의 상징이다. 장로석은 설교단 가까이 상석에 위치하고 있다. 옛날에는 장로석이란 게 없었는데 1980년대에 많이 생겼다. 어떤 동기로 생겼든지 간에 그것은 원로원석, 교권석(hierarchical chair)이란 인상을 강하게 풍긴다.

　프로테스탄트교회의 장로직은 로마가톨릭교회의 감독직과 다르다. 장로의 다스림은 전제주의 시대의 각료나 원로원의 원로 사역을 의미하지 않는다.

　장로는 목회자의 협력자로서 양 무리의 발을 씻기는 사람이다. 하나님의 은혜 안에서 그리스도를 섬기도록 회중의 선택을 받아 성도 개개인, 나아가 교회의 영적 형편을 살펴보고 목자와 함께 그들을 지도하고, 교리적 오해나 도덕적 부패를 방지하도록 임명받은 자이다(장로교 헌법 24조). 겸손과 낮아짐으로, 희생 자세로, 오른손이 하는 일을 왼손이 모르게, 주의 교회를 섬기도록 부름 받은 사람이다.

　그러므로 장로석은 돌봄석(pastoral seat), 섬김석(service chair)이어야 한다. 장로는 교인들 가까이 앉아서 양 무리의 형편을 살피고, 그들의 삶의 정황에 파고들어가 그들의 아픔과 고뇌를 이해하여 그들의 이웃이 되고, 그 결과를 목사에게 알려야 한다. 장로는 목회적인 돌봄을 위해 예배를 드릴 때 교인들 가까이에 앉는 것이 바람직하다. 장로석을 두고자 하면 교인들을 파악할 수 있는 교회당 입구 쪽이 좋을 것이다. 예수님은 상석에 앉기를 좋아하는 종교지도자들을 크게 책망한 바 있다.

교인 사이에 높고 낮은 신분의 차이가 있다고 생각하거나, 교회의 직분을 계급적으로 이해하여 직분 상호 간에 등급이 있다고 생각하는 것은 성직자와 평신도를 계급적으로 구분하는 로마가톨릭교회의 사상과 일치한다. 이러한 교회관은 하나님과 신자 사이에 있는 성직자가 성도들을 다스릴 법적 권한과 그들을 하나님께로 인도하는 중보적인 권한을 갖고 있다고 생각한다. 성직자가 평신도 보다 높은 계급에 속한다고 본다. 로마가톨릭교회의 사제주의는 계급주의에 바탕을 두고 있다. 교회는 단일 교권자가 통치하는 군주제도(hierarchy)이다. 교회는 교황을 수장으로 하는 피라미드 구조의 성직자단이다. '감독이 있는 곳에만 교회가 있다'고 생각한다.

16세기의 종교개혁가들은 이러한 계급주의 교회이해가 성경의 가르침에 어긋날 뿐만이 아니라 교회의 활기와 역동성을 앗아가고 부패를 가져오는 일종의 구조악으로 여겨 이를 배격했다. '평신도'라는 용어는 계급적인 개념을 바탕으로 깔고 있다. 교역자와 일반 신자를 구분하는 적절한 한국어 단어가 있으면 좋겠다는 생각을 해 본다.

마르틴 루터는 "모든 그리스도인이 참으로 제자들이며 사무에 관한 일을 제외하고는 그들 사이에 하등의 구별이 없다"(『독일 기독인 귀족들에게 보내는 글』)고 말했다. 루터의 만인제사장주의는 계급주의와 사제 제도에 정면으로 도전한다. 평신도와 성직자 사이의 이중적 구조를 배격하며 모든 그리스도인이 동등하다고 강조한다.

루터에 따르면 그리스도인은 동역자이며 형제이며 제사장이다. 따라서 그리스도 이외의 중보자가 필요하지 않다. 교인들은 교회의 직무 수행을 위해 어떤 사람들을 선정한다. 하나님과 우리 사이의 중보자는 오직 예수 그리스도 한 분 뿐이시다. 각 그리스도인은 그가 받은 복음을 다른 사람에게 전해 줄 의무를 갖고 있다. 이 직분들은 동일한 중요성을 갖는다.

존 칼빈은 평신도와 성직자 사이의 구분을 거부하는 만인제사장주의를 보완하여 안수례에 의해 세움을 받아 영적 직무를 수행하는 교역자와 그 교역자의 영적인 보살핌을 받는 일반 신자들이 하나님 앞에서 동등하지만 직무가 구별된다고 보았다. 교역자는 신분에서 일반 신도와 동일하지만 교회를 지도할 권위를 가지는 점에서 구별된다(『기독교강요』 IV.3.6)고 했다.

칼빈은 무질서를 싫어했다. 그는 교회가 질서를 유지하기 위해 교역자의 권위와 특권을 인정해야 한다고 가르쳤다. 이것은 로마 가톨릭교회가 평신도와 성직자를 구분하는 것과 같은 신분과 계급의 구분을 뜻하지 않는다. 공동체의 효율과 질서를 유지하기 위한 직능의 구분을 의미한다.

3. 직능의 구분

하나님은 사람을 동등하게 대한다. 목사, 장로, 집사 등 교회 안의 모든 직분은 각각 고유한 봉사와 섬김의 직분이다. 그러면서도 이 직분들은 구별된 직능과 특성을 갖는다. 직분의 권위는 그것을 수행하는 사람의 계급에 있는 것이 아니라 직분의 기능과 봉사의 신실성에 있다. 교회의 직분에는 질서를 위한 기능적인 구분이 있을 뿐, 모든 직분이 다 하나님을 섬기며 영화롭게 하는 동등한 중요성을 갖고 있다.

하나님께서 어떤 구분을 시도한다면 그것은 양과 염소를, 알곡과 가라지를, 그리스도의 의로 말미암아 구원받은 의인과 멸망당할 죄인을 나누는 것이다. 충성한 자와 충성하지 못한 자를, 달란트를 남긴 자와 묻어둔 자를 나눈다. 맡은 직무에 대한 각자의 충성도를 구분할 뿐이다.

교회 직분에 기능적인 구분이 있을 뿐이라는 말을 이해하자면 집사직의 유래를 살펴보는 것이 첩경이다. 교회가 처음 세워졌던 오순절 후 신자들이 모두 성령의 충만함을 맛보고 기쁨과 감사로 그리스도를 섬겼다. 그 결과, 자기가 가진 것을 다 팔아 사도들의 발 앞에 갖다놓았다. 가진 자가 소유를 다 팔아 갖다 바쳤으니 그 액수가 많았을 것이다. 이때의 기독교 공동체는 이상적인 공산주의 사회였다. 이 공동체는 돈과 재물을 관리하고 분배하는 사람이 필요했다. 처음에는 사도들이 그 역할을 맡았다.

그러나 얼마 가지 않아서 불평하는 사람들이 생겼다. 헬라파 과부들이 말하기를 왜 자기들에게는 적게 주느냐 하는 것이었다. 불공평한 분배에 대한 불평은 헬라파 과부들만이 아니었던 것으로 보인다. 사도들은 물질을 공평하게 분배하는데 신경을 쓴 나머지 사도직을 올바로 수행할 수가 없었다. 불가피하게 집사제도가 생겼다. 집사를 세운 것은 분배와 관리의 직무를 잘하도록 하기 위한 것이었다.

 헬라파 과부들의 불평이 있었던 것을 보면 한 사람의 사도가 교회를 돌보고 통솔하기에 어려움이 있었던 것 같다. 그래서 교회는 사도의 협력자를 뽑아 함께 양 무리를 돌보고 다스리도록 했다. 사도 혼자의 노력과 결단보다는 다수의 노력과 결단이 필요했다. 협력자 제도는 유대인 회당의 장로제도를 그대로 계승한 것으로 보인다. 장로들은 사도들과 협의하여 교인들을 살피고, 훈령을 작성하고, 행정업무를 처리했다. 사도가 없을 때는 장로들이 교회에서 목회기능을 감당했다. 장로들 가운데서 가르치는 자를 따로 세웠다. 이 장로는 말씀을 전하는 일에 전념하고, 협력하는 장로와 함께 양 무리를 돌보았다. 가르치는 장로와 다스리는 장로는 동등하지만 직능은 구분되었다.

 바울은 교회에 여러 가지 기능별 직무가 있다고 말한다. "하나님이 교회 중에 몇을 세우셨으니, 첫째는 사도요, 둘째는 선지자요, 셋째는 교사요"(고전12:28)라고 한다. "그가 혹은 사도로 혹은 선지자로 혹은 복음 전하는 자로 혹은 목사와 교사로 주셨으니 이는 성도를 온전케 하며 봉사의 일을 하게하며 그리스도의 몸을 세우려 하심이라"(엡4:11,12)고 한다. 집사, 장로, 목사는 신분상 하등의 구별이 없다. 모두 다 하나님의 백성이며, 하나님의 은혜가 계속 필요한 사람들이다. 목사를 영어로 '미니스터'(Minister)라고 하는데 목사 직무를 수행하는 '사역자' 라는 뜻이다.

 이러한 원리는 하나님께서 남자와 여자를 수직적으로 대하지 않고 수평적으로 대하는 것과 같다. 하나님은 남녀를 동등하게 지으셨다. 남녀는 신분의 계급적인 구분이 없다. 다만 직능상의 차이를 두셨다. 남자가 할 수 있는 일과 여자가 할 수 있는 일이 구별된다. 기능적인 차이를 가진 두 사람이 상호보완적으로 협동할 때 창조적인 조화가 이루어진다. 사회적으로 남자가 여자의 머리됨은 계급이나 신분의 우선을 의미하는 것이 아니라 한 가정의 대표자의 기능과 역할의 우선을 뜻한다.

교회의 직분들의 관계도 이와 같다. 집사, 장로, 목사를 포함한 교회 안의 모든 직분은 수평적인 위치에 있다. 머리, 어깨, 손, 발, 팔, 다리가 다 중요하다. 머리가 몸 전체의 대표자 역할을 한다. 그와 같이 집사직, 장로직, 목사직이 동일한 중요성을 가지고 있으나 직능 면에서 구분된다. 각각 다른 직능의 직분자들이 한 몸인 그리스도의 교회 안에서 상호간의 보충적인 조화를 이룰 때 창조적인 결실을 얻게 했다.

교회의 직분을 수평의 눈으로 이해하는 것은 하나님의 창조질서 안에서 각 개인의 문화 소명을 바르게 이해하는 열쇠이기도 하다. 한 나라를 다스리는 대통령과 한 도시의 뒷골목의 청소부 사이에는 직능의 구분이 있다. 대통령이나 청소부가 다 중요하다. 대기업의 총수와 말단직의 노동자, 대학총장과 수위, 도지사와 농부 사이에는 직능의 차이가 있을 뿐이다. 칼빈주의가 강조하는 '영역의 주권'은 사람의 각 영역이 수평적인 중요성을 가진다는 뜻이다. 그리스도인들은 이러한 평등의식을 가질 때 언제나 누구 앞에서나 담대할 수 있다.

교회의 직분들을 계급적이 아니라 직능 개념으로 이해해야 한다는 것은 각 직분의 고유한 권한을 무시하거나 질서를 파괴해야 한다는 뜻이 아니다. 교회는 하나의 살아있는 기관이기 때문에 거기에는 일정한 질서가 있어야 한다. 각각의 직분 사이에는 질서가 유지되어야 하고 존경과 신뢰에 바탕을 둔 사역이 이루어져야 한다. 인도를 받는 사람은 인도하는 사람을 배나 존경할 자로 여겨야 하며, 인도하는 자들에게 순종해야 한다(히13:17). 특히 신도들이 목회 전문가인 목사를 존경해야 하는 것은 두말할 나위가 없다.

교회의 지도자는 신자들이 그의 직능과 전문성을 존경하지 않을 때, 다시 말하자면 목회자의 직능의 권위가 무시될 때, 자기의 직무를 잘 수행할 수 없다. 목회자가 직무를 성역화 하고 비성경적인 것들을 가지고 자기의 권위를 구축하려고 하는 것은 주로 이러한 까닭 때문이다.

오늘날의 목사들이 신경을 곤두세우는 것 가운데 하나가 가운을 입는 문제이다. 청교도 운동은 개혁신학에 충실한 목사들이 사제복(vestment)을 입는 것을 거부한 데서 출범했다. 사제복을 둘러싼 갈등은 영국의 프로테스탄트 사역자들이 단조로운 검은 가운만을 입는 것으로, 영국국교회 사제들이 로마가톨릭교회의 사제복과 같은 것을 입는 것으로 종결되었다.

청교도 신앙의 후예라고 자처하는 한국장로교회의 지도자들은 가운 입는 것에 지나친 관심을 보인다. 가운을 입지 말아야 한다는 뜻은 아니다. 앞서 언급한 장로석과 마찬가지로 목사가 가운을 입는 것으로 자신의 권위를 높이려고 하면 안 된다는 뜻이다. 목회자가 강단을 지성소처럼 지나치게 크게 높게 만들거나 화려하게 장식하고, 설교단과 회중석과 상당한 거리를 두고, 강단을 위 강단과 아래 강단으로 이중 구조화 하고, 또 목사가 축도권을 가지고 있다고 주장하는 등은 그릇된 권위의식의 발로이다.

교회 안의 계급의식은 교회의 영적활기와 역동성을 앗아간다. 교회를 경직시킨다. 계급의식에 투철한 교회일수록 의식적(ritual)이고, 건조하고, 열정이 없다. 획일적이며, 교조적인 권위와 질서에 대한 복종을 강요하는 교회일수록 창의적이지 않다. 그리스도 안에서 사랑, 기쁨, 자유, 평화, 화해, 용서의 보람을 누리기 어렵다. 노인성에 깊이 빠지면서 더욱 보수적이 되고, 동시에 반지성주의적이 된다. 사무적이며, 형식적이 된다. 초신자가 이러한 교회를 방문했다가 무겁고 어두운 분위기에 억압되어 돌아선다. 교회를 떠나는 사람들이 늘어나게 된다.

교회의 직분들은 그리스도께서 서로 다른 직능과 역할을 통해 하나님을 섬기고 교회를 섬기도록 두셨다. 집사, 장로, 목사를 포함한 교회 안의 모든 직분은 기능이 다를 뿐 다 같이 중요하다. 모두 다 하나님께 영광을 돌리는 직분이며, 수평적 중요성을 가지고 있다. 맡은 자들에게 구할 것은 충성이지 교회 안의 '높은 계급'이 아니다. 신약성경이 보여주는 교회의 직분들 사이에는 계급개념의 구분이 없다. 목사직과 장로직과 집사직은 기능의 차이를 가진 동등한 봉사 직책이다.

계급적 직분이해는 교회로 하여금 민주화 사회, 평등사회, 탈권위주의 사회로 나아가는 21세기 목회현장에 호소력을 가지지 못하게 한다. 교회가 역동성과 활기를 가지려면 사물을 수평적으로 보는 눈을 가져야 한다. 사물을 계급개념으로 보는 로마가톨릭교회의 교회관보다는 수평적인 눈으로 보는 개혁신학의 교회 직분관은 새 시대에 부합하는 창의적 목회를 위한 탁월한 신학적 바탕이다.

13

목회자 모델의 역사

목회자는 교향악단의 지휘자처럼 교회를 통괄하고 지도하며 교우들을 섬기는 사람이다. 그리스도를 대신하여 하나님의 '양무리'를 돌보며, 감독하고, 말씀으로 양육한다. 구원의 복된 소식을 전하며, 하나님의 비밀을 맡아 가르치며, 그의 백성들의 영적인 필요를 채운다. 예배를 인도하며, 세례와 성찬을 베푼다. 신자들이 바른 길을 따라 살도록 권면하며, 때로는 거역하는 자를 책망한다.

예수께서는 제자들에게 "내가 분부한 모든 것을 가르쳐 지키게 하라"(마28:20), "내 양을 치라"(요21:16)고 말씀했다. 전도의 직무와 목회의 직무를 강조했다. 바울은 디모데에게 감독직(딤전3:1)의 중요성을 역설했다. 양 무리를 감독하며 양육하는 일을 염두에 두었다. 그리스도께서 자신을 보낸 것은 "세례를 주고, 복음을 전하게 하려 한 것이다"(고전1:17; 살전2:9)고 말했다. 목회자의 감독, 목양, 복음전도, 성례집행 직무를 두고 한 말이다.

목회자 상(像)과 특징은 시대마다 달랐다. 오늘날 널리 사용되는 '목사,' '목회자'라고 하는 칭호는 청교도 시대의 용어다. 목회자 모델과 그 명칭은 시대에 따라 변천해 왔다. 초대교회의 하나님의 일꾼은 '말씀의 봉사자'였다. 그 뒤로 하나님의 백성을 돌보고 양육하는 감독으로 변했고, 점차 지배자로, 통수(統帥)로 바뀌었다. 사제, 성찬을 분배 전문가, 교회정치 권력자로 부각되었다. 종교개혁기와 그 후의 프로테스탄트교회의 봉사자는 교사, 목사, 설교자, 부흥사로 바뀌었다. 새 시대에 어울리는 목사모델을 찾아내기 위해 목회자 모델이 어떻게 바뀌어 왔는가를 살펴보자.

1. 신약시대: 봉사자

신약성경이 언급하는 목회자는 봉사자(Diakonos)이다. 하나님의 부름을 받아 교회를 섬기는 사람이다.[1] '봉사자'란 사도, 선지자, 복음전도자, 목사, 교사, 감독, 장로, 집사 등을 포괄적으로 일컫는다.[2] 이것은 계급이나 신분이 아니라 말씀전파와 교회 봉사 사역을 수행하는 사람을 뜻한다.[3] 신약시대에는 목회사역을 수행하는 봉사자들이 한 무리가 되어 말씀전파와 더불어 신자들의 영적, 지적 문제와 사회생활을 돌보았다.

하나님의 종, 그리스도의 일꾼, 교회의 일꾼, 복음의 일꾼, 신실한 일꾼, 새 언약의 일꾼은 '여러 가지 은사들'[4]를 가지고 사람들을 그리스도와 '화목하게 하는 직책'(고후5:18)을 수행했다.

그리스도의 제자들은 예수께서 자신들을 직접 보냈다고 하는 의식을 갖고 있었다. 보냄을 받은 자, 대사, 전령자, 사도(Apostolos)라고 생각했다. 그들은 순회전도자, 선교사였다.[5] 구원의 복된 소식과 진리를 사람들에게 전해 주는 봉사자였다.

초대교회의 봉사자들이 어떤 태도로 일을 했는가 하는 것은 그 용어의 용례를 보면 어느 정도 짐작할 수 있다. 70인 역 성경의 에스더와 잠언서에 나타나는 봉사자는 '손을 빨리 놀리는 자,' 어전의 '내시' 또는 '사신' 이다.[6] 궁궐의 환관은 궁녀들을 지키고 감시하는 자였다. 바벨론 왕국에서 왕을 위해 고환을 거세당하면서까지 하나의 목적을 위해 생을 바친 사람이었다. 개인의 영화, 가족, 자유 모든 것을 포기하고 오직 주인이 맡긴 하나의 일에만 매진했다.[7]

'봉사하다' 는 단어는 식탁에서 수종을 드는 사람(테이블 봉사자, 웨이터), 편의 제공자, 식탁 관리자, 타인 돕는 자 등을 일컫는 데 사용되었다. 신약성경이 이 단어를 초대교회의 사역자들에게 적용한 것은 그들이 그리스도를 위해 신속하게, 명확하게, 정확하게, 겸손하게 일하는 일꾼─봉사자(Minister)라는 뜻이었다. '손을 빨리 놀리면서' (잠10:4)

---

[1]행1:17; 4:11-12. '봉사자' 는 신약성경에 모두 100회 나타난다. 그 가운데 41회는 복음서와 사도행전에, 40회는 바울서신에 나타난다.
[2]딤전1:12; 3:8, 12, 4:6; 4:5. 바울과 디모데는 봉사(diakonia)라는 용어로 집사의 자격을 말하고 있다.
[3]Roy Harrisville, "Ministry in the New Testament," in *Called and Ordained*, eds. Todd Nichol and Marc Kolden (Minneapolis: Fortress Press, 1990), 6.
[4]고후3:6, 11:23; 골1:7,25; 4:7.
[5]『디다케』[열두 사도들의 가르침], 11:3-6. 정양모 역 (서울: 분도출판사, 1993)을 보라. 행14:4; 고후8:23; 빌2:25; 살전2:6; 롬16:7.
[6]에스더1:10; 2:2; 6:2,3,5; 잠언10:4.
[7]미카비서에서 대제사장을 단 한번 '디아코니' 로 호칭하고 있다.

그리스도의 몸인 교회를 열심히 섬기는 사람들이었다.

초대교회는 봉사자들의 역할을 명확하게 구분하지 않았다. 시간이 흐를수록 '말씀 봉사자'와 '테이블 봉사자'가 구분되었다(행6:2). 점차 봉사자 각각의 직무가 나뉘어졌다. 그들은 오순절 날 성령 충만을 맛보고 기쁨과 감사로 그리스도를 섬겼다. 자기가 가진 것을 팔아 사도들의 발 앞에 갖다 놓았다. 소유를 다 팔아 갖다 바친 사람도 많았다. 그 액수가 적지 않았던 것으로 보인다.

교회는 돈과 재물을 관리하고 분배하는 사람이 필요했다. 처음에는 사도들이 그 일을 맡았다. 얼마 지나지 않아서 불평이 생겼다. 사도들이 물질을 공평하게 분배하는 일에 신경을 쓰는 바람에 말씀을 전하고 기도하는 일을 효과적으로 수행할 수 없었다. 분배와 관리의 직능을 수행하는 봉사자가 필요했다(행6:1-6).

헬라파 과부들이 분배 문제에 대해 불만을 토로하자 사도들은 회의를 소집했다. 대안을 제시했으며, 회중은 그 대안을 받아들였다. 일곱 명의 집사를 선발했다. 집사들이 선발된 뒤에 교회는 점점 발전하고 왕성해 졌다. 집사제도는 교회부흥의 중요한 구실을 했다.

교회가 집사 일곱 명을 선발한 때의 의도와는 달리, 집사의 사역은 '식탁 봉사'나 재물 관리에 제한되지 않았다. 그들은 열두 사도들의 고유한 사역이라고 생각했던 직무인 설교를 했다. 집사 스데반은 그리스도의 죽음을 증거했다. 일곱 집사 가운데 한 사람이었던 빌립은 '전도자'(행21:8)로 활동했다. 세례를 베풀었다.[8]

집사를 선출한 뒤 사도들은 말씀을 전하고 기도하는 일에 전념했다. 그러나 사도들만으로 교회를 돌보고 통솔하기에는 어려움이 있었다. 그래서 협력자들을 뽑아 양 무리를 함께 돌보고 감독하고자 했다. 사도 혼자의 노력과 결단보다는 여러 사람의 노력과 결단이 요구되었다. 이러한 필요를 채우기 위해 교회는 장로 제도를 도입했다. 유태인 회당의 장로 제도를 수용한 것으로 보인다.

장로들은 사도들과 협의하여 교인들을 보살피고, 훈령을 작성하고, 행정업무를 처리했다. 사도가 없는 지역에서는 목회 기능을 담당하기도 했다. 가르치는 사역에 전념하는 장로(Teaching Elder)도 있었다. 말씀을 전하는 일에 전무했고, 협력하는 장로(Ruling Elder)와 함께 양 무리를 돌보았다. 가르치는 장로와 돌보는 장로의 신분은 동등하지만 직능은 구분되었다. 시간이 흐를수록 사도와 장로는 뚜렷하게 구분되었다 (고전12:28).

사도, 목사, 교사, 장로, 집사는 모두 다 봉사자였다.[9] 앞서 지적했듯이 봉사직의 구분은 계급적인 것이 아니라 직능적인 것이었다. 봉사자들은 그리스도만이 아니라 교인들을 섬기는 일을 했다. 가르치는 자들과 사도들의 직능이 다른 직책보다 더 중요하게 여겨진 것은 사실이다. 그러나 각 직분들은 수평적인 중요성을 갖고 있었다. 직능의 차이를 가진 사역자들이 상호보완적으로 일했다. 사도를 포함한 하나님의 뜻을

---

[8]Hans Lauerer, "Die 'diakonia' im Neuen Testament," in *Neue Kirchliche Zeitschrift* (Leipzig: A. Deichertsche Verlagsbuchhandlung, 1931), 319.

[9]영어로 장관을 Minister라고 부른다. 국민을 섬기는 자라는 뜻이다. 관료주의적 지배 개념의 관직 호칭과는 반대되는 의미를 지니고 있다. 봉사자의 구분은 "사도로, 혹은 선지자로, 혹은 복음 전하는 자로, 혹은 목사와 교사로 주셨으니, 이는 성도를 온전케 하며 봉사의 일을 하게 하며, 그리스도의 몸을 세우려 하심이라"(엡4:11,12)고 한 바울의 가르침에 잘 나타난다.

수행하는 모든 봉사자들은 형제, 자매처럼 함께 사역을 했다. 그들은 서로서로에게 주인을 섬기는 종처럼 행동했다.

마가는 '너희 중에 누구든지 으뜸이 되고자 하는 자는 모든 사람의 종이 되어야 하리라'(막10:43-44)는 그리스도의 말씀을 부각시킨다. 사도들 사이에도 서열의식, 계급의식이 있었던 것 같다. 그러나 그들은 대부분 종이나 봉사자답게 맡은 사역에 충실했다. 그리스도는 봉사자의 모델이었다. 섬김을 받기 위해 온 것이 아니라 타인을 섬기기 위해, 자신을 대속제물로 내어주기 위해 오셨다(막10:45). 자기를 비워 인류를 위한 속량제물이 되었다. 그는 제자들의 발을 씻겼고, 천국복음을 선포하는 말씀전파 사역만이 아니라 '단번에 자기를 드려'(히7:27) 속죄사역을 성취했다.

사도들은 하나님의 말씀전파, 은혜의 복음선포, 화목의 메시지 전달, 그리스도의 죽음과 부활 신앙 교육, 하나님의 신탁(神託)을 대언하는 일로 봉사를 했다. 구원, 생명, 화목의 메시지를 전했다. 하나님, 그리스도, 성령이 원하는 일을 했다. 주 사역은 말씀사역이었다.

사도들의 활동이 말씀선포에만 제한된 것은 아니다. 은사(charisma) 활동도 하고 있었다. 그들은 지혜의 말씀, 지식, 신유, 기적의 은사를 받았다(고전12:8-10). 바울은 "섬기는 일이면 섬기는 일로, 가르치는 자면 가르치는 일로 혹 권위(勸慰)하는 자는 권위하는 일로, 구제하는 자는 성실함으로, 다스리는 자는 부지런함으로, 긍휼을 베푸는 자는 즐거움으로 할 것이다"(롬12:7-8)라고 말한다. 베드로는 이러한 은사 목록에 집사직을 첨가한다(벧전4:10).[10]

2. 2세기: 감독

2세기의 교회에는 세 가지 종류의 직분이 있었다. 예언과 전도를 하는 사도, 교회의 행정직무를 수행하는 감독, 예배의식을 집행하고 훈육하는 장로였다.[11] 세 직무가 처음부터 엄격하게 구분된 것은 아니다. 한 직분자가 다른 직무를 겸할 수 있었다. 사도들이 세상을 떠나고 난 뒤에 봉사자는 서서히 감독(bishop)으로 인식되었다. 양 떼를 돌보는 감독에서 점차 계급 개념의 감독으로 알려졌다. 시간이 흐를수록 목회직은 계급화, 직업화되었다. 감독과 장로와 집사가 계급적으로 구분되었다.

감독들은 신자들에게 그리스도께서 아버지 하나님께 하듯이 감독에게 복종하라고 가르쳤다. 예언과 전도와 돌봄을 주로 하는 감독의 직능은 점차 약화되었다. 성만찬과 세례가 강조되고 예배는 의식화(儀式化)되었다. 감독은 성찬예식집행자(Sacramental Priesthood)로 부각되었다. 감독에게 제한되어 있던 성찬집례 직능은 점차 장로에게도 주어졌다. 4세기 초 어느 지역의 감독은 장로들에게 성례를 거행할 권한을 넘겼다. 감독과 장로는 모두 하나님의 기업을 받은 사람(행26:18)으로 여겨졌다.

『클레멘트 1서』와 『헤르마의 목자』는 감독의 주된 직능을 성례집행이라고 설명한다. 감독사역은 성찬을 분배하고, 공동체를 위해 기도하는

---

[10]눅4:18-19; 약5:14; 벧전5:1.

[11]George H. Williams, "The Ministry of the Ante-Nicene Church, c. 125-325," *The Ministry in Historical Perspective* (New York: Harper & Row, 1956), 27.

일이었다.¹² 감독이 회중에게 성찬을 배분하는 일을 한다는 점에서, 그 권위는 사도의 권위와 동일시되었다. 클레멘트는 감독에 대해 말하면서 "사도적 직무를 불경스럽게 여기거나 성찬의 희생제물을 거룩하게 받지 않는 일은 결코 작은 죄가 아니다"¹³고 했다. 바울은 "감독은 가르치기를 잘하며"(딤전3:2)라고 가르쳤다. 바울의 가르침과 다른 개념의 감독 직능이 나타났다.

봉사자들 사이의 직능상의 차이는 서서히 신분상의 차이로, 상하관계로 바뀌었다. "인도를 받는 자를 배나 존경할 자로 여기라. 지도를 받는 자는 지도하는 자에게 순종해야 한다"(히13:17)는 말씀에 나오는 '존경'과 '순종'은 점차 계급적으로 이해되었다. 신약교회가 지니고 있던 봉사직의 수평 개념이 희미해졌다. 계급 개념의 성직자단, 사제단(sacerdotium)이 형성되고, 평신도와 성직자가 엄격히 구분되었다.

열두 사도들의 교훈집인 『디다케』는 "내 아들아, 네게 하나님의 말씀을 이야기 해 주는 자를 밤낮으로 기억하며, 그를 마치 주님처럼 공경하라. 주님의 주권이 이야기되는 그곳에 바로 주님이 계시기 때문이다. 날마다 거룩한 사람들의 얼굴을 찾아 그들의 말에 의지하도록 하라"¹⁴고 가르친다. 복음을 전하는 사도를 영접할 때 "한 집에서 이틀 이상 머물면 거짓 선지자이며, 유숙할 때 빵 외에 다른 것을 주지 말며, 만일 그가 돈을 요구한다면 그는 거짓 선지자다"고 하면서 "여러분에게 오는 사도를 주님처럼 영접하라"고 가르친다.

안디옥의 익나티우스(Ignatius)는 "감독을 사도처럼 소중히 여기라"고 가르쳤다. "너희는 예수 그리스도에게 하듯 집사(감독)에게 복종하라. 목사에게 그리스도의 사도들에게 하듯 하라. 하나님 아버지에게 하듯 하나님의 공회나 사도들의 모임을 존경하라. 그렇게 하지 않고는 교회라는 이름이 존재할 수 없다"15고 했다.

로마제국이 기독교인들을 박해하는 동안의 목회자는 고난 받는 종으로 부각되었다. 익나티우스는 목회적 맥락에서 자신을 하나님과 그리스도와 동일한 신분을 가진 사람으로 여겼다.16 선지자, 장로, 고난 받는 종으로 간주했다. 그가 자신이 사도권을 받았다고 주장하지는 않았다. 목사는 그리스도의 충만으로 살아가는 감독이므로, 고난을 당한 그리스도와 같은 종이어야 한다는 것을 강조했다.17 그는 고난 받는 종답게, 그리스도께서 모범을 보인 것처럼, 로마의 형장에서 순교했다.

서머나의 감독 폴리갑(Polycarp)은 '빌립보 교인들에게 보내는 서신'에서 이상적 장로 모델, 목회 모델을 다음과 같이 설명한다.

> 장로들은 유연하고 동정심이 넘치는 사람으로, 모든 일에 자비롭고, 길 잃은 자들을 돌이키며, 병든 자들을 심방하며, 과부와 고아와 가난한 자들을 소홀히 하지 아니해야 한다. 모든 분노로부터 절제하며, 사람들이 존경을 받으며, 불의하게 판단하지 않으며, 돈을 사랑하지

---

[12] James Arne Nestingen, "Ministry in the Early Church," in *Called and Ordained* (Todd Nichol & Marc Kolden, eds. Mineapolis fortress Press, 1990), 27.

[13] First Clement 44:1-4. See Von Campenhausen, *Ecclesiastical Authority and Spiritual Power in the Church of the First Three Centuries*, tr. J. A. Baker (Stanford: Stanford University Press, 1969), 89 ff.

[14] 『디다케』 4:1-2.

[15] *Ignatius to the Trallians*, 3.1 in *The Apostolic Fathers*, 1: 214.

[16] *Magnesians*, 6:1; *Smyrneans*, 9:1.

[17] Polycarp, 1. *Magnesians*, 6:1.

아니하며, 성급하게 판단하지 않으며, 편협하지 아니하며, 죄가 모든 논쟁의 원임임을 아는 사람이어야 한다.[18]

폴리갑이 장로의 이러한 점을 강조한 것은 변질되는 당시의 봉사자 상을 바로잡아야 한다고 생각했던 것 같다.

이레네우스는 폴리갑을 사도, 예언자, 교사, 성찬집행자, 성직자로 묘사했다. 폴리갑은 자신을 집사로 묘사했다.[19] 자신의 직분을 익나티우스가 가졌던 장로직-감독직과 동일시하면서도 자신을 집사로 명명한다. 하나님께 대한 그리스도의 관계처럼 그는 감독이나 장로에 대한 집사의 관계를 강조했다.[20] 집사는 "하나님의 의(義) 앞에서 책망할 것이 없고, 하나님과 그리스도의 종이며, 험담하지 아니하며, 모든 일에 열심을 다하며, 동정적이며, 조심스러우며, 주의 진리를 따라 살며, 모든 자들을 종처럼 섬기는 자"[21]라고 설명했다.

로마의 클레멘트는 그리스도를 대제사장으로, 감독을 레위적인 제사장으로, 목회자를 고난당하는 제사장으로, 타인을 섬기는 종으로, 직책상 섬기는 사람들의 통솔자로 부각시킨다.[22] 교부들 가운데는 감독이나 장로를 대제사장과 동일시한 사람도 있다. 235년경 로마의 히폴리투스는 사도전통을 강조하면서 감독이나 장로는 대제사장이며 동등한 교사로서 권위를 가진 성직자로 간주했다. 세례식에 대한 장황한 설명을 첨가한 것은 제사장직으로서의 목회직을 부각시키고자 했던 의도 때문이었다.[23] 알렉산드리아의 클레멘트나 오리겐도 이와 비슷한 생각을 하고 있었으나 봉사직을 보다 더 포괄적으로 이해했다.

그 무렵, 교회는 성직자 계급을 감독, 사제, 부제(Diaconate)로 나누었다. 말씀의 봉사자라고 하는 이미지는 점차 약화되고, 종교의식 집행자, 행정가라는 이미지가 부상되었다.

3. 3세기: 성직자

3세기에 이르러, 봉사자는 교회 권력을 가진 성직자(Clergy)로 부각되었다. 이때의 교회는 한 사람의 감독을 통해서가 아니라 여러 명의 감독들로 구성된 집단 감독체제로 운영되었다. 감독은 교리와 교회규례를 제정하고 그것을 해석할 권리를 가지고 있었다. 로마치하의 제7차 박해 동안에 우상숭배의 표시로 돈을 주고 증명서를 매입한 변절자에 대한 권징 문제로 분열을 겪을 때, 감독 키프리아누스는 '감독이 없는 곳에는 교회가 없다,' '교회 밖에는 구원이 없다'고 말하고, 감독을 그리스도의 대리자로, 감독권을 교회의 본질로 여겼다.

그 무렵의 감독은 오늘날의 당회장 직능과 비슷한 직무를 수행했다. 장로나 사제를 파송하고 관리했다. 감독이라는 타이틀을 지역 개념과 연관되었다. 이 과정에서 목회자는 안수를 받은 성직계급자로 여겨졌고, 사람들은 봉사자를 성직자라고 불렀다.[24]

관료 개념이 교회 안에 들어오고, 목회직이 점차 성직화, 계급화, 의

---

[18] 폴리갑, "폴리갑의 빌립보교인들에게 보낸 편지," George Williams, 31. 재인용.
[19] *Martyrdom of Polycarp*, 16.2.
[20] "폴리갑의 빌립보교인들에게 보낸 편지," 5:3.
[21] "폴리갑의 빌립보교인들에게 보낸 편지," 5:3.
[22] *Epistle to the Corinthians*, 40:5.
[23] *Hippolytus, Philosophoumena*, I, praefatio 6.

식화(儀式化)되었으나 설교사역은 여전히 중요한 위치를 차지했다. 설교는 변증적인 성격을 지녔다. 변증가들은 기독교인들이 무신론자라고 하는 비난을 받을 때, 플라톤과 소크라테스도 눈에 보이는 신이나 우상을 섬기지 않았지만 그들이 유신론자였던 것처럼, 기독교인들은 다만 눈에 보이는 신을 섬기지 않을 뿐 하늘과 땅을 창조한 전능한 하나님을 믿는다고 역설했다.

설교자들은 빈부 문제에 대해서도 강력하게 설교했다. 황금의 입을 가진 존 크리소스톰은 콘스탄티노플에서, 갑파도기아 신학자 바실은 지중해 연안 도시 가이샤라에서, 총독으로 일하다가 뜻밖에 감독이 된 암브로스는 밀라노에서, 각각 빈부 문제에 대해 설교했고, 적잖은 반향을 불러일으켰다.

크리소스톰은 목회 활동 가운데서 설교가 가장 중요하다고 말했다. "목회의 능력은 하나님의 말씀에 있다"[25]고 하면서, 말씀 사역은 잘못된 교리들로 말미암아 고통당하고 있는 사람들을 위해, 교인들의 안전과 교회 밖에서 오는 공격을 대비하기 위해 목회의 심장부에 자리 잡고 있다고 보았다. 목회자들은 기적을 행하는 것보다 말씀전파에 유능해야 한다고 했다. 설교자는 교인들의 칭찬을 듣기 위해 설교할 것이 아니라 칭찬으로부터 초연한 경건하고 탁월한 설교자가 되어야 한다고 가르쳤다.[26] 감독의 직무가 설교뿐이라고 보지 않았다. 그는 콘스탄티노플 교구의 대감독이었으며, 헬라어를 사용하는 동방교회의 교권의 상징이었다. 성직자 계급의 역할을 중요하게 여겼다.

그 무렵, 목회직이 교권과 동일시되면서 성직자들은 그 직무에 대한 대단한 자부심을 가졌다. 그들은 강화된 감독의 위치와 웅변술로 왕이나 고위 관리들에게조차 담대하게 충고했다. 밀란의 감독 암브로스는 황제를 향해 '이 피 흘린 자여!' 하고 꾸짖고 수찬정지라는 징계를 내렸다. 군중이 보는 가운데서 황제에게 '회개하라'고 고함을 질렀다. 서방 지역의 성직자들은 국왕, 군주, 황제까지도 지배하려고 했다. 가이샤라의 감독 바질도 그를 찾아 온 아리우스주의자 황제를 향해 "내가 그대의 헌금을 받아 주는 것만으로도 그대에게 은혜를 베푸는 것인 줄 알라"고 호통을 쳤다.

로마황제가 된 콘스탄틴의 개종으로 기독교가 국교화 되면서, 교회와 기독교인들은 제국 안에서 온갖 특권을 누렸다. 성직은 더욱 관료화되어 하나의 직업처럼 여겨졌다. 감독은 국가의 고급 공무원과 같은 계급이었다. 성직자는 권력을 누렸다. 장로직도 직업화되었다. 장로는 감독이 없을 때 성례를 집행하고 성찬을 베풀었다. 4세기에 이르러 사제는 지방행정관과 나란히 일했다. 시간이 흐를수록 행정관리의 계급이 높아지듯이 성직 계급은 아래 단계에서 위 단계로, 직임은 작은 교구에서 대교구로 높아졌다. 성직자의 승진이 원만하게 이루어진 것은 아니다.

이 시대의 가장 큰 변화는 성찬이 점차 예배의 핵심으로 자리 잡은 점이다. 목회자는 성찬 분배자(Sacramental Technicians)로 여겨졌다. 장로는 지역교회를 담임했고, 사제 가운데 한 사람으로 간주되었다. 집사는 무덤지지, 성가대원, 기타 봉사자였다. 나중에는 목회자 후보자를

---

[24] *Epistle* 68, in *Saint Cyprian Letters*, tr. Rose Bernard Donna, C.S.J., *The Fathers of the Church* (Washington: Catholic University of America Press, 1964), vol. 51; Niebuhr and Williams, *The Ministry*, 51, ff.

[25] John Chrysostom, *On the Priesthood* 『성직론』, 채이석 역 (서울: 엠마오, 1992), 133-134.

집사라고 일컫기도 했다. 집사로 봉사한 사람은 사제로 안수를 받을 수 있는 자격을 갖게 되었다.

시간이 흐르면서 봉사자 직분은 계급화 되었다. 그와 더불어 교회의 영적활기가 사라지고 순교 신앙의 순수성이 사라졌다. 이때 수도원주의가 등장하여 영적인 힘을 불어 넣었다. 사람들은 교회 직분의 세속화를 혐오하면서 점차 고행적이고 탈세속적인 삶을 사는 수도원에 큰 매력을 느꼈다. 그러나 영적인 활기를 불어넣던 수도원 운동도 재물이 많아지면서 계급화 되고 타락했다. 근본적인 개혁이 필요했다.

4. 4-5세기: 통수

4-5세기에 이르러, 감독들은 기독교를 공인한 로마제국의 보호 아래서 권세자로 변모했다. 옥좌에 앉은 황제나 국왕과 비슷한 존재로 인식되었다. 칼케돈의 감독은 자기 관할 지역에 있는 수도원과 각 교회의 감독을 임명하는 권한을 가지고 있었으며, 빈민촌과 병원을 주관했다. 목회자는 점차 통수(統帥: Head)로 인식되었다.

교회가 국가의 보호 아래서 특혜를 누리는 동안 예배는 로마 귀족회의 의례와 절차와 비슷하게, 사치스럽게, 이교의 풍속을 닮은 형태로 진행되었다. 앉고 일어서고 주문을 외우고 촛불을 켜고 제단을 만들고 무릎을 꿇는 행동이 도입되었다. 말씀 중심의 예배가 로마화되면서 의식 중심으로 바뀌었다. 감독권이 가시적인 힘을 갖게 되면서부터 감독단의 권한이 강화되었다. 성직자는 일상 문제에 대한 재판권도 가졌고, 교회는 형무소까지 갖추고 있었다. 장로는 점차 감독의 행정 보조자로 바뀌었다. 일반 신자와 사제 사이의 신분상의 구분이 강조되었다. '평신도'라는 개념이 생겼다. 중세기를 풍미한 두 가지 계급, 곧 성직자와 평신도 계급이 가시화 되었다.

5세기에는 교회 안에 일곱 가지 계급이 있었다. 감독, 장로, 집사, 보조집사, 교사, 문지기, 무덤지기였다. 이와 유사한 변화는 서방교회만이 아니라 동방교회와 시리아교회에서도 있었다. 시리아교회법은 감독이 신자의 "우두머리이며 인도자이다. 하나님처럼 존경을 받아야 한다. 그는 전능자 하나님의 자리에서 당신을 위해 자리를 잡고 있다"[27]고 서술한다.

그 무렵, 수도사들은 교회의 세속성을 혐오하여 조용히 명상 가운데서 영적인 행복을 추구했다. 사막 수도원운동은 공동체 생활로 발전하면서 점차 제도화되었다. 수도사들은 자신의 신분을 시각적으로 드러내기 위해 단조롭고 통일된 옷을 입었다. 수도원 안에도 세속 사회에 상응하는 계급이 있었다. 처음에는 세 계급(clarissimi, spectabiles, illustres)으로 구분되었다가 나중에는 다섯 계급으로 나누어졌다. 계급에 따라 옷과 장신구가 달랐다.

콘스탄티노플의 대감독 존 크리소스톰은 감독을 사제와 설교자로 구분했다. 변질되어 가는 목회자들을 경계하면서 자신이 살고 있는 시대의 이상적인 목자 상을 다음과 같이 제시했다.

---

[26] George H. Williams, "The Ministry of the Later Patristic Period (314-451)," in *The Ministry*, 63 ff.
[27] *Didascalia*, ii. 27.

[목회자]는 위엄이 있는 동시에 겸손해야 한다. 무서운 면을 가진 동시에 친절해야 한다. 어른다운 위풍을 가진 동시에 친근미가 있어야 한다. 차별이 없는 동시에 예의가 있어야 한다. 겸허한 동시에 비굴하지 않아야 한다. 열정적인 동시에 신사적이어야 한다. 그렇게 해야 모든 위험에 쉽게 대항할 수 있다. 그는 단 하나의 목적만을 생각해야 하는 바, 곧 교회를 발전시키는 일이다…. 사제는 침착하고 분별력이 있어야 한다. 모든 면을 볼 수 있는 천의 눈을 가져야 한다.[28]

힙포의 감독 어거스틴(c.430)은 당대의 목회자상의 잘못을 지적하면서, 교역자를 '목자'로 부각시키고 설교자와 제사장의 직능과 관련시켜 설명했다. 목회자와 신자는 어떠한 일이 있더라도 한 덩어리가 되어 운명을 같이 해야 한다고 했다.[29] 양을 돌보고 지키는 사람, 양과 더불어 생사를 같이하는, 양을 위해 생명을 바칠 각오를 가진 목자의 상을 부각시켰다. 그것은 변질되어 가는 당대의 목회자상을 개혁해야 한다고 하는 충고였다.

어거스틴의 충고에도 불구하고 목회자 직에 대한 이해는 점점 계급주의 개념으로 바뀌었다. 사회의 변화와 인간적인 요소들이 그러한 변화를 부채질했다. 목사는 성직자 계급의 신분이지만 영적인 면만이 아니라 세속적인 면에서도 특별한 권위를 가진 사람이었다.

5. 중세기: 지배자

중세기에 접어들면서 목회자는 지배자(Ruler)로 인식되었다. 로마감독은 '베드로의 열쇠'를 가지고 세상을 호령하고 황제의 관을 씌워주었다. 교황은 교황령이라고 하는 나라를 직접 통치하기도 했다.

중세기의 목회자 상이 지배자로 인식된 배후에는 플라톤의 이원론 사상이 자리 잡고 있다. 사람들은 성(聖)과 속(俗), 교회와 세상, 사제와 평신도를 엄격하게 구분했다. 성직자를 상층구조에 속하는 거룩한 사람으로 여기며, 일반 신자는 하층구조에 속하는 것으로 보았다. 성직자와 일반 신자 사이의 계급과 신분의 구분을 강조했다. 위-디오니시우스(Pseudo-Dionysious)의 『천계위계론』과 『교회위계론』은 플라톤주의 발상을 교회 안에 끌어들였다. 모든 것이 계급과 서열을 따라 구분되며, 교회도 철저히 계급화 되어야 한다고 가르쳤다.

중세 서방 기독교 세계를 실제적으로 지배한 것은 '베드로의 열쇠'였다. 사람들은 성직자가 하나님에게서 국왕들과 권세자 등을 포함한 모든 평신도들을 다스릴 권한을 위임받은 것으로 생각했다. 감독은 광대한 교구를 맡아 거느리는 시배자, 영주가 되었다.

성직자의 세속 지배권을 강화시킨 것 중의 다른 하나는 사회와 정치의 변화였다. 서방은 침략자들의 말발굽 아래서 오래 동안 수난을 당했다. 종교와 문화의 후진성을 지녔던 침략자들은 피침략자들의 종교—기독교로 개종했다. 그리고 모슬렘의 침략으로 말미암아 서방이 위축되자 귀족 자녀들은 안정의 상징인 수도원을 찾았고, 많은 재산을 기증했다. 영원히 변하지 않는 세계를 동경했던 중세인들은 영원하지 않은 재물과 토지를 영원한 나라를 얻기 위해 바쳤다. 교회는 수도사들이 타인의 죄

---

[28] *On the Priesthood*, i, xvi, 291; iii, xii, 241.
[29] *Possidius, Vita*, 123.

를 대신 참회하는 제도를 만들었다. 저주가 선언된 죄인이라도 수도사들이 그를 위해 대신 집단적으로 참회를 하면 짧은 시일 안에 용서를 받고 '천국에 갈 수 있도록' 했다. 이런 방법으로 용서받은 죄인은 거액의 돈이나 재산을 교회나 수도원에 기증했다.

가난한 농민들은 농토를 교회나 수도원에 바치고 그 대신 보호를 받았다. 외적의 침입으로부터 생명을 안전하게 지킬 수 있는 길은 광활한 영지(領地)를 가진 영주나 교회 또는 수도원의 보호를 받는 것이었다. 수도원에서 생산한 술, 털실, 양곡이 수도원 밖에서 매매되었다. 재물을 확보한 수도원은 엄청난 정치적인 힘을 가지게 되었다. 감독이나 수도원장은 영주처럼 행세했다. 십자군 전쟁 후 교역이 발전하면서 수도원과 교회의 힘은 더욱 막강해졌다. 교회는 이러한 힘을 바탕으로 제국주의적 이상을 실현해 나갔다.

참회고백 제도는 이 시대의 봉사자의 지배권을 강화시켰다. 사제는 주님의 살과 피를 직접 만지고 나누어 줄 수 있는 특권을 가졌다고 하는 자부심을 느끼면서, 성직자가 신자들의 죄에 관한 고백을 듣고 적절한 참회 조치를 명령했다. 신자들의 영적 복지가 전적으로 사제에게 달려 있다고 생각했다. 사람들은 사제가 가진 '베드로의 열쇠'를 두려워했다. 사제 앞에서 비밀을 숨기지 않고 고백해야 했다. 사제가 처방한 벌을 받기 위해 재산을 헌납하거나 기타 적절한 조치를 취해야 했다. 사제는 고해자의 사생활을 면면히 들여다 볼 수 있었다.

성직자의 세속 지배는 우남상탐(Unam Sanctam: One Holy)이라는 칙령에 의해 잘 표현되었다. 1303년에 보니페이스 8세가 내린 이것은 극대화된 세속 권력에 대한 교회권력의 상징이었다. 교황이 세속 일까지도 관여하고 통치하는 권위를 가지고 있다고 하는 선언이다. "유일한 하나의 거룩한 사도적 가톨릭교회 밖에는 구원이 없으며, 죄의 사함도 없다"고 하면서, 교황이 영적 권위와 세상 지배권을 동시에 가졌다고 선포했다. 모든 인간은 교황에게 복종해야 한다는 것이었다. 그 무렵의 봉사자는 행정체계를 통해 관할 교구를 다스리는 세속 지배자였다.

중세기에도 설교 사역은 여전히 중요했다. 설교는 사제나 감독보다 수도사들이 더 많이 했다. 피터 왈도, 프랜시스, 도미니크와 같은 수도사들은 가난한 삶을 살겠다고 선언하고 무보수 노동을 제공하고 다니면서 설교를 했다. 탁발(托鉢) 수도사들은 유럽 전역을 다니면서 복음을 전했다. 가난한 시대에 가난한 사람들에게 어울리는 방법으로 접근했다. 그들의 설교는 열광적인 반응을 불러일으켰다. 한꺼번에 8만 명이 설교를 듣기도 했다.

기롤라모 사보나롤라(Girolamo Savonarola, 1452-1498)는 이 시내의 가장 인기 있는 설교자였다. '중세교회의 세례 요한'이라고 불리는 그는 교회의 부패와 개혁을 촉구하는 설교를 하여 플로렌스 시민들을 영적으로 각성시키고, 목마른 영혼들의 갈증을 해소시켰다. 그의 강해설교는 꿀처럼 감미로웠고, 샘물처럼 시원했다.[30]

중세기의 감독과 사제는 섬김을 받는 사람이었다. 반면에 수도사는 섬김을 받는 자가 아니라 섬기는 사람이었다. 봉사자, 종, 일꾼이라는 신약시대의 목회자 개념은 성직자들이 아니라 수도사들이 유지했다. 성찬예식(미사)과 고백제도와 '천국열쇠'는 중세기 성직주의, 교권주의,

---

[30] Roland Bainton, "On the Ministry in the Middle Ages," *The Ministsry*, 105.

계급주의를 강화시켰다.

6. 종교개혁기와 그 이후: 설교자, 목자, 부흥사

종교개혁은 사물을 수직적으로 보는 눈을 수평적으로 보는 눈으로 바꾸었다. 교회 직분을 계급적인 개념에서 직능 개념으로 보도록 했다. 종교개혁자들은 계급주의와 교권주의가 성경의 가르침에 어긋날 뿐 아니라 교회의 부패를 가져오는 구조악이라고 보았다. 마르틴 루터의 만인사제설은 중세 로마가톨릭교회의 수직적 계급주의를 흔들어 놓았다. 그는 "모든 그리스도인은 참으로 제자들이며, 사무에 관한 일을 제외하고는 그들 사이에 하등의 구별도 없다"고 했다. 사람을 수평적인 눈으로 보게 했다. 성직자와 평신도 사이의 이원론적인 구조를 배격했다. 이러한 맥락에서 개혁교회는 교회 '직임의 동등권'을 강조한다.

종교개혁기의 봉사자는 설교자(Preacher)이며 교사(Teacher)였다. 그들은 목회자의 사명이 말씀의 선포와 성례 거행에 있다고 보았다. 칼빈은 "하나님의 말씀이 위엄 있게 청취되고 성례전이 무시당하지 않는 곳에 교회가 나타난다"[31]고 했다. 프로테스탄트교회의 봉사자들은 자신들을 제사장이며 하나님의 말씀의 봉사자로 여겼다. 모든 신자가 다 설교하고 가르쳐야 하는 것은 아니었다. 섬김, 일꾼, 종의 개념을 전제로 서로 서로를 섬기고 제사장처럼 봉사해야 한다는 것이었다. 칼빈은 교회의 직분을 네 가지로 구분했다. 설교자, 교사, 장로, 집사이다. 목회자의 교사 직능을 강조했다.[32] 그는 사제, 지배자 개념의 목회자 모델과 대조되는, 신약성경이 제시하는 말씀의 봉사자 직능을 회복시켰다.

청교도 시대의 목회자 모델은 목자(Pastor)였다. '목회자'라는 말은 이 시대의 용어이다. 그는 설교사역과 더불어 돌봄(pastoral oversight)의 직무를 수행하는 봉사자였다. 리차드 백스터(Richard Baxter)의 『참 목자상』(The Reformed Pastor)은 청교도 시대의 목회자상을 드러낸다.

19세기의 봉사자 모델은 '설교가'(Pulpiteer)였다. 강단에서 옳고 그름을 따지고 날카롭게 비판하는 사람이었다. 근엄하게 훈계하고 책망하는, 서당의 훈장과 같은 목회자였다.

영적대각성운동이 일어나던 시대의 봉사자 모델은 부흥사(Revivalist)였다. 이 모델은 20세기에도 상당한 인기를 끌었다. '설교 왕'이라고 불리던 영국의 찰스 스펄전 목사는 부흥사 타입의 봉사자였다. 그의 설교를 듣기 위해 수많은 사람들이 몰려들었다. 은혜를 받은 사람들은 간단한 신앙교육과 신학훈련을 받은 후에 각각 부흥사로 활약했다.

텔레비전 설교자(Electric Church Preacher)인 미국의 빌리 그래함, 짐 베이커, 지미 스와가드, 제리 파웰 목사는 부흥사 타입의 봉사자들이다. 그들은 세상적으로 탁월한 교육을 받지 않았다. 그렇지만 부흥사 직무를 잘 수행하여 대중적인 인기를 끌었다.[33]

목회자는 자기가 살고 있는 시대의 문화현장과 정서를 올바로 이해해야 탁월성을 발휘할 수 있다. 현대인은 과거의 세대가 알지 못하던 새로운 문화의 이기(利器)와 구조가 가져다주는 스트레스, 중압감, 불안,

---

[31] 『기독교강요』 4.1.10.
[32] 『기독교강요』 4.3.4.
[33] 최덕성, "목회자 모델의 역사," 『개혁신학과 교회』 3 (1993) 237-277.

초조, 죄악이 주는 스트레스를 받고 살아가고 있다. 하나님의 백성을 위로하고 치료하는 목회자가 되려고 하면 말씀의 봉사자, 교사, 목사의 활동과 더불어 그것을 새로운 시대의 정서에 어울리게 접목해야 한다.

이러한 직무를 성공적으로 감당하자면 자기 시대의 정황을 비평적으로 분석해야 한다. 21세기는 영상시대이다. 텔레비전과 홈페이지가 삶의 중요한 부분을 차지하고 있다. 영상 기기(器機)들은 메시지를 인간의 우편 두뇌로 전달한다. 오늘날은 인구의 이동, 산업화, 도시화가 극심하다. 사람들은 새로운 일터, 새로운 동네로 자주 옮겨 다닌다. '헌팅'이나 '쇼핑' 하듯이 자기 마음에 드는 목회자를 찾아 교회를 선택한다.

21세기의 기독교 신자들은 극장에서 관객을 웃기고 울리는 연기자 같은 설교자를 좋아할 것이다. 코메디언처럼 회중을 웃기는 연기력을 가진 설교자가 한 동안 인기를 끌 것이다. 이야기식 설교, 현대인의 심리, 커뮤니케이션 수단, 정보기술을 이용하며 대중에게 감동을 주는 설교를 하는 목회자가 주목을 받을 것이다. '웃기는 설교'에 식상하여 새로운 형태의 감동적인 설교를 기대하는 시대가 언제쯤 시작될 것인지는 알 수 없다.

14

21세기 목회현장과 창의적 목회

저명한 영국인 설교자 찰스 스펄전이 런던의 메트로폴리탄 터버너클교회의 목사로 사역할 때 주일예배에 2만 3천 명의 성도들이 회집했다. 그러나 75년이 지난 후(1972)의 어느 주일예배에는 87명이 모여 예배를 드렸다. 스펄전은 세상을 떠났고, 런던이라는 도시가 변했는데도 터버너클교회는 급변하는 목회현장에 창의적으로, 역동적으로 대처하지 않은 것이다.

목회자는 그리스도를 대신하여 하나님의 백성을 돌보면서 불변하는 하나님의 말씀을 급변하는 목회현장에 전달하는 사람이다. 21세기의 그리스도의 일군들이 다원화 사회에 적응하고 새로운 가치관, 문화, 정서, 취향을 가진 세대들과 교감을 가지려면 역동적으로 창의적으로 대처해야 한다. 긍정적인 의미의 자기변신을 꾀해야 한다. 새로운 사회구조와 문화와 정서의 변화를 다각적으로 분석하고 숙지하며 그것에 대처해야 한다.

우리 사회는 베이비부머들(Baby Boomers, 1946-1964 출생)이 주도하고 있다. 전 미국 대통령 빌 클린턴과 현 대통령 조지 부시는 베이비부머 세대의 사람들이다. 이들의 가치관과 사고방식은 한 세대 전의 사람들의 그것과는 크게 다르다. 우리 사회는 베이비버스터들(Baby Busters: 1965-1976 출생)이 주도하기 시작했다. 이들은 베이비부머들과 전혀 다른 정서를 가지고 있다. 새 시대는 새로운 정서와 문화에 적응하는 능력을 가진 목회자를 요구한다. 창의성을 가진 목회자가 새 시대를 주도해 나갈 수 있다.

이 글은 고신교단이 주관하는 여름 목회자대학원(고려신학대학원, 1992)에서 발표한 것이다. 새 밀레니엄과 21세기를 앞두고 목회자들이 미래를 예측하고 창의적으로 대처하도록 연구한 것이다. 그때의 예측은 이 글을 편집하는 2005년의 한국교회의 목회현장과 정확히 일치하며 그 예견은 향후 상당기간 유효할 것으로 보인다. 동일한 현상이 한 동안 계속될 것 같으므로 수정하지 않고 그대로 싣는다.

1. 전전(戰前) 시대의 목회자 모델: 훈장

프로테스탄트 선교사가 우리나라에 처음 들어온 것은 1883년이다. 그 뒤로 많은 선교사들이 이 땅에서 선교활동을 펼쳤다. 그러나 초기 약 20년 동안 교회는 그다지 성장하지 않았다. 한국교회가 성장 궤도에 올라선 것은 한국인들이 신학교를 졸업하고 1907년에 일어난 부흥운동의 주체가 되면서 김치와 된장냄새 풍기는 설교를 할 때부터였다. 현장과 교감을 갖는 설교가 선포되면서 교회가 빠르게 성장했다.

한국교회의 신앙성격은 청교도의 생활, 요한 웨슬레의 열정, 칼빈주의 교리가 하나로 묶여져 형성되었다. 한국의 감리교회나 침례교회도 신학은 개혁주의 성향을 보이고 있고, 교회정치도 장로교 원리를 따르는 경우가 있다. 침례교회가 '장로'를 선출하여 세우고 감리교회가 '이단재판'을 하는 것이 그 예이다.

제2차 세계대전이 끝나기 전후의 우리나라의 목회자 모델은 주기철 목사와 같은 훈장(訓長) 타입의 사람이었다. 주기철은 '일사각오'의 정신으로 진리를 외치며 복음을 수호하다가 목숨을 바쳤다. 두 손으로 성경을 붙들고 강단을 지켰고, 두 발로 부지런히 양떼를 돌아보았다. 그는 민족의 수난시대의 박해받는 사람들의 지팡이였다. 시골 훈장처럼 근엄하게 꾸짖고, 타이르고, 외쳤다. 그 시내가 그러한 훈장 스타일의 목회자를 원했다.

그 무렵의 훈장은 다만 훈장이라는 사실만으로 존경을 받았다. 사람들은 제자가 스승의 그림자도 밟지 않아야 하는 것으로 생각했다. 목사는 성경, 신조, 교리 등의 상당한 지식을 가지고 교회를 지도하는 교사, 말씀의 봉사자라는 사실만으로 존경을 받았다. 이러한 목사 모델은 종교개혁기와 이어진 정통주의 시대의 목사 모델과 동일하다.

종교개혁자들은 목사의 주된 임무가 하나님의 말씀을 설교하고 가르치는 것이라고 생각했다. 그들은 목회자를 '교사'와 '말씀의 종'으로 보았다. '오직 말씀'과 '성경대로'라는 개혁교회의 원리를 강조하면서 '십자가에 모든 것의 해결의 열쇠가 있다' 는 것을 강조했다. 이러한 모델은 18세기까지도 인기가 있었다. 목사는 성경지식과 교회로부터 권위를 부여받은 선생(Master)이었다.[1] 그 시대의 신학교육의 목적은 말씀을 잘 가르치는 선생을 양성하는 것이었다. 칼빈이 세운 제네바 아카데미는 지적 훈련을 받은 학식 있는 교사―훈장을 양성하는 학교였다. 유태교의 랍비와 같은 위상을 지닌 '교회의 교사' 를 배출했다.

교회의 교사를 양성하던 신학교육이 그 시대에 호소력을 가질 수 있었던 것은 그 사회가 그러한 사역자를 요구했기 때문이다. 학식 있는 '선생' 은 어느 곳에서나 존경을 받았다. 성경과 신학지식이 많은 사람을 '경건한 자' 로 여겨지기까지 했다. 목사의 권위는 다음 두 가지에 바탕을 두고 있었다. 첫째는 그가 배운 성경과 신학지식이며, 둘째는 그가 속한 교회이다. 교회는 그를 말씀의 사역자로 세워 가르치고 설교하도록 위임했다. 교인들은 목사가 가르침에 다만 그가 선생이라는 이유만으로 무조건 청종했다.

독일교회와 영국교회는 국가교회(State Church)이다. 국가교회 체제의 목사는 동장이나 구청장처럼 자기의 교구를 맡아 주어진 과업들을 수행하는 국가 공무원이나 교사와 비슷하다. 교회의 경상비와 목회자의 생활비는 국가가 지불한다. 종교세를 내면 십일조나 기타 헌금을 바치지 않아도 된다. 목회자가 헌금이나 십일조를 강조할 필요도 없다.

이러한 목회상황에서는 미국이나 한국 등 자유 교회, 교파주의 체제에서 발견되는 교회들 사이의 긴장이 없다. 교인 쟁탈을 하는 것 같은 갈등도 없다. 목사의 설교가 시원치 않다고 불평하거나 시비를 거는 사람도 없다. 주일예배 회집 인원을 가지고 목사의 목회 역량을 평가하지도 않는다. 목사와 장로 사이에 긴장이 없다. 목회자는 여름이나 겨울에 한 달 간 가족과 더불어 유람지에서 휴가를 즐길 수 있다. 노후 대책과 사회복지 제도의 혜택을 받는다. 교사처럼 일하기만 하면 된다. 그러한 지역의 목회자 모델이 한국교회의 상황에 맞을 까닭이 없다.

2. 20세기 말의 목회현장의 변화

베이비부머 시대가 시작되면서 세상은 크게 달라졌다. 여러 가지 변화 가운데도 다음 몇 가지는 유별스런 것들이다. 첫째, 반(反)권위, 탈(脫)권위 현상이다. 이성의 자율성, 비평적 사고, 과학의 발달에 기초한 새로운 사조가 등장하면서 전통적이고 맹목적인 권위가 도전을 받고 있다. 권위가 권위로 여겨지지 않는다. 젊은 세대는 반항적인 태도를 보이고, 기존 사고방식에 불손하고도 어울리지 않는 질문들을 던진다. 엉뚱한 질문들을 하고 엉뚱한 생각을 한다. 이러한 사고의 바탕에는 상대주의와 주관주의가 자리 잡고 있다. 20세기 말에 등장한 탈구조주의는 이러한 흐름의 총아이다. 염세적인 사상으로 교육을 받은 현대인들은 목사로 세움을 받았다는 사실만으로는 그의 권위를 인정하지 않는다. 이들의 반항적이

---

[1] Joseph C. Hough, Jr. and John B. Cobb, Jr. *Christian Identity and Theological Education* (Atlanta GA: Scholars Press, 1985), 6.

고 엉뚱한 태도를 악마적이라고 하거나 불손한 것으로 보는 목회자는 그들과 대화를 할 수 없다.

둘째, 빈번한 이동(Mobilization)이다. 산업화와 도시화는 인구의 이동을 잦게 만들었다. 이 도시에서 저 도시로, 이 집에서 저 집으로, 이 직장에서 저 직장으로, 심지어 이 결혼관계에서 저 결혼관계로 쉽게 이동한다.

빈번한 이동은 전통적인 사회구조와 가치관을 바꾸어 놓는다. 한 교회에 등록하여 일평생 그 교회의 교인으로 남아있는 것을 미덕으로 삼는 시대에서 교회를 일정기간 체류하는 휴게소로 생각하는 시대로 바뀌고 있다. 교회는 나그네들을 위한 임시 안식처가 되고 있다. 한 동안 교인이었다가 다른 도시로 옮겨 가버린다. 산업화된 사회에서는 전원적인 농경문화에 어울리는 목회모델이 실효를 거둘 수 없다.

셋째, 선택의 다원화이다. 자기의 취미와 기호에 따라 필요한 것을 선택하는 시대가 되었다. 한 세대 전에만 해도 미국에는 세 개의 방송국이 있었으나 지금은 110개의 채널이 생겨 선별적으로 시청할 수 있게 되었다. 우리나라도 마찬가지이다. 다양한 텔레비전 채널이 우리의 호기심을 끈다. 종교서적도 홍수처럼 쏟아져 나오고 있다. 교파주의 체제는 종교의 자유를 보장하는 대신에 이동이 잦은 교인들이 쉽게 교회를 옮겨 다닐 수 있게 만들었다. 선택의 자유가 주어진 것이다. 타종교를 선택할 수 있는 기회도 커졌다. 이 교파에서 저 교파로, 심지어 이 종교에서 저 종교로 옮겨 다니는 것이 흔한 시대가 되었다.

교파주의 체제 아래서는 '학생'이 '훈장'을 선택할 수 있는 자유를 가지고 있다. 자본주의 경제구조에서 목회지는 '자유시장'으로 탈바꿈했다. '자유시장'은 '소비자가 왕'으로 행세하는 곳이다. 그곳에서는 매력 있고 감동을 주는 '상품'을 가진 자가 인기를 끈다. 소비자는 이 '상품'과 저 '상품'을 비교하면서 취사선택한다. 아무리 질이 좋은 재료를 가지고 있어도 상품화하지 않는 것은 소비자 관심 밖에 있게 된다. 이 '자유시장'에서는 가시적인 위력을 발휘하거나 신통력이나 탁월성을 발휘하는 '훈장'만이 사람들을 모을 수 있다. 새로운 변화에 민감하고 소비자의 기호를 정확하게 분석하고 대처하는 '훈장'만이 경쟁에서 살아남을 수 있다.

우리의 목회지는 '자유시장'이 되고 있고, 교회건설은 시장논리로 탈바꿈하고 있다. 빈익빈 부익부 현상이 생기고 있다. 사람들이 기득권을 가진 큰 교회로 몰리고 있다. '자유시장' 체제 아래서 '서당'을 기업화하여 개인의 실리를 채우는 사람이 있듯이, 교회를 기업화하여 사람을 모으는 사람들도 있다.

'자유시장'에서는 '훈장'이라는 이유만으로 그의 말에 무조건 청종해야 한다는 논리가 먹혀들지 않는다. 이 시대의 변화에 창조적으로, 역동적으로 대처한 사람들은 부흥사 스타일의 목사들이다. 매력 있는 연기를 하는 설교자들이 인기를 끌었다. 이 시대의 봉사자는 설교가-부흥사 모델이다.

대형교회의 목사들은 대부분 부흥사 스타일의 설교자들이다. 그들은 '소비자들'의 호감을 끄는 기술을 지니고 있었다. 질 좋은 자료를 목회 현장의 기호에 맞게 상품화했다. 좋은 자료를 갖기 위해 노력하고, 현장에 어울리고 매력 있는 상품으로 만들기 위해 투자하고, 연구하고, 배우고, 땀을 흘렸다.

그 결과로 '소비자들'은 인기 있는 목회자의 교회로 몰려들었다. 대형 교회들이 등장했다. 이 현상은 미국, 한국, 싱가포르에서 똑같이 나타나고 있다. 이러한 역량을 가진 목사가 교회를 사면하고 다른 도시로 떠나면 교인들은 새로운 '상품'을 찾아 다른 '시장'을 찾아 나선다. 어느 교회는 1천 3백 명 가량의 성도들이 모였는데 담임 목사가 떠나자 두 달 만에 7백 명으로 줄었다고 한다. 6백 명이 새로운 '상품'을 찾아 떠난 것이다.

자유시장과 소비자가 왕이라는 개념을 바탕으로 하는 이러한 현상은 갈수록 심해지고 있다. 시대의 변화에 민감하게 대처하지 못하는 교회는 변두리나 길바닥에 진을 칠 수밖에 없게 되었다. 훈장은 '질 좋은 상품이 여기 있다, 알아 달라'고 고함을 지른다. 그러나 사람들의 호감을 끌지 못한다. 질 좋은 재료를 가지지 못했거나 그것을 현대인의 기호에 알맞게 상품화하지 못했기 때문이다.

훈장(訓長)처럼 위압적으로 설교를 하는 목사는 신식 교육을 받고 자란 전후 세대 사람들에게 호소력을 갖지 못한다. 오늘날의 젊은이들은 새로운 방식의 생각과 정서를 가지고 있다. 영상매체와 더불어 자란 사람들에게 '훈계'를 하면 마치 외국어 강의를 듣는 것과 같은 표정을 짓는다. 서양인을 앉혀 놓고 한국말로 '공자 왈 맹자 왈' 하는 것과 같다. 꾸짖고, 고함지르고, 경책하는 설교자는 '먹혀들지' 않는다. 그런 스타일의 목회자는 인간관계의 끈으로 사람들을 묶어놓거나 기존 정서에 익숙한 소수의 사람들만 따르게 된다. 전통적 권위가 불신당하고 인구이동, 산업화, 도시화가 극심한 곳, 선택의 자유가 주어진 '자유시장'에는 훈장이 설 자리가 없다. 이러한 현상은 수도권이 지방보다 더 심하기 마련이다.

3. 새 천년기, 21세기 목회현장

베이비버스터들(Baby Busters, 1965-1976 출생)이 활약하기 시작한 21세기는 앞에서 지적한 20세기 말의 현상들이 더욱 가속화 되고 있다. 시장 경쟁력을 핵으로 하는 자본주의 경제구조, 종교의 자유, 교파주의, 목회 경쟁, 선택의 다양성, 잦은 이동 그리고 전통적 권위의 와해 현상은 더욱 가속화되고 있다. 가진 자는 더 갖게 될 것이고 가지지 못한 사람은 있는 것도 빼앗기게 될 처지이다. 건전한 교리의 토대에서 시대의 변화에 민감히 대처하고 새로운 시대의 필요와 정서에 부응하는 '상품'을 가진 교회가 사람들의 관심을 끌 수 있다.

전후 세대의 젊은이들은 가난을 모른다. 필요한 것을 대부분 충족시키며 성장했다. 부요한 삶을 누리는 것을 응당 그럴 권리가 있는 것으로 여긴다. 절약정신이 없다. 돈이 없으면 빌려서라도, 신용카드를 사용해서라도 즐기려고 한다. 이웃의 어려움이나 사회 관습이나 전통에 대해서는 그다지 관심이 없다. 철저히 개인주의적이다. 이렇게 자란 사람들은 교파나 교단의 벽을 그다지 중요하게 생각하지 않는다. 자기들의 필요를 채워주는 교회를 찾아간다.

새 시대는 가정 중심의 삶(Cocooning)이 더욱 강화될 것이다.

집으로 배달되는 피자를 먹으면서 비디오로 영화를 감상하는 핵가족 시대가 펼쳐질 것이다. 일요일이 되면 식구들이 함께 외출하고 교외로 여행을 즐길 것이다. 주일예배에 모이는 사람이 줄어들고, 저녁예배 회집은 더욱 어려워질 것이다. 가족 중심의 생활을 소중하게 여기고 침해당하기를 원치 않을 것이다.

새 시대는 기술과 정보가 매우 중요하게 여겨질 것이다. 이메일은 생활 패턴을 바꾸어 놓았다. 이메일 양이 엄청나게 많고, 물건을 이메일이나 전화로 주문하고 배달받을 것이다. 텔레비전으로 매일, 매시간 설교를 들을 수 있다. 주일이면 자동차를 몰고 가족과 함께 야외로 가는 사람들이 많을 것이다. 시시한 설교, 시시한 책, 시시한 영화에는 관심을 갖지 않을 것이다. 명쾌하고 신선하고 자극적인 설교를 좋아할 것이다.

탈권위주의 시대에는 이혼율은 더욱 높아질 것이다. 교회 안에서 이혼을 했는가 물어보는 것은 더욱 어려워 질 것이다. 남성이 여성에 대해 큰소리 칠 수 있다고 생각하는 사람은 조롱을 받게 될 것이다. 여성들의 목소리가 높아지고, 여성들의 사회 진출이 더욱 강화될 것이다. 경제적인 필요를 위해서만이 아니라 전문 직종을 살려 남성과 동등한 경쟁을 하려는 여성들이 많아질 것이다. 미국 여성 55%가 직장에서 일하고 있다. 한국에서도 가정 밖에서 일하는 여성이 증가하고 있다. 교회 안의 여성의 위치와 목소리가 커질 것이다. 진보주의계 교단에서는 여자목사가 대거 등장할 것이다.

우리가 이러한 변화를 역겹게 생각하고 아성을 쌓고 거북이처럼 웅크려든다면 도태되고 말 것이다. '자유시장'에서 목회경쟁은 더욱 치열해질 것이다. 그 밖에도 산업의 확장, 세계의 지구촌화, 경제 불럭의 다극화, 산업구조의 대변혁, 정치적·사회적 발전, 과학의 발달, 정보의 신속화, 지식의 팽창, 교육수준의 향상, 논리적 사고의 발달, 물질적인 풍요 속에서 느끼는 상대적 빈곤감, 비인간화에 대한 반감, 허무주의 사고의 증가, 종교다원주의, 포스트모더니즘, 탈구조주의 등은 그것에 따르는 인간심성과 심리를 광범위하고도 정확하게 이해하고 교감할 수 있는 목회자를 요구할 것이다.

4. 현대감각을 지닌 목회자

1) 수평적 사고

새 천년기, 21세기 정서에 어울리는 목회자가 되려고 하면 먼저 사물을 보는 눈을 바꾸어야 한다. 수직적 구조에서 수평적 구조로 전환해야 한다. 21세기 사람들은 사람을 유교 계급의식이나 중세기적 권위주의 태도로 대하지 않는다. 전후 세대는 그 이전의 어느 시대보다 합리적이며 민주적인 교육을 받고 자랐다. 사물을 수평관계로 파악하는 훈련을 받고 있다. 연장자 앞에서도 당당하고, 자기 의사를 주저하지 않고 말한다. 진솔하게, 때로는 거칠게 표현한다. 부모에게조차 무조건 순종하는 것을 거부한다. 각자의 견해와 각자 맡은 일을 중요하게 여긴다.

수직적 사고구조를 가진 목사는 신세대 젊은이들을 버릇없는 아이로 여겨 거부감을 느낄 것이다. 그러나 젊은 세대 편에서 보면 그들이 그러한 목회자에게 적응하기 어렵다. 획일적이며 교조적인 권위와 질서에 대한 복종을 싫어하여 다른 교회로 옮겨 갈 것이다. '자유시장'에는 선택의 다양성이 주어져 있다. 수직적 사고는 교회를 경직시킨다. 예배 분위기를 침통하게 만든다. 젊은이들은 무겁고 어둡고 경직된 분위기에 눌려 교회를 방문했다가도 돌아서버릴 것이다.

중세교회는 사람을 수직 구조로 파악했다. 앞서 지적했듯이 종교개혁자들이 개혁한 것 가운데 하나는 사물을 보는 눈이다. 교회직분을 수평적인 눈으로 보도록 바꾼 것이다. 그리스도께서 각각의 직능과 역할을 통해 하나님을 섬기고 교회를 이루기 원한다고 보았다. 집사, 장로, 목사를 포함한 교회 안의 직분들 사이에는 서열이나 계급 아니라 직능의 차이가 있을 뿐이다. 모두가 왕 같은 제사장이며 동역자들이다. 각 직분은 그리스도의 교회를 함께 세우는 동등한 중요성을 가진다고 생각했다.

계급의식, 서열의식은 교회운영과 예배의 경직성으로 연결된다. 사람들을 웅크려들게 한다. 예배자들로 하여금 장례식에 참여한 사람들처럼 침통하게 만든다. '목사'라는 칭호보다 '당회장'이라는 칭호를 더 좋아하는 것도 서열의식에서 나온 것이다. 교회는 살아 있는 유기체이다. 직분을 효과적으로 수행하자면 각 직분들 사이에 상호협동과 질서가 있어야 한다. 서로 다른 직능을 가진 직분자들의 조화, 질서, 협동으로 그리스도의 교회를 세워야 한다.

21세기는 목회의 다양성을 요구할 것이다. 전문화되고 다원화된 세상에서 한 사람이 모든 역할을 다 감당하기는 어렵다. 새 세기에는 분야별 전문가들로 구성된 팀 목회가 이루어질 것이다. 팀은 선지자 직능(Preacher, Teacher, Revivalist), 제사장 직능 (Pastor, Minister, Therapist). 왕 직능(Manager, Director. Administrator)으로 구분될 것이다. 교회의 업무는 당회를 중심으로 하는 팀웍(Team Work)으로 수행될 것이고, 담임목사는 팀장 구실을 하게 될 것이다.

수평적 구조에 바탕을 둔 교회 운영이 이루어지면 수직적, 서열식 발상을 가진 사람은 불화의 요인으로 남게 될 것이다. 변화하는 시대에 걸 맞는 목회를 하려면 제도개혁에 앞서 교회 봉사자들의 의식을 개혁하는 것이 필요하다.

2) 문화적 탁월성

어느 교회는 70년대 초에 새 교회당을 건축했다. 사방에서 교회를 바라볼 수 있도록 교회당을 동산 언덕 위에 세웠다. 자동차로 올라갈 수 있는 곳이 아니었다. 자동차가 오늘날처럼 많지 않았을 때였다. 사람들은 동산에 올라가기 힘들어 그 아래에 있는 다른 교회로 몰려갔다. 동산 아래에 있는 그 교회는 발전했으나 동산 위에 있는 교회는 발전하지 않았다. 그 교회가 발전하지 못한 것은 자동차 시대의 사람들의 의식과 생활의 패턴을 예측하지 못했기 때문이다.

1980년대 초, 도심에 위치한 어느 큰 교회는 새 교회당을 건축하면서 교회당을 격에 어울리지 않을 정도로 크게 지었다. 그러면서 주차장을 마련하지 않았다. 주차장은 사치스런 것이라고 생각하는 사람들이 반대했던 것이다. 자동차 시대가 올 것을 내다보지 못했다.

21세기 신자들은 교파를 그다지 중요하게 생각하지 않을 것이다. 할아버지·할머니의 교파나 교단의 교회보다 편리한 위치에 있는 생동감이 있는 교회, 화평스런 공동체, 말씀이 살아있는 강단, 활기가 넘치는 예배를 드리는 교회를 선택하게 될 것이다. 특정 교파나 교단보다 특정 교회와 특정 목사에게 더 매력을 느낄 것이다. 교단을 유지비가 많이 드는 골동품 정도로 여길 것이다. 따라서 이러한 변화에 적응하려는 부단한 노력을 하지 않는 교회는 쇠퇴하게 될 것이다.

교회성장의 관건은 목사가 어떤 능력을 가졌으며, 교회가 얼마나 매력적인 프로그램을 가지고 교인들의 필요를 채워주는가 하는 것이 될 것이다. 이 교회 저 교회를 기웃거리는 사람들, 예배시간에만 출석하는 교인들이 많아질 것이다. 안정성을 가지고 영적인 욕구를 만족시켜 주는 목회와 활기차고 신선한 예배와 감동적인 설교가 있는 교회를 선택하게 할 것이다.

21세기에는 교회가 점점 더 대형화될 것이다. 교회당을 임대하여 사용하는 작은 교회는 점차 줄어들 것이다. 동네 목욕탕 수가 줄어들고 24시간 문을 여는 사우나 방이 성업을 하듯이, '풀 서비스'를 제공하는 대형 매장이나 편의점이 인기 있는 것처럼, 주일만이 아니라 주중 내내 '서비스'를 제공하는 교회에 사람이 모여들 것이다.

　교인들은 좋은 시설과 프로그램을 갖춘 교회를 선호할 것이다. 작은 교회보다는 시설이 좋은 큰 교회에서 예배를 드리는 것을 편안하다고 생각할 것이다. 신선한 음악 프로그램, 청소년 프로그램, 체육시설, 충분한 주차장, 영아부 시설, 유치원, 청년부 교육시설, 훌륭한 성가대, 편리한 시간에 예배를 드릴 수 있게 하는 다부제 예배, 월요일부터 토요일까지 진행되는 다양한 프로그램이 있는 교회를 찾을 것이다. 단일 음식이 아니라 다양한 음식을 제공하는 뷔페식당처럼 다양한 것을 제공하고 교인들이 취사선택 하도록 하는 교회가 발전할 것이다.

　새 시대에도 특별한 카리스마를 가진 목사가 인기를 끌 것이지만, 그러한 목사의 수는 많지 않을 것이다. 팀웍을 하는 목사가 탁월성을 드러낼 것이고, 팀웍으로 결속된 교회가 성장할 것이다. 상담전문, 청소년전문, 독신자, 노인복지, 제자훈련, 전도, 음악, 청지기훈련, 심방, 행정 등 각 분야의 전문가들이 팀웍을 이루게 될 것이다.

　교회는 많은 상품들을 진열해 놓고 필요에 따라 편리하게 물건을 제공하는 백화점 처럼 여러 분야의 전문가들로 구성된 목사단을 갖출 때 사람들의 호감을 갖게 될 것이다. 구성원들의 필요를 다각적으로 충족시켜 주는 교회가 발전할 것이다. 교인들은 자기들의 필요를 채워주는 교회를 우선적으로 선택할 것이다. 선택의 다양성을 제공하는 교회가 성장의 우선권을 쥘 것이다.

3) 영상 설교

베이비부머와 베이비버스트 시대에 출생한 사람들은 텔레비전과 더불어 살아왔다. 영국의 성인이 텔레비전을 보는 시간은 일주간에 16-18시간 정도이다. 이것을 일생 평균 시간으로 계산하면 8년을 밤낮 꼬박 텔레비전 앞에서 보내는 것과 같다. 1970년과 1971년의 조사에 따르면 미국 성인은 일주일에 평균 23.3시간을 텔레비전 앞에서 보낸다고 한다. 지금 조사를 해 보아도 비슷한 결과가 나올 것이다.

21세기의 목회자는 텔레비전과 경쟁을 하지 않으면 안 된다. 텔레비전은 모든 것을 영상화한다. 영상은 우뇌(右腦)를 움직인다. 우뇌와 좌뇌는 기능이 다르다. 좌뇌는 학습기억에 해당하는 언어, 논리, 수리, 추론에 관련된 활동을 한다. 우뇌는 생활기억에 해당하는 시각, 청각 활동을 한다. 우뇌는 직관적이고 전체적이며, 시간, 공간개념에 따라 움직인다. 사랑하는 사람 앞에서는 우뇌가 움직이고, 논술시험을 치를 때는 좌뇌가 움직인다. 일반 대중은 우뇌가 발달되어 있다. 논리적인 사고력을 발휘하는 사람들은 좌뇌가 발달되어 있다.

좌뇌형 사람도 우뇌형 활동을 좋아한다. 우뇌 활동이 모든 사람들에게 편안함을 제공하기 때문이다. 좌뇌형 사람은 교회에서 좌뇌를 사용하는 것보다 우뇌를 사용하는 활동을 더 좋아한다. 설교를 들으면서도 편안함을 원한다.

텔레비전을 보면서 우뇌를 발달시켜 온 오늘날의 사람들은 논리적이고 교리적인 설교, 좌뇌로 수용해야 하는 딱딱한 설교에 흥미를 잃는다. 텔레비전은 만사를 드라마화 하고, 감각적이고, 시각적으로 접근한다. 어릴 때부터 텔레비전을 보면서 많은 시간을 보내면서 자란 사람들이 교리적이고 논설적인 설교에 흥미를 가질 리 없다. 인내력을 연단하는 것 이상의 의미를 가질 수 없다.

텔레비전의 특성은 시청자가 언제든지 스위치를 내릴 수 있다는 것이다. 화면에 대통령이 나와 연설을 해도 자신이 싫거나 이해관계가 없는 내용일 경우에는 일방적으로 스위치를 꺼버릴 수 있다. 스크린에 익숙한 현대인들은 목사의 설교가 흥미롭지 않으면 주저하지 않고 마음의 스위치를 꺼버린다. 눈은 떠 있으나 마음을 졸기 시작한다. 설교가 시작되면 3분을 지나지 않아 스위치를 끈다. 무디고, 단조롭고, 지루한 설교일 경우 1분도 걸리지 않는다. 그렇게 되면 설교는 허공을 치는 메아리가 되고 만다.

설교자가 텔레비전과 경쟁을 하려면 텔레비전의 다양성, 칼라, 예화, 유모어, 빠른 움직임, 영상화 방법을 고려해야 한다. 설교의 내용을 바꾸라는 말이 아니다. 신앙고백이나 교리를 소홀히 하라는 뜻이 아니다. 성경적인 메시지를 전하지만 현대인의 호감을 가질 수 있는 방법으로 설교를 해야 한다는 것이다. 보화를 담는 그릇은 언제든지 바꿀 수 있다.

교회가 성장하려면 현대인과 호흡할 수 있는 스타일로 설교를 하는 것이 필요하다. 회중이 설교를 들으면서 설교자가 인도하는 세계로 여행을 하고, 신선한 경험을 하고, 새로운 세계의 냄새·색깔·모양·부피를 감지하고 호흡해야 한다. 영상화된 설교, 역동적인 설교, 활기 찬 설교가 사람들의 호감을 끌 것이다.

4) 탁월한 호소력

수평적 사고구조를 지닌 세대는 일방적인 설교를 싫어한다. 훈장 타입의 설교자는 큰 목소리로 설교하면서 제스처를 많이 쓴다. 웅변조로 설교를 한다. 젊은이들은 이러한 설교에 정서적으로 거부반응을 일으킨다. 대부분의 사람들은 옳다고 하여 행동하는 것이 아니라 마음에 와 닿을 때 행동한다.

이야기식 설교(Narrative Preaching)가 메시지를 사람들의 마음에 쉽게 전달한다. 친구가 서로 마주보고 대화를 하는 것과 같은 방법의 설교는 기억장치에 메시지가 오랫동안 간직되게 한다. 대화체·이야기체 설교는 우뇌를 움직이게 하는 방식이다. 일상적인 경험이나 소박한 예화도 이야기체 설교의 중요한 부분이다.

설교자는 성경 본문에 관해(about) 설교하는 것이 아니라 본문으로부터(from) 설교해야 한다. 본문의 의도와 메시지를 파악하여 현대인이 관심을 가질 수 있는 전달방법으로 흥미롭게 전해야 한다.

전후 세대(Baby Boomer)와 그들의 자녀 세대(Baby Buster)의 채널에 맞추어 전달해야 교감을 가지는 설교가 될 수 있다.

청중과 교감이 이루어지는 설교를 하자면 회중의 필요를 파악하고, 그들의 정서와 관심이 무엇인가를 알아야 한다. 서양인에게는 치즈와 버터를 곁들인 설교가 호소력을 가질 수 있다. 그러나 한국인에게는 된장과 김치 맛을 곁들여야 한다. 한국인의 식탁에 올려진 치즈와 버터는 호감을 줄 수 없다.

친구의 심정을 가진 간절한 호소, 자연스러운 접근, 대화하는 것과 같은 외침, 아버지의 마음으로 위로하고 권하고 때로는 책망하는 설교가 호소력을 가질 수 있다(고전4:14, 살전2:7,11). 상담자·증인·종·아버지의 태도로 호소하는 설교가 먹혀든다. 즐거움을 주는 설교, 재미있는 설교가 환영을 받는다. 딱딱한 논리체 설교는 흥미를 일으키지 못한다.

회중 중심으로 목회를 하고 인기 위주로 설교를 하다 보면 자칫 교리·신학·고백을 소홀히 하기 쉽다. 설교자는 진리에 충실한 설교를 하면서도 현대인들이 흥미를 가지고 들을 수 있는 방법을 계발해야 한다.

21세기에는 '이것은 해야 한다,' '저것은 하지 않아야 한다'는 식의 설교는 호소력을 가질 수 없다. 현대인은 개인적이며, 실리적이다. 타당성을 중요하게 여긴다. 명령하거나 지시하는 것보다는 선택의 여지를 주면서 성경적인 대안을 제시하고 청중이 스스로 수납하고 결정하도록 호소할 때 감동을 줄 수 있다.

새 시대의 젊은이들은 은유 방법의 설교를 좋아한다. 꾸짖는 스타일보다는 간접적으로 설득하는 방법을 선호한다. 무엇을 행하지 말라, 왜 그렇게 하지 않아야 하는가를 따지는 설교보다는 자신이 누구인가를 알게 하고 스스로 깨닫게 하는 방법을 원한다. 그러므로 하나님의 심판과 회개를 촉구하는 것도 사랑과 은혜의 콘텍스트에서 해야 한다.

21세기 사람들은 밝고 긍정적이며 희망을 주는 설교를 원할 것이다. 개인주의 시대의 삶은 산업화되고 도시화된 사회구조 속에서 막심한 부정적 발상과 태도와 습관의 영향을 받고 있다. 삶의 현장에서 상처받고 깨어진 심령들에게 위로를 줄 수 있는, 희망이 넘치고 치유를 가져다주며 사물을 긍정적으로 보게 하는 설교가 젊은이들의 심장에 파고들 것이다.

5. 소비자가 왕인 세상에서

임진왜란이 일어나기 전, 조선왕국은 두 사람의 고급 관리를 일본에 파견하여 일본이 조선을 침략할 것인가 아닌가를 파악하여 보고하도록 했다. 그 가운데 한 사람은 '일본이 틀림없이 침략할 것이다'고 보고했다. 초유사 김성일은 '절대로 침략하지 않을 것이다'고 보고했다. 전쟁이 일어난 뒤 임금이 김성일을 불러 문책하자 그는 침략 기운을 감지했지만 두 사람 다 그러한 사실을 보고하면 백성이 전쟁을 하기도 전에 동요하여 나라가 어지러워 질 것으로 생각하여 사실과 다르게 보고했노라고 말했다.

조선정부는 상반된 두 보고를 접하고 '일본은 침략하지 않는다'고 결정했다. 백성들이 전쟁이 임박했다는 것을 알고서 걱정하자 관리들은 '우리 임금님께서 일본이 침략하지 않는다고 결정했기 때문에 일본은 절대로 침략하지 않을 것이다'는 말로 백성들을 나무랐다. 일본이 침략하거나 하지 않는 것은 조선 임금의 마음이나 조선 정부의 결정에 달린 것이 아닌데도 말이다.

필자가 이 글(서론과 결론 제외)을 발표했을 때 어느 신학교수는 '자유시장'과 '백화점' 개념이 개혁교회관에 부합되지 않는다고 비판했다. 비판을 한다는 것은 그만큼 관심을 가져준다는 뜻이지만, "개혁주의 신학자인지 의문스럽다"고 하는 말을 퍼뜨리고 다니기로 했다.

그렇다. '자유시장'과 '백화점' 개념의 교회성장 원리는 개혁주의 교회관에 일치하지 않는다. 필자는 '자유시장'과 '백화점' 개념이 개혁주의적인가 성경적인가를 말하는 것이 아니라 우리의 목회 현장이 그렇게 변할 것을 예견했고, 그러한 변화에 부응하는 목회 방법을 개발하자고 했다.

필자가 예견한 21세기 목회현장이 개혁교회관과 일치하지 않는다고 비판하는 사람들은 일본이 침략의 깃발을 들고 달려오고 있는데도 '우리 임금님께서 일본이 침략하지 않는다고 결정했기 때문에 일본은 절대로 침략해 오지 않을 것이다'고 말하는 것과 같다. 논점일탈의 오류, 범주착각의 오류이다. 목회현장을 이해하지 못하는 신학자, 화석화 된 발상을 가진 신학교수는 교회에 유익을 주는 것이 아니라 오히려 교회의 발전을 가로막을 수 있다.

세상은 개혁주의 신학자가 원하는 대로 변하지 않는다. 목회현장의 변화는 우리가 그것을 거부한다고 중단되는 것은 아니다. 우리가 어떻게 생각하는가 또는 개혁주의 교회건설 원리가 무엇인가 하는 것과는 무관하게 진행되고 있다. 교회는 무인도(無人島)에 있지 않다. 목사는 한 손에 성경을, 다른 손에는 신문을 들고 변화하는 시대의 사람들 속으로 파고들지 않으면 안 된다. 시대의 정서를 이해하고, 그 요구에 부응하는 적응력을 가져야 한다.

　소비자가 왕인 시대에서는 본문해석이 적용을 지배하기보다는 오히려 적용이 본문해석을 지배하는 경향이 있다. 현대인들은 자기 중심적이고, 필요성 중심으로 훈련을 받았다. 목회자의 고민은 그들의 신앙과 삶을 어떻게 하나님께서 원하는 신앙형태로 바꾸어 놓을 것인가 하는 점이다.

　창의적인 목회자는 시대정신과 교감을 가지면서 자기 계발과 긍정적인 의미의 자기변신을 꾀한다. 변화를 직시하고, 예견하며, 치밀하게 계획하고 목회현장에 창의적으로 대응한다. 그러나 그 어떤 경우에도 성경에 바탕을 둔 교리와 신앙고백과 진리전파를 등한히 하지 않는다. 위로, 평안, 화목, 축복, 사랑만이 아니라 삼위일체 하나님, 그리스도의 신인양성, 성경이 제시하는 중추 교리들, 신론, 인간론, 기독론, 구원론, 교회론, 종말론, 문화와 사회에 대한 교회의 책임, 윤리 등 명백한 진리를 가르치고 설교한다.

15

불타는 전도자와 교회 개척

― 하늘 아래 가장 효과적인 전도방법 ―

 개혁주의 전통을 따르는 교회들과 복음주의 교회들은 교회의 일차적인 사명이 하나님의 말씀을 전하는 일—선교와 영혼구원과 교회건설이라고 생각한다. 부지런히 교회를 개척하고 성장시키며 하나님의 나라를 확장하면 그것이 인간변화와 사회개혁과 문화사명 수행으로 연결되는 것으로 본다.
 근년에 이르러 한국교회의 성장이 정지되었다고 한다. 목회자의 수요(需要)에 비해 공급이 과잉이라고 한다. 은퇴할 교역자 수에 비해 졸업할 신학생수가 턱없이 많다고 한다. 목사 실업자가 많고, 신학교 졸업하고 택시운전을 하는 사람도 많다고 한다. "개척교회 시대가 지났다," "교회개척은 99.9% 불가능하다"고 하는 목소리가 높다. 성경은 "곡식은 많은 데 추수할 일군이 적다"고 하는데 한국교회는 일군이 너무 많다고 아우성이다.

 이러한 현실은 필자가 속한 교단에 두 가지 면에서 부정적인 영향을 끼쳤다. 첫째는 신학대학원 입학생 수가 줄어들었다. 고려신학대학원은 어느 해에 180여 명을 졸업시키고 120여 명의 입학생을 선발했다. 목사후보생을 축소조정 했다. 장차 매년 60명 정도만 입학시키자고 하는 목소리도 있다. 둘째는 목사후보생들의 교회 개척 기피현상이다. 교회 개척이 어렵다고 하는 말에 신학생들이 기가 죽고 주눅이 들어 개척 일선에 나설 엄두를 내지 못하는 현상을 보인다. 목회자가 공석인 교회가 생기면 줄서기에 재빠르다.

 여기서 제기되는 질문은 축소 지향적 신학교육 정책이 과연 바람직한가 하는 점이다. 교역자가 너무 많이 배출되면 여러 가지 문제들이 초래될 수 있다. 교회의 위상이 훼손되고, 목사직이 천덕꾸러기 '직업'이 될 수 있다. 교회경영은 자본주의 논리로 움직일 것이다. 그렇게 되면 사회의 눈에 교회와 목회자는 어떤 모습으로 비쳐질까? 천박한 기독교 시대가 시작될 가능성이 크다. 교회는 백수건달들의 집단으로 비쳐질 수 있다.

 그러나 하나님의 생각과 인간의 생각은 하늘과 땅만큼 차이가 있다. 과연 하나님의 일을 수요와 공급이라는 세상의 경영원리로 접근하는 것도 옳은가 하는 것은 따져보아야 한다. 교단의 교역자 양성 정책이 국가가 수요와 공급 차원에서 학교 교사를 양성하는 것과 같아야 할 까닭은 없다. 하나님 나라의 경영원리는 주판알을 퉁기는 식이 아니다. 하나님의 일은 오병이어의 기적 원리로 접근해야 한다. 교회 개척은 하나님의 일이다.

모든 비기독교인들은 하나님의 말씀의 사역자를 필요로 하는 수요자들이다. 불신자가 기독신자보다 훨씬 더 많다. 하나님의 관점에서 보면 수요가 공급보다 훨씬 더 많다. 남북이 통일되면 엄청나게 많은 목회자가 필요하다. 세계 이곳저곳이 복음전도자를 필요로 하고 있다. 중국에는 수천, 수만 명의 복음전도자가 필요하다. 하나님의 나라는 사명감을 가진 사역자 수가 많은 만큼 확대된다. 한국교회가 교역자를 기존 교회의 수요에 필요한 수만큼 배출하는 식으로 접근했다면 한국교회가 현재만큼 성장하기 어려웠을 것이다. 기독교 인구 10% 시대의 수요에 맞추어 공급과 수요 차원에서 교역자를 배출했다면 한국교회가 인구 30% 시대의 교회로 성장할 수 있었겠는가?

　신학생—목사후보생을 턱없이 많이 선발하자는 것은 아니다. 축소지향적인 신학교육 정책이 능사가 아니라는 뜻이다. 우수한 실력과 영력을 가진 사람이라면 훈련시켜 교회를 개척하도록 하는 것이 옳지 않겠는가? "땅 끝까지 이르러 내 증인이 되라"는 명령은 확대 지향적 태도를 가지라는 말이다. 하나님의 나라는 확대 지향적 발상에 의해 발전해 왔다. 확대 지향적으로 나가는 교단과 신학교가 지계(地界)를 넓혀갈 수 있다. 경제한파(IMF)가 일시 찾아왔다고 하여 그것 때문에 주춤하여 현상유지에 연연하는 것은 옳지 않다. 장대한 신학교 시설이 복음전도자 양성에 십분 활용되지 않는 현실이 안타깝다. 이렇게 나가다가는 신학교 건물이 난민수용소, 구제기관, 사회봉사 센터로 전락하지 않을까 우려된다.

*

　신학교 학생 수를 줄이자는 주장은 목사후보생이 과잉 공급되고 졸업생들이 교회 개척에 성공하지 못하고 있다는 것에 근거해 있다. 교회 개척을 했다가 철수하는 경우가 많다고 한다. 개척을 한다지만 두세 명 앉혀 놓고 설교를 하고 있는바 그것도 교회 개척이라고 할 수 있느냐고 비난하기도 한다. 실제로 이런 점을 걱정하지 않을 수 없다. 무작정 교회 개척을 하라고 할 수도 없는 것이 오늘의 현실이다.

그러나 냉철하게 생각해 보자. 교회 개척에 실패한 사람은 어떤 부류의 사람인가? 그 일에 적합하지 않은 방식으로 신학교육을 받은 사람들이다. 교회 개척의 경험이 없는 자들에게서 가르침을 받은 사람들이다. 목회경험조차 없는 사람들에게서 목회교육을 받은 사람들이다. 그런 사람들이 교회 개척 일선에서 실패하는 것은 당연하다.

소수의 실패를 일반화하여 신학도들이 교회 개척에 부정적인 시각을 갖도록 하는 것은 바람직하지 않다. 교회 개척에 성공하는 비율이 실패하는 비율보다 낮다고 하는 것은 '코끼리 다리 만지는 식'의 추론이다. 성공한 교회 개척 용사들이 적지 않다.

고려신학대학원 출신자들이 교회 개척에 성공하는 비율은 다른 신학교 졸업생에 비해 높은 편이다. 이 학교의 교회개척연구소는 고신교단 주소록을 근거로 1993년부터 2002년까지 10년 동안의 노회별 개척교회를 조사한 바 있다. 이 조사에 따르면 개척교회는 총 451개가 시도되었고, 그 가운데에서 282개가 성공하고 169개 교회가 실패했다. 성공률은 62.5%이다. 성공한 교회 가운데 완전 자립의 궤도에 진입한 교회는 절반 이상이다. 어쨌든 성공한 경우가 실패한 경우보다 많다. 신학교육의 장에서 교회 개척에 적합한 훈련을 받은 사람이 했다면 성공비율은 훨씬 높았을 것이다.

수적인 성공만이 성공은 아니다. 작은 규모의 교회를 돌보며 목회를 하는 것도 성공이다. 악조건에서 고군분투한 사람들은 하늘나라에서 더 많은 상급을 받을 것이다.

교회성장이 정지된 시대의 신학교육은 교회 개척을 잘 할 수 있는 인재양성을 강화하는 것이 바람직하다. 당회장, 담임목사 양성에 역점을 신학교육에서 교회개척 목회자 교육을 보완해야 한다. 개척교회 사역자 양성을 고려하여 교과과정을 개편하고 교수를 보충하는 것이 급선무이다. 교회 개척과 전도에 탁월한 인재를 양성해야 한다. 교회를 개척한 경험이 있는 사람이 신학교 강의실에 교회 개척의 열정을 불러일으킬 수 있다. 교회 개척의 경험이 있거나 담임목사로 사역을 해 본 경험이 있는 신학교수가 비로소 강의실에서 무엇을 강조해야 하고, 무엇을 가르쳐야 하고, 무엇에 더 많은 시간을 할애해야 할 것인가를 알고 그런 면에서 현장에 걸 맞는 교육을 시킬 수 있다.

모든 신학교수가 다 교회 개척의 경력을 가질 필요는 없으나 경험을 가진 사람이 교단의 정책과 신학교의 교과과정 설정과 신학생 훈련을 주도하는 것이 바람직하다. 여기에 우리의 현실적인 어려움이 있다. 학문적인 성취를 보이는 사람이 교회 개척에 성공한 경우는 많지 않다. 신학교수는 일반적으로 변화를 싫어한다. 자기 입지가 흔들리는 것을 좋아 하지 않는다. 그런데도 교단 정책과 교과과정 개편에 깊숙이 관여하는 것이 현실이다. 이 경우, 신학교수는 교회발전을 저해하는 요인이 될 수 있다.

하나님 나라를 수요와 공급의 차원에서 접근하는 사람은 대개 교회 개척을 한 번도 해 보지 않은 사람이다. 하나님의 역동적인 임재와 기적을 교회현장에서 경험한 바 없다. 한 사람의 영혼을 그리스도께로 인도해 본 경험이 있는가에 대해서도 의문스러운 사람들이다. 복음전도자들은 교회 개척 일선에서 땀을 흘리고 있다. 만난(萬難)을 헤쳐가면서 눈물로 씨를 뿌리고 있다. 그렇게 해서 교회 개척에 성공한 사람들이 적지 않다. 그 사람들 앞에서 교회 개척을 한 번도 해 보지 않은 사람이 수요와 공급의 차원에서 교역자 수급을 논하며 교회 개척 불가론을 펼치는 것은 격에 어울리지 않는다.

그렇다고 교회 개척에 성공한 사람만이 그것에 대해 논할 수 있는 것은 아니다. 그러나 개척을 해 본 사람의 견해가 더 정확할 수 있다. 경험자의 의견이 신학교육과 교단정책에 전폭적으로 수용되는 장을 만드는 것이 바람직하다.

교회 개척을 한 사람들의 한결같은 주장은 개척 방법을 알고 하면 실패하지 않는다는 말이다. 교회 개척 사역에 성공하려면 개척을 하는 방법을 배워야 한다고 한다. 자전거를 타기 위해서는 먼저 타는 방법을 배워야 한다. 무엇이든지 배우지도 않고 뛰어 드는 것은 무모한 일이다. 신학교 교과목 가운데 '교회 개척'이라는 과목을 개설하여 구체적으로 가르치는 것도 필요하다. 성공사례, 실패요인, 보람이 무엇인가를 배워야 한다.

목사후보생이 교회 개척 사역을 배우는 것보다 먼저 해야 할 것은 신학 기초과정의 수업을 충실하게 받는 일이다. 전문분야에 대한 영적·지적 실력을 갖추어야 한다. 인격적으로도 원만한 사람이어야 한다. 지적, 영적 훈련을 소홀히 하면 교회개척은 실패할 수밖에 없다. 신학일반과 성경공부를 잘 하는 것은 교회 개척에도 성공할 수 있는 바탕을 구축하는 일이다.

*

　자신의 교회 개척 경험담을 아야기 하는 것은 자칫 자기 자랑이 될 수 있고, 나의 경험담을 말하면 나 자신만이 신학교 교수자격이 있다고 하는 말로 들릴까봐 조심스럽지만, 오해를 받는다고 할지라도 말하고 싶은 것이 있다. 필자는 지금까지 여섯 개의 교회를 개척하여 설립했다. 잭슨한인교회, 애쉬빌한인교회, 훼이트빌장로교회, 산돌교회-염광교회, 주님의교회 그리고 천안의 충절로교회이다. 이 교회들은 자립하는 교회로 자랐거나 자라고 있다.

　교회를 개척하면서 다른 교회의 재정지원을 받은 바 없다. 공부를 할 때도 개인이나 교회로부터 도움을 받아본 적이 없다. 맨땅에 말뚝 박고 황무지를 개척하는 식으로 했다. 개척교회 설립지에 주민이 많이 살고 있었기 때문도 아니다. 한국인들이 적은 곳에서 개척했다. 천안의 충절로교회는 마을에서 멀리 떨어진 곳에 세웠다. 교회설립의 의지를 꺾는 많은 어려움을 이겨냈다. 바울이 선교여행을 하면서 교회를 개척한 그러한 방법을 따랐다. 눈물로 씨를 뿌렸다. 배고프고 외로울 때도 있었다. 내일에 대한 불안감에 시달리기도 했다. 그러나 꿋꿋하게 홀로 섰다. 주님만 바라보았다. 믿음이 없이는 교회 개척을 하는 것이 거의 불가능하다는 것을 경험했다.

　교회가 없는 곳에서 개척을 한 경우도 있지만, 마땅한 교회가 없거나 신앙과 일치하는 교회가 없기 때문에 개척한 경우도 있다. 개척교회를 세우고 싶은 간절함이 있었기 때문이다. 복음전도의 열정을 쏟아 내고 싶었기 때문이다.

필자가 개척교회를 세우고 '전임'으로 봉사한 어느 교회는 3년 만에 약 400여 명의 성인 신자들이 회집하는 교회로 성장했다. 수평이동을 한 신자들이 아니라 대부분 처음 복음을 접하고 믿고 구원을 받은 사람들이었다. 두 달 만에 한 번씩 세례식을 거행했다. 구원의 확신을 가진 사람들에게만 세례를 베풀었다. 임대교회당이 좁아 1만 평의 대지 위에 500명이 회집할 수 있는 교회당과 교육관을 건축하고, 자동차 100대 가량 주차할 수 있는 공간을 마련했다. 건축할 재정을 확보해 놓고 시작한 것이 아니었다. 석가래 올리고 돈이 모자라서 중단하면 그것들이 썩고 말 것인데 무리하게 강행한다고 하는 비난을 받기도 했다. 그러나 믿음을 가지고 기도하면서 밀어붙였다. 사람들을 설득하고 하나님 나라 일이 얼마나 복된 것인가를 인식시켰다. 그리고 기적을 경험했다. 근사한 교회당 건축을 완공했다. 축구장, 공원, 그랜드피아노, 알렌 오르간도 마련했다. 구원받은 자들의 수가 점차 증가했다. 신학교의 스승을 모시고 부흥회도 가졌다.

교회 개척을 해 본 경험 끝에 얻은 것은 하나님의 나라는 수요와 공급의 원리에 따라 경영되는 것이 아니라는 사실이다. 살아계신 하나님의 직접적인 간섭, 곧 기적이라는 방법을 통해 이루어진다는 것이었다. 하나님의 교회는 사람의 일반적인 생각을 초월한다. 교회는 생명력을 가지고 있으며, 이른 봄에 과일나무를 심는 심정으로 터를 잡고 사람들을 불러 모으고, 눈물로 씨를 뿌리면 기쁨으로 단을 거둘 수 있다는 것을 깨달았다.

교회를 개척하는 동안 어려움이 많았다. 그러나 교회를 설립하는 영광스런 일을 했다는 것에 감사할 뿐이다. 성령께서 감동을 주실 때, 막연한 두려움은 뒤로 제치고 앞으로만 전진했다. 신학교를 졸업하면 응당 자기가 돌볼 영혼을 자기가 건지고 가르치고 모아 예배하는 것이 당연하다고 생각했다. 순교신앙이 이런 것이 아닌가 하는 심정으로 했다. 그래서인지 나는 목회자 없는 교회가 나타나기를 기다리는 일군들을 보면 답답한 마음이 든다. 감나무에 달린 홍시가 자기 입에 떨어질 것으로 기대하는 것과 다르지 않은 것으로 보인다.

*

교회 개척은 그리스도의 지상명령을 준행하는 일차적인 방법이다. 주님은 "너희는 가서 모든 족속으로 제자를 삼아 아버지와 아들과 성령의 이름으로 세례를 주고 내가 너희에게 분부한 모든 것을 가르쳐 지키게 하라"(마28:19,20), "너희는 온 천하에 다니며 만민에게 복음을 전파하라 믿고 세례를 받는 사람은 구원을 얻을 것이요 믿지 않는 사람은 정죄를 받으리라"(막16:15-16)고 말씀했다. 그리스도의 증인이 되고자 하는 갈망, 그것이 교회를 설립하고, 전도하고, 교회를 개척하는 직접적인 동기가 아닌가?

시설과 프로그램과 봉사 팀을 잘 갖춘 기존의 교회에서 편히 신앙생활을 하는 신자도 있지만, 교회 개척 일선에서 봉사하고자 하는 사람도 있다. 모든 신자가 호강스런 스타일의 신앙생활을 기대하는 것은 아니다. 열성을 다해 작은 교회를 섬기기도 한다. 신자들은 교회 개척이 하늘나라에서 영광스런 상급을 받을 수 있는 방법이라는 것을 알고 있다. 우리 사회는 인구의 이동과 도시화로 분주하다. 사람들이 모여든 곳에 교회를 세워야 한다.

교회 개척은 기존의 교회를 깨우기 위해서도 필요하다. 내적 갈등으로 성장이 둔화되어 교회다운 사명을 감당하지 못한 상태라면, 그러한 교회를 대체할 수 있는 복음전도의 깃발을 드는 것은 불가피하다.

하나님은 비정상적인 방법으로 하나님의 나라를 확장시켜 나가시기도 한다. 정상적인 교회 개척만이 아니라 때로는 갈등, 불화로 시작된 비정상적인 교회 개척도 있을 수 있다. 예루살렘교회는 박해라고 하는 특수 사건을 계기로 여러 곳에 확산되었다. 하나님은 비정상적인 방법으로 선교와 교회 개척의 불을 댕기셨다.

교회 개척을 시작하려고 하면 어려움이 태산처럼 가로막는다. 가장 큰 장벽은 개척자금과 목회자의 생활비이다. 예배를 드릴 공간을 마련해야 한다. 자금이 조달되지 않으면 교회 개척을 포기하기 쉽다. 개척 자금이 있어야 하는 것은 두말할 나위가 없다. 자금을 대어줄 사람이 있으면 금상첨화이다. 가능한 구체적으로 준비하고 시작하는 것이 옳다. 그러나 필요한 모든 것을 갖추고 그제야 교회 개척을 시작하려고 하는 사람은 교회 개척 사역에 적합하지 않다. 교회개척은 돈을 가지고 하는 것이 아니다. 기도와 믿음으로 해야 한다. 살아 계신 하나님의 기적을 기대하는 사람이 교회 개척에 적합하다.

교회 개척을 시작하면서 나는 대의명분과 확신을 가지고 구체적인 목표를 세웠다. 주님은 복음을 전파하고 증인이 되라고 했지, 교회를 개척하라고 말한 바 없다. 그러나 사도 바울은 가는 곳마다 교회를 세웠지 않은가. 교회라고 하는 신앙공동체가 없이는 복음을 전파하는 것이 쉽지 않으며, 복음이 전파되면 교회가 세워질 수밖에 없다는 사실을 교인들에게 확신시켰다.

나는 사람들을 이해하고 그들의 생각을 움직이기 위해 노력했다. 헌금을 책임 있게 쓸 것이라고 하는 확신을 주었다. 기적이 일어날 것이라는 기대감을 주었다. 하나님은 우리가 생각하는 분 이상의 능력의 주님이라는 것을 인식시켰다. 구체적으로 기도하고 믿음으로 일을 추진했다. 개척교회를 위해 열심히 봉사하는 사람에게 하늘에서 상급이 크다고 가르쳤다.

*

기존의 교회는 어느 한 시점에서 누군가에 의해 개척되었기 때문에 현재의 모습으로 자란 것이다. 개척자가 없었다면 그 교회는 존재하지 않았을 것이다. 개척자금을 대고 생활비를 제공한 사람 덕분에 개척한 경우도 있을 것이고, '저 멀리 뵈는 시온성, 거룩한 곳 아버지 집'을 바라보고 막무가내로 뛰어든 사역자 덕분이기도 할 것이다. 하나님께서 일으킬 기적과 맺도록 할 미래의 열매를 바라보고 오늘 한 그루의 사과나무를 심는 수고를 주저하지 않는 용기 있는 사람 덕분이다. 우리가 심지만, 자라게 하시는 분은 전능하신 하나님이시다.

교회 개척은 목회자의 눈물과 수고와 희생과 봉사를 요구한다. 굶주림과 죽음을 각오하고 순교정신으로 교회를 세워보겠다고 하는 의지를 가진 목회자들의 수고의 역사이다. 개척교회 목회자를 돕는 신자들의 수고와 봉사도 빼놓을 수 없다. 목회자와 신자가 순교 신앙을 가지고 하늘의 상급을 바라보고 열심히 씨를 뿌리고 나무를 심으면 그 수고는 결코 헛되지 않을 것이 분명하다.

당신은 복음전도의 열망과 영적인 감화력을 가진 사람인가? 외향적 성격과 비전과 희생과 끈기와 용기를 가진 사람인가? 목사로서 갖추어야 할 기초교육을 잘 받은 사람인가? 불타는 전도자인가? 그렇다면 교회 개척을 주저하지 말기 바란다. 사람을 좋아하면서도 하나님을 의지하는 확고한 신앙의 사람이라면 교회 개척 일선에 나서는 일을 진지하게 고려해 보기 바란다.

교회 개척은 하늘 아래 가장 효과적인 전도방법이다. 주께서 주신 사명을 감당하려고 '예루살렘'으로 가는 일을 왜 주저하는가. 그리스도의 제자가, 복음 전도자로 부름 받은 자가 하늘 아래 가장 효과적인 전도와 교회건설 방법을 도외시하겠다는 것인가?

16

창의적 목회자 교육

―새 술을 새 부대에 담으려면―

　새 천년기를 맞이하는 한국교회의 여러 교단과 신학교들은 새 시대에 걸 맞는 신학교육을 모색하는 토론회, 세미나, 학술발표회 등을 가졌다. 고신교단도 이 주제에 대한 토론회를 개최하고 광범위하게 논의를 한 바 있다. 고려신학대학원 교수회는 필자에게 새 밀레니엄을 위한 신학교육의 개혁을 연구하고 신학교와 교단 차원에서 발표하도록 했다. 아래의 글은 이 목적을 위해 쓴 것이다.

　근세기에 진보주의계 교회들과 자유주의 신학 추종자들은 문화 적응력을 가지고 변화하는 상황에 초점을 둔 신학교육을 해 왔다. 그러한 노력에도 불구하고 교회들은 생명력을 잃었고, 교인 수는 감소했다. 사변적인 신학교육이 가져온 교인감소 현상에 대한 자구책을 모색한 결과로 교회들 가운데 약간의 성장을 보인 경우가 있다. 그러나 이들은 여전히 복음보다는 상황에, 죄로 물든 인간의 심령을 위한 하나님의 말씀전파와 십자가 도리보다는 인권보장, 사회개혁, 문화적응력 등에 더 많은 관심을 보였다.

보수주의계 교회들도 근래에 다양한 실천신학 과목개설에 열성을 보이고 있다. 전통적으로 중요하게 여겨오던 과목들을 축소하고 목회현장에서 실효를 거둘 수 있는 실천신학 과목들을 개설하고 있다. 종교심리학, 사회심리학, 여성심리학, 종교사회학, 커뮤니케이션, 미래학, 생태학, 전쟁과 평화, 종교학, 기독교와 이데올로기, 신학과 테크놀로지, 아시아문화, 기독교와 한국문화, 교회와 사회, 종교와 인간성장, 구원과 치유, 영성훈련, 임상목회학 등 우리의 귀에 생소한 과목들을 개설하는 학교도 있다. 목회학 박사과정을 신설하고 실천신학 분야를 강화하는 것은 이러한 움직임과 변화된 현실에 적응하기 위한 노력이다.

새 천년기에 부합하는 창의적 목회자를 양성하려면 신학교육은 어떤 형태로 발전, 개혁되어야 하는가? 실천신학 과목, 문화와 목회현장 이해에 필요한 과목을 늘이면 되는가? 교리의 건전성을 유지하면서도 목회현장에서 생산성, 탁월성, 경쟁력을 발휘할 수 있는 신학교육을 시켜야 한다는 것은 알지만, 과연 이것이 구체적으로 어떻게 이루어질 것인가에 대한 답은 마련되어 있지 않다.

하나님의 말씀을 어떤 방법으로 전달하는가 하는 것은 탁월성과 직결되어 있다. 진리를 21세기 사람들과 교감할 수 있는 채널로 전달하려고 하면 우리의 문화현장에 대한 광범위한 이해가 선결되어야 한다. 목회현장에 어울리고 창의적으로 목회를 할 수 있는 인재를 양성하는 신학교육이 급선무이다. 새 밀레니엄에 부합하는 감각, 정서, 지혜를 가진 창의적인 목회가 필요하다.

그러나 새 시대가 기대하는 것은 2천년의 역사를 가진 오래된 복음이다. 현대인은 하나님의 말씀을 분명하게 드러내는 설교를 듣고 싶어하고, 성경에 충실한 교리를 배우고 싶어 한다. 예수 그리스도의 구원의 복음, 곧 "예수 사랑하심은 거룩하신 말일세 우리들은 약하나 예수 권세 많도다. 날 사랑하심… 성경에 써 있네"라는 그 복음을 듣고싶어 한다. 관건은 옛 복음을 어떻게 새 시대의 사람들이 이해할 수 있도록 전하며 어떻게 그들을 잘 돌볼 것인가 하는 것이다. 이러한 필요를 채우는 신학교육은 어떤 형태로 이루어져야 하는가?

1. 개혁주의 전통과 실천신학

개혁주의 전통을 따르는 신학교들은 대체로 목회현장에 대한 관심이 약하다. 목회 마인드가 강하지 않다. 이러한 현상을 보이는 원인을 개혁주의 전통이 가진 플라톤주의적인 경향에서 찾는 사람도 있다. 플라톤주의 사고양식은 저스틴, 오리겐, 어거스틴, 디오니시우스 등을 통해 기독교 신학 속에 유입되었다. 영적실재에 역점을 두는 반면에 눈에 보이는 물질을 경시하는 경향으로 나타난다. 물질이나 인간의 감각에 호소하는 것을 멀리한다. 영적인 실재가 물질에 의해 표현될 수 없다고 본다. 물질을 경시하고 정신적인 것만을 가치 있게 생각하며 인간의 감정, 심미, 의지 활동을 경시하는 경향을 보인다. '말씀'과 그 말씀에 흐트러짐 없는 자세와 삶을 강조하는 반면에 인간적인 수단을 강조하는 것을 인본주의적이라고 생각한다.

이러한 전통을 따르는 신학교는 성경신학이나 이론신학을 중요하게 여기는 반면에 역사신학이나 실천신학을 보조 분야로 간주하는 경향을 보인다. 있으면 좋지만 없어도 괜찮은 정도로 여긴다. 개혁파계 신학교에 학문적인 탁월성을 가진 교회사 교수나 실천신학 교수가 많지 않은 것은 이러한 경향을 반영한 것이라고 할 수 있다. 개혁주의 전통 아래의 신학도들이 대체로 실천신학 전공을 기피하고 그 분야의 탁월성을 보이지 않는 것은 이러한 흐름을 반영한다. 목회현장과 교감하는 설교나 대중적 호소 수단에 대해 그다지 큰 관심을 갖지 않는다.

반면에 새 시대는 당대의 정서와 문화와 구도에 걸 맞는 목회자를 원한다. 성경 중심의 개혁신학 원리에 충실하게 따르면서도 시대를 잘 분별하고 창의적으로 대처하는 목회를 바란다. 교회가 이러한 기대에 부합하자면 신학교육을 재정립해야 한다.

2. 신학교육 목적

하나님의 말씀은 개인, 사회, 세상을 변혁시킨다. 그러나 그 말씀이 현장과 유리(遊離)되면 독백에 지나지 않는다. 말씀과 현장을 통합시키는 목회자가 탁월성 있는 목회를 할 수 있다.

신학교가 탁월한 목회 능력을 가진 일꾼을 배출하자면 우선 신학교육의 목적이 분명해야 한다. 신학교가 양육하고자 하는 목사가 어떤 류의 인물인지 그 목표가 분명해야 한다.

고려신학교의 경우, 설립 이념은 "진리를 위해 생명을 바칠 수 있는 교역자를 양성하여 교회에 파송함으로써" 교회재건에 이바지하는 것이다. 고려신학대학원 교육목적은 "대한예수교장로회(고신)의 교역자를 양성하고" 국내외에서 헌신적으로 봉사하며 인류사회에 공헌하는 "복음사역자를 배출"하는 데 있다. 한국과 세계 각지에서 교회를 개척하고 육성할 수 있는 인재를 양성하고, 아울러 신학 연구 지망생도 교육시키는 것이다. 이러한 목적은 이 학교의 주 임무가 목회자 양성이라고 하는 것을 명확하게 밝히고 있다.

그러나 이 학교가 위 목적을 수행하기 위한 수단으로 열거하는 요항들은 목회자 양성보다는 신학자 양성에 더 역점을 두고 있다. "하나님 말씀에 대한 바른 지식습득," "활용할 수 있는 성경원어 실력배양," "학술 논문과 서평을 포함한 독자적 사상연구 능력" 등이 그것이다. 성경지식과 성경고전어와 학문적 실력을 갖춘 학자 양성에 초점을 두고 있다. 목회자도 이와 같은 능력을 갖추는 것이 필요하지만, 목회의 탁월성을 위한 교육에 대한 언급은 전혀 없다. 이것은 교육목표와 그 목표를 실행하는 방법 사이에 괴리가 있음을 말해 준다.

고신교단과 고려신학대학원은 이러한 교육목표를 가지고 반세기가 넘게 교역자를 양성해 왔다. 지금은 그 목표가 어느 정도로 달성되었는지 점검해 봐야 할 때가 되었다. 그 교육목적은 주효(奏效)했는가? 대학과정에서 신학을 공부하고서 신학대학원에 진학하여 3년 동안 신학교육을 받은 사람들이 목회현장에서 신학대학원에서만 신학을 공부한 사람에 견주어 탁월성이 뛰어난가? 고려신학대학원에서 신학수업을 받은 사람들이 타 신학교를 졸업한 목회자들에 비해 목회 역량이 더 돋보이는가?

목회의 성공을 물량적인 것을 가지고 따질 것은 아니다. 그러나 수가 있는 곳에 질도 있다. 대형교회를 담임하는 고신교단 목회자가 몇 명이나 되는가? 고신교단 설교자들은 타교단 목회자들에 견주어 볼 때 진리를 보다 더 분명하게 드러내는 설교를 하고 있는가? 이 질문들에 대해 고려신학대학원 당국이 확실하게 '그렇다'고 답할 수 없다면 우리의 신학교육은 이것도 아니고 저것도 아닌, 그야말로 두 마리의 토끼를 잡으려다가 모두 다 놓친 격일 수 있다.

신학은 교회를 위한 학문이다. 신학교는 목회현장의 요구에 부응하기 위한 배움터이다. 현장에서 탁월성을 가지려고 하면 신학교가 성경, 교리, 역사와 같은 기초 과목들을 튼튼히 가르쳐야 하지만, 그것들이 목회현장의 필요를 감안한 목회지향적 학문활동이어야 한다는 말이다.

고신교단의 신학교육의 이론과 실제의 모순은 여기에 있다. 고려신학대학원의 교육목적은 통합성을 지닌 지적능력 배양, 현장이해, 목회 전문성, 인격 훈련과 계발에 대해서는 언급하지 않는다.

그러므로 탁월성을 지닌 신학교육을 제공하자면 다음 사항들을 고려해야 한다. 첫째, 통합성을 지닌 지적 능력(intellectually articulated ability) 훈련이다. 성경을 바르게 해석하고, 건전하고 합리적인 사고를 가지고 성경이 가르치는 바를 체계화하며, 교회가 그것을 어떻게 이해하고 고백해 왔는가를 가르치고 배움으로써 올바른 교회건설과 봉사에 종사하도록 해야 한다. 목사는 하나님의 말씀을 즐거워하는 사람이다. 성경을 해석할 수 있을 뿐 아니라 이스라엘 역사를 거쳐 드러나고 그리스도 안에서 완성되었고 성경에 계시된 하나님의 구원역사를 꿰뚫어 볼 수 있는 눈을 가진 사람이다.

그러므로 신학교는 일정한 공리와 학문방법으로 일관성 있는 보편적이고 체계적인 지식을 가르쳐 목회현장에서 성경과 목회대상을 탐구하고 그것을 역동적으로 창의적으로 통합할 수 있는 인재를 배출해야 한다. 비평적이고 창의적인 능력을 가진 목사후보생을 양성해야 한다.

통합성 있는 목회 능력은 분석력, 비평력, 종합력, 추리력, 응용력, 역동성을 연마하는 훈련으로 구축된다. 신학교는 스스로 생각하고 자신의 사상을 명료하게 표현하는 역량을 키워주어야 한다. 백과사전식의 지식 전달이나 암기교육은 이러한 능력을 배양하지 못한다.

둘째, 하나님의 백성들을 인도하고 그들의 필요를 채울 수 있는 다방면의 목회현장에 대한 이해력과 고급 기술의 훈련이다. 여기서 말하는 '기술'은 고도의 영적, 인문적 능력을 뜻한다. 자신이 진리라고 확신하는 것을 확고히 설교하고 확신시킬 수 있는 능력, 성경을 목회현장의 문화와 정서에 밀착시켜 교감이 이루어지도록 하는 능력, 지식을 영성으로 연결시켜 신앙성숙에 이바지하도록 하는 능력이다.

셋째, 인격적인 훈련이다. 목사는 단순한 지식 전달자가 아니다. 성실하고 경건한 인격을 가진 사람이다. 기독교가 말하는 '경건'은 유교적인 태도와 같지 않다. 체면, 체통을 지키기 위해 점잖게 행동하는 그런 것이 아니다. 그것은 기도의 횟수나 기도시간의 길이로 측정되지 않는다. 경건은 우리가 하나님의 거룩을 닮는 일이다. 우리가 하나님 앞에서 이웃과 더불어 가지는 올바른 태도, 인내, 사랑, 진지함, 믿음, 생활로 표현된다. 성실성, 책임감, 근면성, 이타심으로도 드러난다. 굶주리고 헐벗는 사람을 돕고, 억압당하고 고통 받는 사람들을 보호하고, 정의를 외치고 평화를 도모하는 실제적인 행동으로 표현된다. 삶이 변화되고 말씀과 성령 안에서 영적인 '진보'를 보이는 것으로 드러난다.

넷째, 목회현장에 대한 이해와 창의적 접근이다. 교회는 세상 가운데 있고, 말씀은 세상을 위해 주어진다. 세상이 복음을 알아듣도록 하기 위해서는 목회자가 사회, 문화, 역사, 사상 등에 대한 광범위한 인문지식을 가져야 한다. 종교개혁의 원리인 '오직성경' '오직 말씀'은 단지 성경지식만 있으면 충분하다는 뜻이 아니다. 말씀이 회중의 심령에 새겨지고 삶을 변시키고 그 결과로 사회가 변혁되도록 하려면 먼저 말씀에 대한 깊이 있는 이해와 그것이 전달될 목회 현장에 대한 이해가 필요하다.

다섯째, 한국의 고유한 문화, 정서, 역사, 풍토를 고려한 교육이다. 진리가 뿌리를 내려야 할 우리의 목회현장은 문화와 연계되어 있다. 목회자는 만고불변의 하나님의 말씀을 변형됨이 없이 토착화시켜야 한다. 그 방법을 가르치는 곳이 신학교이다. 일반적으로 서양신학은 합리적 사고, 상술정서, 지배의식에 젖은 서구인의 의식구조에 알맞게 발전되어 왔다. 그래서 '농자천하대본'과 '한'으로 표현되는 정서와 의식구조를 가진 우리의 문화 현장에 서양신학을 그대로 이식시키면 탁월성을 상실하게 된다. 서양인은 논리적으로 타당하다고 여겨지면 행동을 개시하지만 우리 민족은 어떤 것이 가슴을 뭉클하게 만들기까지는 행동하지 않는 경향이 있다. 한국인들의 입맛에 어울리는 것은 치즈나 버터가 아니라 된장과 김치이다.

3. 수도원적 훈련

사람은 문화와 환경의 영향을 크게 받는다. 신학교육이 어느 문화권에서 어떤 조건과 환경에서 이루어지는가 하는 것은 목회현장의 탁월성과 직결되어 있다. 사람들이 몰려드는 수도권은 세련된 말씨와 매너로 훈련받은 사람, 수도권의 정서와 문화에 적응하는 사람을 필요로 한다. 수도권은 우수인재 확보만이 아니라 문화 적응력 배양을 위한 최선의 장소이다. 수도권 지역은 통일된 대한민국의 복음화와 세계교회 건설을 위한 지리적 중요성을 가지고 있다. 대한민국의 우수인재가 집중되어 있는 곳, 인구와 재원이 밀집된 곳이 전략적으로 중요하다. 그런 점에서 고려신학대학원이 부산에서 천안으로 자리를 옮긴 것은 지혜로운 일이었다.

신학교는 수도원적 학습공동체이다. 학생과 교수 전원이 공동으로 생활하면서 영적인 훈련, 경건훈련, 인격훈련을 쌓아야 한다.

교수와 학생의 공동생활은 거의 절대적인 영향을 미친다. 교수는 신학생을 위한 경건의 모델이다. 경건의 삶을 실천할 뿐 아니라 그 것을 학생들에게 가르쳐야 한다. 영성을 말하고 개혁과 부흥을 외치기 전에 스스로 영적인 눈과 경건한 삶을 가져야 한다.

신학교는 교회의 지원을 받아 신학생들에게 공동생활을 위한 무료 기숙사와 식사와 수업료를 제공하는 것이 바람직하다. 전교생 장학생화는 고려신학대학원의 오랜 꿈이다. 그 일은 학교와 교단의 과제이다. 어느 특수 단체나 집단의 독점과제가 아니다. 학교와 교단차원에서 추진되어야 한다.

4. 4년제 신학대학원

근년에 신학대학원에 입학하는 학생들의 인문지식과 지적능력은 과거의 입학생들에 비해 낮다. 해가 지날수록 목회자 후보생들의 학습능력이 떨어진다. 대학과정에서 배워야 할 인문교육을 제대로 받지 못하고 신학교에 입학한다는 말이다. 철학이나 논리학은 커녕 논문쓰기방법조차 공부하지 않고 진학하는 학생들이 많다. 이공계 학과를 졸업하고 진학한 사람은 인문학 계열의 신학수업에 상당한 어려움을 겪는다. 오늘날의 젊은이들은 '경배와 찬양'과 같은 감각 수단을 통해 은혜를 받는다. 많은 시간을 텔레비전과 컴퓨터 앞에서 보낸다. 이러한 생활 패턴에는 합리적, 비평적, 창의적 사고 능력을 키울 틈이 없다.

이런 점을 고려하여 신학대학원 현행 3년제 과정에 예비과정 1

년을 두어 4년제로 운영하는 것이 바람직하다. 인문교육과 목회 현장에 대한 광범위하고도 철저한 교육을 시킬 수 있다. 예비과정은 목사지망생들에게 서양철학, 동양철학, 한국학, 정치학, 경제학, 마케팅이론, 심리학, 비평적 사고와 논문쓰기, 경영학, 커뮤니케이션, 결단학, 현대기술과 목회, 컴퓨터와 영상매체, 불안해소, 생태학, 문화인류학, 이데올로기 등을 가르친다. 종교심리학, 기독교와 사회, 현대 이데올로기, 현대문화와 인간성장, 여성심리학, 미래학, 비교종교론, 가족학 등을 개설할 수도 있다.

상당수 교회들이 교역자를 청빙할 때 대학 과정에서 신학을 공부한 사람보다 일반대학에서 인문교육을 받고 그 뒤에 신학대학원 과정을 졸업한 사람을 선호하는 경향이 있다. 대학과정부터 목사가 되겠다고 각오하고 매몰차게 신학수업을 받은 사람들이 훨씬 더 많은 경험과 지식과 정보를 가지고 있고 알찬 목회를 할 것 같은 데도 교회들은 그렇게 생각하지 않는다.

교회가 편견을 가지고 있거나, 대학과정에서부터 신학을 수학한 사람이 그 과정에서 배워야 할 광범위한 인문지식을 습득하지 못한 것으로 생각하기 때문일 수도 있다. 대학과정에서 '신학'을 전공했다는 것은 그 과정에서 배워야 할 광범위한 다른 인문교육을 받지 못했다는 말이기도 하다.

이 점을 고려하면 대학의 신학과는 인문과학 학습을 중심으로 하는 신학예비과정으로 개편하고, 본격적인 신학수업은 신학대학원에서 받도록 하는 것이 바람직하다. 하버드, 예일, 프린스턴 등은 본래 목회자를 양성하기 위해 설립된 대학들이다. 이 학교들은 오래 전부터 신학교육을 대학원 과정에서 시행해 오고 있다. 목회현장에 대한 광범위한 인문교육의 필요성을 절감한 결과이다.

대학과정은 철학, 문학, 사회학, 심리학, 역사학, 한국학 등 폭넓은 지식을 쌓도록 하는 것이 바람직하다. 개혁주의 세계관에 바탕을 둔 인문과학을 공부하도록 하는 것은 칼빈주의자들의 문화적 사명에 부합하는 것이기도 하다. 미국의 칼빈대학교는 목회자 후보자들에게 대학과정에서 신학공부를 하지 말고 신학교에서 하도록 권하고 있다. 대학이 개설하는 신학과목은 종교학, 사회봉사학, 철학 등을 전공하려는 학생들을 위한 것이다.

안정된 국가 안의 신학교 교과목들은 표준화되어 있다. 신학석사(Master of Divinity) 과정은 본래 신학사(Bachelor of Divinity) 과정이었다. 이것은 문학사 과정을 마친 뒤에 공부하는 신학 기초과정이다. 미국의 대부분의 교단들은 이러한 체제에 따라 목사후보생 교육을 실시하고 있다. 실용적인 면을 중요하게 여기는 그들이 신학교육을 이러한 과정에 따라 시행하는 데는 이유가 있다. 한 손에는 성경을 들고 다른 한 손에는 신문을 든 목회자를 양성하겠다는 것이다.

대학과정에서 신학을 공부하고 신학대학원에 진학하는 7년 연계 교육 과정은 과도기 체제이다. 교회가 변변한 대학을 갖지 못했을 때, 대학졸업생이 목회자 후보로 지원하는 경우가 적을 때 목회지망생을 많이 확보하기 위한 방편이었다. 신학 공부를 7년 동안 시키려고 만든 것이 아니라 대학과정에서 신학예비과정을 학습하도록 하는 제도였다.

대학의 신학과 4년과 신학대학원의 3년 수업을 연결시키는 연계교육은 신학과목을 7년에 걸쳐 가르칠 것이 아니라 대학과정은 인문교육을 시키는 신학예비과정으로 하고 신학은 신학대학원 3년 과정에서 학습하도록 하는 것이 바람직하다. 대학 4년 과정에서는 인문학 중심의 신학예비교육을 받게 하고, 본격적인 신학수업은 신학대학원 3년 과정에서 하도록 하는 것이 효과적이다.

신학대학원에 예비과정 1년 제도가 신설될 경우 졸업(강도사 인허) 후 목사안수를 받는 기간을 현행 2-3년에서 1년으로 단축시키는 것이 바람직하다. 농촌교회 2년, 도시교회 3년 동안의 봉사를 인턴과정으로 의무화 한 것은 교단 확장을 위한 실리적인 제도이지만, 목사후보생 전체의 시간을 고려하면 막대한 인력과 시간의 손실이다.

장로교회의 원리에 따르면, 목사후보생이 기여한 업적이나 공로가 아니라 소명감(召命感)과 일정 기간의 목회자 수업과 교회의 청빙을 받은 것에 근거하여 목사로 장립한다. 미국장로교회(PCA)는 신학대학원 2년 수업을 마치고 연 4차례 모이는 노회에서 강도권을 인허받고 졸업과 더불어 교회의 청빙을 받으면 고시를 거쳐 곧장 목사로 장립을 한다.

5. 교과과정 개편

개혁신학을 지향하는 보수계 장로교 신학교들은 성경 고전어를 필수과목으로 요구한다. 신약과 구약 과목조차 이론적이며 변증적인 특징을 지니고 있다. '성경' 대신 성경에 관한 '신학'를 가르친다. 현장에서 목회경험을 쌓지 않은 교수들이 학문적인 전문성에만 집착하여 각 과목을 확대하고 치밀하게 이론화 해 온 결과이다.

신학교육을 담당하는 교수들은 일반적으로 자신이 가르치는 과목을 축소 개편하는 것을 달갑게 여기지 않는다. 목회의 전문성과 실제를 무시하고 '신학자' 후보생이 감당해야 할 학습 내용을 '목회자' 후보생 모두에게 가르치는 경우도 있다.

21세기의 목회현장에 어울리는 신학교육이 이루어지려면 우선 서구식 신학교육 모델을 탈피하여 한국의 정서와 문화 상황에 맞도록 바꿀 필요가 있다. 예컨대 미국식 변증학이나 이론신학, 서구식 상담학과 목회학 등은 한국 상황에 맞지 않다.

성경고전어 학습에 대한 강조는 신학수업에 큰 부담을 준다. 미국의 프린스톤신학교의 어느 교수가 낸 통계에 따르면 신학교에서 성경고전어들을 열심히 배운 사람들 가운데 목회현장에서 실제로 그것을 활용하는 자는 5%에 지나지 않는다고 한다.

헬라어 히브리어에 대한 지식이 높고 그것을 설교에 잘 활용할 수 있다면 그보다 더 바람직한 것은 없다. 그러나 언어는 시간이 흐르면 잊혀지는 특성을 지니고 있다. 열심히 공부한 것에 견주어 활용도가 매우 낮다. 요즘은 컴퓨터 프로그램이 많이 개발되어 편리하게 사용할 수 있다. 그러므로 성경고전어 초급반도 2학점 정도를 개설하고, 고급반은 선택과목으로 개설하는 것이 바람직하다. 참고도구들, 분해사전, 원어해설서, 컴퓨터 프로그램을 활용하면 스스로 연구해 얻어낸 것 이상으로 많은 지식을 확보할 수 있다.

　교과과정을 목사후보생 교육과 신학자 후보생 교육으로 이원화하는 것도 고려해 볼 수 있다. 선택과목이 많아질수록 개인이 가진 달란트와 소질과 취향을 살릴 수 있다. 그러나 필수과목을 지나치게 축소하면 정작 중요한 것은 배우지 않고 그다지 중요하지 않은 과목들만 수강하는 폐단이 생길 수 있다.

　구약신학이나 신약신학은 성경을 가르치도록 하고, 성경종합고사를 성경과목을 신설하여 이 과목을 이수하는 것으로 대신하는 것이 바람직하다. 조직신학과 이론신학은 철학화된 신학을 가르치는 것이 아니라 현장에서 사용할 수 있는 교리를 가르치도록 한다. 윤리학 과목은 '윤리학'을 가르칠 것이 아니라 '윤리문제'를 가르치도록 한다. 안락사, 낙태, 이혼, 재혼, 성 등을 다루는 실천과목으로 개편한다. 교회사 과목은 사건 나열이 아니라 비평적 사고훈련과 목회 메시지를 제공하는 역사 교육에 초점을 모으도록 한다. 실천신학 과목은 상담이론, 전도실제, 예배원리, 설교방법을 가르쳐야 한다. '학'을 가르칠 것이 아니라 실제 지식을 연마하는 명실상부한 교회를 위한 '봉사신학'이 되도록 해야 한다.

6. 신학교육 방법 혁신

　신세대 사람들은 자율적인 학습에 어느 정도 익숙하다. 교수의 일방적인 강의보다는 사례연구발표, 세미나, 상담실습, 모의학습을 좋아한다. 강의는 짧은 시간 안에 많은 양의 지식을 전달할 수 있는 장점이 있다. 그러나 강의를 듣는 것과 학습(Learning Process)이 이루어지는 것은 별개의 문제이다. 일방적인 강의는 현실과 긴밀한 관계를 구축하기 어렵다.

역동성, 응용력, 창의력은 '형사 콜롬보'나 '맥가이버' 식의 교육으로 배양할 수 있다. 좋은 학습경험은 사고력을 촉진시킨다. 암기한 것을 기억하여 답안에 옮기는 식의 공부는 목회현장에 필요한 능력을 배양할 수 없다. 잘 요리된 음식을 입에 넣어 줄 것이 아니라 요리하는 법을 터득하도록 하는 것이 필요하다.

신학교는 교수가 강의시간에 영상물을 많이 사용하도록 권장하는 것이 바람직하다. 교실 마다 비디오 플레이어와 컴퓨터와 빔 프로젝터를 설치해 두고 있다. 교수들의 강의방법 개선과 발전을 위해 전문가를 초청하여 교수 세미나를 갖기도 한다. 에모리대학교는 '교수를 위한 교수'를 초빙하여 교수들을 지도하고 그들에게 교수방법을 가르치고 연구하도록 하고 있다. 우리도 교수평가제를 도입하고, 교수의 영성, 지성, 인격, 학문, 진리성, 탁월성, 역동성을 점검할 필요가 있다.

교수들이 유수한 대학의 교수방법을 자주 접할 수 있도록 연구년 제도를 시행하고, 더욱 효과적이고 실제적인 경험을 위해 미국 보스턴이나 프린스턴에 교수학사(House)를 마련하여 그곳에서 연구년 또는 여름, 겨울방학을 보내도록 하면 인근의 학교들을 견학하면서 많은 것을 보고 배울 수 있다. 미국식으로 하면 집을 구입하는 것은 어렵지 않다. 학교가 소액의 '다운페이'를 하고 나머지는 그 시설을 이용하는 교수들에게 학교가 지불하는 돈으로 월 페이

먼트를 내는 방법으로 하면 될 것이다.

  우리나라의 대학들은 국민의 창의성과 생산성을 높이고 국제경쟁력을 강화하기 위해 논리적인 사고능력을 강화하고 있다. 이러한 세대의 교육을 받은 사람들이 신학교 입학시험에서 높은 점수를 받을 수 있도록, 암기능력에 치중한 현 제도에서 자료해석, 분석, 비평 등 합리적 사고력을 높게 평가하는 제도로 전환하는 것이 바람직하다.

7. 교수지망생 재정지원과 전교생 장학화

  모범적인 신학교수는 인문과학 전반에 관한 광범위한 기초지식과 전문 지식을 쌓고 자기 전공영역에 대한 정상급의 업적을 가진 사람이다. 원만한 성품과 성숙한 인격을 가지고 믿음, 덕, 영성, 철저한 경건생활을 유지한다. 공동체의 유익을 위한 학자형 목회자 또는 목회 마인드를 가지고 있다. 지식을 효과적으로 전달하고 학생들의 학습 정도를 이해하면서 지도하며, 가르치는 은사를 가진 사람이다. 새로운 것을 창의적으로 생산하고 현장에 응용하는 능력을 가진 사람이다.

  인재 양성은 씨를 뿌리지 않거나 나무를 심지 않고 거둘 수 없다. 신학교수요원 양성을 정책화 하는 것이 필요하다. 신학교 학생 가운데서 교수요원을 선발하여 재정적으로 지원하고 인재를 계획적으로 양성해야 한다. 기독교성결교단은 매년 외국 유학생에게 생활비 일부를 지원해 주고 있다고 한다. 심지 않은 데서 거두고 헤치지 않은 데서 모으겠다는 생각, 남이 가꾸어 놓은 나무의 열매를 따 먹기만 하겠다는 것은 정의롭지 않다.

노회별 책임 교수제도를 도입하는 것이 바람직하다. 한명 또는 두 명의 교수 요원의 국내외 장학경비를 지원하고, 그들이 귀국하여 신학대학원에 봉직하면 노회의 석좌교수로 초빙하여 주택, 차량, 연구비, 활동비, 도서비를 제공한다. 노회의 지원을 받는 교수는 노회 안의 교회들의 발전을 위해 적극적으로 봉사하면 교회를 위해서도 유익할 뿐 아니라 신학대학원과 교회와의 밀접한 관계형성에도 이바지할 수 있다.

노회는 선교사역을 위해 신학교에 선교사 한 명을 파송하는 것으로 생각하면 된다. 교수양성은 개척교회나 해외선교 지원보다 훨씬 더 시급하고 중요한 하나님 나라를 위한 투자이다. 목사-교수들이 자비로 공부를 마치고 돌아와도 거할 주택이 없어서 정착이 어렵고 헌신적인 봉사를 하고 싶어도 생존에 필요한 기본 조건이 갖추어지지 않기 때문에 낙심하는 일이 있는 것은 안타까운 일이다.

신학교의 학생을 전원 장학화 하여 수업료를 받지 않고 기숙사도 무료로 사용하고 식비도 학교가 제공하는 제도를 도입하는 것이 바람직하다. 학교가 개인들로부터 장학금을 제공하고 교회의 지원을 받으면 충분히 가능하다. 신학생들이 교회에서 '전도사'로 봉사하는 경우 대부분의 교회들은 그의 등록금을 지원한다. 교회가 그 몫을 신학교로 보내어 장학금으로 지불하도록 하면 대부분의 학생들의 수업료 문제는 해결될 수 있다. 이러한 장학은 신학교 당국이 주도해야 하고, 교회나 개인은 장학금을 신학교로 보내야 한다. 특정 그룹이 신학교의 장학을 맡는 것은 장차 교단 안의 계파 갈등의 불씨가 될 수도 있다.

8. 교리적인 건전성과 창의적 목회

신학교육에 관해 우리 주변의 많은 목회자들이 일반적으로 공감하는 바는 지난 몇 세대 동안의 신학교육이 목회 일선에서 실제적인 적응력과 탁월성이 빈약하다는 점이다. 배운 것을 목회현장에서 활용하기가 어렵다고 말한다. 신학교에서 배운 것과 목회현장의 괴리감이 크다. 그래서 우리는 다양한 방법으로 신학교육과 목회현장의 괴리를 좁힐 수 있는 방법을 검토했다.

주목할 것은 미국북장로교회와 프린스턴신학교는 교리 위주의 신학교육에서 실천신학 위주의 신학교육으로 전환하면서 좌경화 되었다는 사실이다. 실천신학 교수를 교장으로 세우고 교과과정을 개편하는 등 목회현장에서 탁월성을 발휘할 수 있는 신학교육을 실시하려 한 것이 신학교와 교단의 좌경화에 이바지하는 것이 되고 말았다.

새 시대를 향한 우리의 변화의 몸부림은 자칫 우리 공동체가 전수받은 사도적 복음과 정통신학과 교리를 등한히 여길 수 있다. 필자가 강조하는 것은 복음진리와 신학을 현대인들이 알아들을 수 있는 방법으로 전달하고자 몸부림을 쳐야 한다는 것이다. 유서 깊은 기독교, 개혁주의 전통, 정통신학을 포기하거나 등한히 하자는 것이 아니다. 우리가 목회현장에서 탁월성을 발휘할 수 있는 신학교육을 시키자고 하는 것은 비성경적 원리와 타협하거나 절충하자는 것도 아니다. 신학교육의 제도와 방법을 개편하여 현장에서 생산성, 탁월성, 목회경쟁력에 부응할 수 있도록 하자는 것이다. 신학교육과 교회의 요구 사이의 괴리를 제거하자는 것이다. 유서 깊은 기독교가 강조해 온 여러 가지 주지들, 하나님 영광제일주의, 계시된 하나님의 말씀, 하나님의 은총과 구원의 주권성, 칼빈주의 5대 교리, 언약신학 등은 항구적인 진리이다. 목욕물을 버리려다가 아기까지 버리는 우를 범하지 않도록 해야 한다.

건전한 교리의 바탕과 목회 원리를 가졌어도 시대의 변화와 정서와 상황에 적절하게 대처하지 않으면 주도권을 가질 수 없다는 점을 고려해야 한다. 고대교회의 도나투스주의자들이나 중세기의 왈도파 사람들이나 종교개혁기의 재세례파나 고대 동방교회도 빛나는 '정통신앙'을 가지고 있으나 그것은 옛 영광과 교훈으로 남아 있을 뿐이다. 서방교회가 '제국주의' 이상을 가지고 현실에 민감하게 대처하고 있는 동안 동방교회는 서방교회를 야만적이라고 생각하고 정통성에 연연했다. 그러나 소극적 태도를 가진 그 사람들보다 진취적이고 적극적인 태도를 가진 서방교회가 기독교의 역사를 주도해 왔다.

17

개혁교회와 신앙고백공동체

　16세기 종교개혁에서 시작된 개혁교회는 진리에 대한 민감성을 가진 교회건설운동의 열매이다. 종교개혁자들과 그 후예들은 하나님의 말씀의 중요성을 인식하면서 참교회와 거짓교회를 구분했다. 교회를 신앙고백공동체로 보고 계급적인 교회관을 거부했다. 기독교의 중추 교리를 가르치고 고백하는 신앙고백공동체를 재건하고자 했다.

　오늘날 증후군처럼 일어나고 있는 에큐메니칼 운동은 성경이 명백하게 보여주는 진리에는 점차 등을 돌리고 거짓교사의 가르침과 다를 바 없는 비진리에는 마음을 열고 있다. 다원주의(pluralism), 포용주의(Inclusivism), 신앙무차별주의(indifferentism)로 흐르고 있다. 이러한 풍조 아래서 한국교회는 점차 진리에 대한 민감성을 상실하고 있다.

　한국교회가 종교개혁 전통을 이어받은 개혁교회다운 정체성을 유지하자면 무엇보다도 진리에 대한 민감성을 회복해야 한다. 유럽과 미국의 주류 교회들처럼 교인수가 추풍낙엽처럼 떨어지고 생명력을 상실한 한 채 사양 길을 걷는 교회가 되지 않으려면 하나님의 말씀에 굳게 선 신앙고백공동체를 건설하고 유지하려는 당찬 노력이 필요하다.

1. 진리에 대한 민감성을 가진 교회

개혁교회는 신조와 신앙고백서를 중요하게 여긴다. 신조와 신앙고백에 집착하기 때문에 성경적이지 않다고 하는 오해를 받을 정도이다. 제네바신앙고백서, 벨기에신앙고백서, 도르트신경, 하이델베르크신앙문답, 제1스위스신앙고백서, 제2스위스신앙고백서, 웨스트민스터신앙고백서 등을 만들어냈다.

개혁교회의 신앙고백서들은 성경이 제시하는 진리가 참이라고 하는 강한 신념에 바탕을 두고 있다. 진리에 대한 민감성을 표현한 것이다. 개혁교회는 자신이 믿고 고백하는 것은 성경에 바탕을 두고 있다고 확신하면서 성경의 범주를 벗어나지 않는다고 하는 원리를 고수한다. 성경이 가라고 하는 데까지 가고, 멈추라고 하는 곳에서 멈추고, 되돌아가라고 하는 곳에서 되돌아서고자 한다.

오늘날의 한국교회는 신조와 신앙고백서를 그다지 중요하게 여기지 않는다. 설교자들은 기독교의 중추 교리를 가르치는 것보다는 위로, 사랑, 인간관계, 축복 등에 많은 시간을 할애한다. 신조나 신앙고백서는 등을 기댈 수 있는 방어벽 정도로 취급된다. 장로안수를 받기 전에 한 번쯤 읽어보는 문건에 지나지 않는다. 반대자를 누르기 위해 가끔 인용되는 정도이다.

더욱 걱정되는 것은 교회가 공적인 신앙고백문을 가지고 있으나 그것은 문건일 뿐 회원교회·회원단체·구성원들의 실질적인 지지를 받지 못하는 점이다. 교회는 자신의 신조나 신앙고백과 상반된 신학을 가진 구성원들을 규제하지 않는다. 자유주의 신학자, 종교혼합주의자, 종교다원주의자들을 포용한다. 기독교의 중추 교리를 공적으로 분명하게 고백하지 않는 자들이 신학교에서 목회자 양성을 하도록 허용한다.

독립교회적이고, 근본주의적인 경향을 가진 교회들은 신조나 신앙고백의 상대적인 권위를 인정하는 것을 거부한다. 성경의 참된 권위를 약화시킨다고 생각한다. 이 견해는 자유주의 기독교가 교리와 신앙고백에 대한 거부감을 가지면서 '교리를 믿을 것이 아니라 그리스도를 믿어야 한다'고 말하는 것과 일치한다. 이러한 움직임은 교리나 신앙고백서를 가볍게 여기는 풍토를 조성한다.

공식화된 신조나 신앙고백이 없이 성경을 바르게 이해할 수 있다고 상상하는 것은 신화이다. 신조를 싫어하는 사람들도 자신들이 인정하든지 하지 않든지 간에 나름대로의 신조공식과 신앙고백적 진술을 소유하고 있다. 신앙고백주의(Confessionalism)은 배격해야 하지만 신앙고백은 언제나 중요하다.

성경은, 그것을 해석하는 데 필요한 어떤 지침(Clue)이 없이 신자 개인과 교회에게 알기 쉬운 안내를 제공하기에는, 너무 방대하다. 신조와 신앙고백은 신자들을 연합시키며 강건케 한다. 신조와 신앙고백의 일차적 목적은 교육, 복음전도, 참된 기독교 삶의 본질인 위대한 자유에 대한 즐겁고 행복한 선포이다(롬10:9; 고전12:3; 딤전6:13; 요일4:2). 옛 서양 격언에 "나는 믿는다. 그러므로 나는 고백한다"는 말이 있다. 참된 신앙이 존재하는 곳에는 언제나 신앙고백과 그것에 대한 강한 열정이 존재한다.

2. 중추적 교리를 가르치는 교회

종교개혁자들이 펼친 교회개혁은 그리스도만이 교회의 왕으로 높임을 받으시고 그의 말씀만이 절대적인 권위로 받아들여지는 교회재건 운동이었다. 교회의 표지(標識)에 대한 그들의 논쟁은 진리에 대한 강력한 민감성의 표현이다. 그들은 하나님의 말씀과 그것의 선포를 교회의 항구적인 표지로 보았다. 교회의 존립이 그것에 달려 있다고 생각했다.

종교개혁자들은 교회의 존재가 교황 중심의 교계(敎階)에 달려 있는 것으로 보는 교회관을 거부했다. 거창한 조직체, 성직제도, 교회당을 가졌다고 하여 참 교회가 되는 것은 아니라고 보았다. "어디든지 하나님의 말씀이 선포되고 성례가 집행되는 곳에는 교회가 존재한다"고 보았다. 진리를 떠난 교회는 참 교회가 아니라고 보았다. 참교회와 거짓교회를 구분했다. 진리의 기둥과 터, 곧 신앙고백공동체를 재건하고자 했다.

종교개혁자들이 말하는 교회의 표지는 단순한 설교행위가 아니다. 사도들이 가르친 중추 교리를 설교하고 가르치는 일을 의미한다. 그들은 교회 안의 미신적인 겉치레 예배와 의식을 개혁하고자 했다. 성경이 제시하는 진리를 가르치고 그것을 중심으로 예배를 드리는 것이 중요하다고 생각했다. 성수를 뿌리고 무릎을 꿇고 가슴에 십자가를 긋는 형식과 절차를 밟는다고 하여 참 예배, 참 교회가 되는 것이 아니라고 보았다. 그리스도와 사도들이 가르친 진리의 말씀을 설교할 때 비로소 구원의 길이 제시되며 살아계신 하나님께 드려지는 참 예배가 된다고 보았다.

종교개혁자들은 교회의 사도성이 어떤 인물과 처소와 지위로 계승되는 것이 아니라 신앙과 교리의 계승으로 유지된다고 확신했다. 신앙고백공동체가 전하는 복음, 성경, 신조를 의심할 여지없는 참 교회의 표지로 여겼다. 이러한 확신을 바탕으로 그들은 '오직성경'에 토대를 둔 진리의 기둥과 터, 곧 신앙고백공동체를 세우고자 했다.

종교개혁자들이 오늘날의 한국교회를 목격하면 어떤 생각을 할까? 말씀─교리를 무시하는 교회, 진리를 분명하게 제시하지 않는 설교, 십자가 없는 선교, 부활과 영생에 대한 고백이 없는 신학을 목도한다면 무엇이라고 말할까? 다원주의, 포용주의, 신앙무차별주의로 흘러가는 교회연합 일치운동, 성경적 진리에는 등을 돌리고 거짓교사의 가르침에 마음을 여는 에큐메니칼 운동을 보면 기절할 것으로 생각된다.

한국교회가 설교자가 강단에서 설교하는 행위를 교회의 표지인 말씀선포로 여기는 것은 아닌가? 예배와 교육이 설교 위주로 진행된다고 하여 개혁교회의 표지를 가진 것은 아니다. 교회의 표지는 바울이 가르치고 사도들이 전한 복음, 초대 기독교인들이 박해 중에도 믿고 확신한 교리를 선포하는 일이다. 중추적인 기독교 교리를 거부하는 자들의 설교나 인본주의적 내용으로 일관하는 설교는 교회의 표지가 아니다.

3. 계급적 교회관을 배격하는 교회

종교개혁자들이 교회를 신앙고백공동체로 이해했다는 것은 교회를 계급조직으로 보지 않았다는 것을 의미한다. 그들은 로마가톨릭교회의 계급—교권 개념의 교회관을 배격했다.

개혁교회는 목사, 장로, 집사직 사이에 상하의 구별이 없고, 다만 직임이 구별된다고 본다. 집사로 봉사한 사람이 장로로 임직되는 것은 승진이 아니다.

마르틴 루터는 "모든 그리스도인이 참으로 제자들이며 사무에 관한 일을 제외하고는 그들 사이에 하등의 구별이 없다"고 말했다. 루터의 만인제사장주의는 계급주의와 사제 제도에 정면으로 도전한다. 평신도와 성직자 사이의 계급적 구조를 배격하며 모든 그리스도인이 동등하다고 강조한다.

존 칼빈은 만인제사장주의를 보완하여 안수례에 의해 세움을 받아 영적 직무를 수행하는 교역자와 그 교역자의 영적인 보살핌을 받는 일반 신자들이 하나님 앞에서 동등하지만 직무가 구분된다고 가르쳤다. 무질서를 싫어한 그는 교역자의 권위와 특권을 인정해야 한다고 생각했다. 공동체의 효율과 질서를 유지하기 위한 직능의 구분이 필요하다고 보았다.

교회는 하나의 살아있는 기관이기 때문에 거기에는 일정한 질서가 있어야 한다. 각각의 직분 사이에는 질서가 유지되어야 하고 존경과 신뢰에 바탕을 둔 사역이 이루어져야 한다. 인도를 받는 사람은 인도하는 사람을 배나 존경할 자로 여겨야 하며, 인도하는 자들에게 순종해야 한다(히13:17). 신도들이 목회자를 존경해야 하는 것은 두말할 나위가 없다.

한국교회는 교회 안의 직분들을 다분히 계급 개념으로 이해한다. 일반 성도보다는 집사가, 집사보다는 장로가, 장로보다는 목사의 계급이 더 높거나 서열상 높은 지위에 있다고 생각하는 경향이 있다.

　선배나 연장자를 존경하고 그들의 경험과 지혜를 소중하게 여기는 것은 바람직하다. 집사로 봉사하다가 장로로 선택되어 봉사하는 것은 귀한 일이다. 교회의 직분은 문화의 맥락에 따라 그 개념이 약간씩 다를 수도 있다. 성경이 보여주는 것과 똑 같은 형태의 직분을 유지하지 않아도 교회의 사명을 성공적으로 수행할 수 있다면 무방하다. 그러나 오늘날의 한국교회의 계급적 직분이해와 교권적 교회관은 성경이 말하는 교회 직분의 본질을 흐릴 정도이다. 유교의 장유유서, 서열의식과 그것에 바탕을 둔 전제정치 문화와 권위주의를 반영한다.

　한국교회의 계급적인 직분이해는 다양한 형태로 나타나고 있다. 장로나 권사직을 둘러싸고 일어나는 잡음들을 예로 들 수 있다. 서둘러 장로가 되고 싶어 하고, 집사나 권사로 선출되고 싶어 한다. 공동의회, 교인총회에서 집사나 장로로 선출이 되지 않은 일로 교회 안에서 이런 저런 다른 이유로 갈등을 일으키기도 한다. 그리스도를 섬길 기회를 얻기 위해서가 아니라 높은 계급을 얻으려 한다는 생각이 들 정도이다. 연로한 부인 서리집사에게 권사라는 '직위'를 만들어 '승격' 시키는 것도 계급의식과 무관하지 않은 것으로 보인다.

　한국교회가 동시대에 탁월성을 가진 교회가 되자면 교회지도자들의 연령이 젊어야 한다. 40대 장로가 당회원의 주류가 되는 것이 바람직하다. 우리나라의 장로는 문자적으로 '장로'이다. 젊은 장로의 수가 적은 것은 그만큼 교회의 활기와 역동성이 부족하다는 의미한다.

교회 주보나 주소록에 실은 장로명단을 보면 가나다순이 아닌 서열식으로 표기되어 있는 것을 볼 수 있다. 대개는 장립을 받은 순서에 따른다. 당회가 모일 때도 '수석장로,' '선임장로'라는 말을 자주 쓰고, 당회석을 배치하는 데도 엄격한 서열에 따른다.

교회 안의 계급의식은 교회의 영적활기와 역동성을 앗아간다. 교회를 경직시킨다. 계급의식에 투철한 교회일수록 의식적(儀式的)이고, 건조하고, 열정이 없다. 획일적이다. 교조적인 권위와 질서에 대한 복종을 강요하는 교회일수록 창의적이지 않다. 그리스도 안에서 사랑, 기쁨, 자유, 평화, 화해, 용서의 보람을 누리기 어렵다. 노인성에 깊이 빠지면 빠질수록 더욱 더 권위주의적이 되고 반지성적이 된다. 이러한 교회의 예배에 참석하는 사람들은 무겁고 어두운 분위기에 억압당한다.

한국교회가 개혁교회다운 정체성을 회복하는 길은 먼저 진리에 대한 민감성을 회복하는 일이다. 이상적인 개혁교회는 신조와 신앙고백을 중요하게 여기며 하나님의 말씀선포를 교회의 실제적인 표지로 간직한다. 기독교의 중추 교리를 명료하게 가르치고 확고하게 고백한다. 진리에 대한 민감성을 가진 신앙고백공동체가 교권주의, 중세기적 미신, 새로운 형태의 이단, 거짓교사의 가르침 등에 저항력을 가질 수 있고, 하나님 사랑과 교회 사랑의 의무를 성실히 감당할 수 있다. (월간 『목회와 신학』 2005년 10월호 게재)

맺음말

개혁신학과 창의성

풍류와 민족정기의 도시 천안은 자랑스러운 과학정신을 가진 홍대용 선생(1731-1783)의 고향이다. 실학자인 그는 동양 최초로 지전설(地轉說)을 주장했다. "무릇 땅덩어리는 하루에 한 번씩 돈다"(天地槐族轉一日周)고 했고, 9만 리의 큰 땅덩이는 "그 빠르기가 번개나 포탄보다도 더하다"고 하여 지구가 지축의 둘레를 하루에 한 바퀴씩 돈다고 역설했다. 지금부터 245년 전인 1760년의 일이다.

홍대용의 주장은 서양의 니콜라스 코페르니쿠스(1543)나 갈릴레오 갈릴레이(1633)보다 뒤진 것이지만 이들 서양인들과 무관한 상태에서 아주 독창적인 생각을 했다는 점에서 중요하다. 국내외의 과학사가들은 홍대용이 보여준 한국인의 창의성과 과학정신에 놀란다. 서양이 지동설을 이단시하고 비진리로 여겨 정죄할 때 홍대용은 그것을 진리로 확신하고 대담하게 외쳤다. 그의 과학지식은 의산문답(醫山問答)과 담헌서(湛軒書)에 수록되어 있다.

코페르니쿠스의 지동설과 프톨레미(Claudius Ptolemy, AD 27-145

년 경 활동)의 천동설은 상반되는 이론 같지만 사실은 동일한 것에 대한 발상의 전환, 곧 사물을 보는 눈, 해석의 차이에 지나지 않는다. 지동설은 새로운 과학 탐구나 실험을 거쳐 얻어진 것이 아니다. 천동설이 사용한 데이터를 새로운 각도로 재해석한 것일 뿐이다. 천동설보다 운동을 더 단순한 방법으로 설명한 결과였다.

서양 중세기 사람들은 지구를 우주의 중심이라고 생각했다. 지구의 중심은 이탈리아이며, 바티칸이며, 교황이었다. 우주의 모든 권위가 신의 대행자인 교황에게서 나온다고 보았다. 코페르니쿠스의 지동설은 과학적인 충격을 주는 것으로 그치지 않았다. 교황의 교권에 도전했다. 우주에 대한 해석이 바뀌면 교황의 권위가 떨어지고 정치권력의 질서가 무너지게 된다. 황금 권좌에 앉은 교황인들 어찌 지동설이 두렵지 않았겠는가.

중세기의 종교재판은 창의적인 생각을 하거나 발상의 전환을 시도하는 사람들을 '통닭'으로 만들려고 했다. 장작더미를 쌓아놓고 세상을 위협했던 것은 발상의 전환을 시도했다는 것 때문이 아니라 발상의 전환이 세상을 바꿔놓을 수 있는 힘을 지녔기 때문이다.

인류 문화는 발상의 전환을 시도한 사람들의 창의적인 섬광 덕분에 발전해 왔다. 기존 사고의 파괴적 변혁 속에서 발전해 왔다. 발상의 전환과 진리 외침에는 상당한 부담과 위험이 따른다. 목숨을 걸어야 하는 것은 동서양이 마찬가지이다. 도미니칸 수도사 부루노(Giordano Bruno, 1548-1600)는 코페르니쿠스 천문학에 대한 신념 때문에 장작더미 위에서 '통닭'이 되었다.

진리탐구는 평안한 연구실에서 고요한 명상으로 수행되는 것은 아니다. 창조적 변화는 장작더미 위에서 재가 된 프라하대학교 교수 얀 후스나 죽은 뒤에도 시체가 다시 종교 재판대에 올려 졌던 존 위클리프처럼 생명을 건 투쟁을 요청한다. 옳은 소리를 말하는 사람을 장작더미에 올려 놓고 불을 지르려는 잘못된 사고방식과 정치압력에 저항하는 목숨을 건 투쟁이 없이, 상아탑 안에서 태평스런 '객관적 탐구'만으로는 인류발전에 기여할 수 있는 창의적인 것을 가질 수 없다. 창의적 발전을 가로막고 진리를 억압하고 새로운 사고를 이단시하는 풍조는 모든 시대, 모든 장소에 존재한다.

학문의 기본은 창의성이다. 창의적이지 않은 학문은 학문이 아니다. 신학도 마찬가지로 변화하는 시대가 제기하거나 필요로 하는 답을 창의적으로 제공해야 한다.

그러나 여기에 우리의 딜레마가 있다. 신학을 창의적으로 발전시켜야 하는 것은 사실이지만, 창의성이라는 이름 아래 이루어진 신학 활동이 교회에 유익을 준 것이 아니라 해를 가져다주었으며, 진리를 비진리와 바꾸고 생명을 죽음과 교체하도록 한 전례가 있다.

19세기 이후의 다양한 형태의 자유주의 신학은 문화적응이라는 이름 하에서 기독교의 근본을 훼파하고 부정하는 신학을 발전시켜 왔다. 기존의 신앙고백과 교리의 정박지를 떠나 '새로운 기독교,' '자유주의 기독교'라고 하는 신흥 종교를 만들어 냈다. '학문의 자유'라는 이름으로 성경에 바탕을 둔 기독교 신앙 자체를 부정하는 국면으로 전진했다. 목욕물을 버리려고 하다가 아이까지 버린 격이 되었다. 유서 깊은 기독교 신앙을 소중히 여기는 신학자들이 '학문의 영역'이라는 말을 경계하는 까닭은 여기에 있다.

종교개혁자들은 창의적 사고를 가진 사람들이다. 그들은 맹목적으로 조상들의 정신에 종속되려고 하지 않았다. 창의적 사색과 역동적인 목회활동을 적대시하거나 신학의 발전을 두려워하는 보수주의자들이 아니었다. 매우 진보적인 사고를 한 사람들이었다. 그러나 그들의 진보적인 신학 활동은 오늘날의 진보주의자들과 달리 성경에 바탕을 두고 있었다. 자연주의에 기초한 진보사상이 아니라, 성경이 특별계시로 주어진 하나님의 말씀이라고 믿는 초자연주의에 바탕을 둔 진보적인 사상가들이었다.

독창성은 사물을 새로운 각도로 파악하는 눈, 매사에 까닭을 규명하는 습관, 사물과 사물, 사상과 사상의 관계를 역동적으로 재해석하는 창의적 사고의 산물이다. 옳고 타당한 것을 수용하고자 하는 열린 마음과 비평적이고 분석적인 눈이 학문적 성취를 가능케 한다. 창의적 사고 계발, 역동적 힘의 배양, 학문의 발전은 자유의 산소가 공급될 때 이루어진다. 자유의 산소가 넉넉하면서도 성경에 바탕을 둔 균형 잡힌 지적인 활동이 이루어지는 곳에 진리가 더욱 빛날 수 있다. 진보적인 사색과 자율적인 판단과 비평적인 학문활동이 있는 곳에 진리가 더욱 분명하게 드러난다.

기독교는 성경을 규범으로 가진 신앙고백공동체이다. 인간의 독창성과 창의성은 하나님의 초자연적 능력을 넘어서지 못한다. '학문의 자유'라는 이름으로 다양한 신학을 수용한 유럽과 미국의 주류 교회들이 생명력을 상실하고 황폐화 된 것에 주목해야 한다. 창의성과 발상의 전환과 진보라는 이름으로 잡다한 이단들이 등장하기도 한다.

창의적으로 신학을 연구해야 한다는 말은 유서 깊은 기독교가 고백해 온 중추 교리를 버리고 새로운 신학을 만들어내야 하는 것을 뜻하지 않는다. 시대정신이 넘치는 새로운 사상에 영혼을 맡겨야 하는 것을 의미하지 않는다. 교회가 뛰어난 목회방법과 급변하는 시대 상황에 역동적으로 대처할 수 있는 능력과, 새로운 질문들에 대한 적합한 답을 제공하는 것을 뜻한다.

창의적 개혁주의 신학자는 성경연구와 합리적인 논의로 교회가 당면한 현실 문제들에 대한 답을 제시하고, 다가올 변화에 능동적으로 대처할 수 있는 통찰을 제공한다. 사회, 민족, 전쟁, 핵무기, 도시화, 공해, 인권, 인종차별, 평화 등은 개혁주의 교회들과 신학자들의 관심의 지평을 넓힌다. 창백한 노인성의 껍질 속에 웅크리고서 '옛적 같게 하소서'만을 부르짖지 않는다. 영원불변한 하나님의 말씀 위에서 '날마다 새롭게 하소서'라고 외친다. 그것이 종교개혁 정신이다.

신학자는 미진(未盡)한 신학 영역을 보완, 개선, 체계화해야 하는 동시에 물려받은 신앙과 신학을 전승된 신학의 관점으로 보존, 유지, 전승하는 책무를 지니고 있다. 신학자의 과업은 신앙고백과 교리를 교회의 신앙고백의 관점으로 사유하는 것이다. 신학교에서 가르치는 신학은 신앙고백으로 결정(結晶)된다. 신학교는 교회의 신앙고백을 따라 가르치고 배우는 곳이다. 신학적 창의성은 새로운 인간적인 비전을 만들어야 생기는 것이 아니라 전승된 교리와 신앙고백을 더욱 깊이 이해하고 하나님의 말씀에 따라 시의(時宜) 적절한 답을 제공하는 데서 나타난다.

신학은 신앙고백과 교리를 사유(思惟)하는 학문이다. 신앙고백을 사유하려면 해석학상 특정 관점을 따를 수밖에 없다. 신학은 전제와 선(先)이해에서 시작한다. 그 관점은 신앙고백을 어떻게 이해하고 해석하는가를 결정한다. 예컨대 신앙이 인간 감정의 순화와 자발성에서 나온다고 보는 관점으로 사유하면 신학은 개인감정의 순화를 위한 학문 이론이 된다. 어떤 관점으로 신앙고백을 사유하는가에 따라 어떤 신학을 가지는가 하는 것이 결정된다. 신학은 사유의 산물이기 때문이다.

 필자는 천안삼거리에 자리 잡고 있는 고려신학대학원 연구실에서 이 글을 쓰고 있다. 순교자들의 믿음의 터 위에 세워진 이 학교는 성경에 바탕을 둔 창의적 학문활동은 환영하지만, 학문의 자유라는 미명 아래 아무 말이나 조잘댈 수 있는 자유를 보장하지는 않는다. 성경과 개혁주의 정통신학을 토대로 새 시대를 열어 갈 인재들을 양성하고 있다. 하나님의 말씀에 바탕을 둔 왕성한 사색과 창의적 사고를 권장하며 문화적응력과 탁월성을 가진 하나님의 일군을 양성하고 있다.

 천안삼거리는 삼남(三南)이 만나는 곳이다. 비평적 사고와 지성이 숨쉬는 곳, 지적 호기심과 유서 깊은 기독교 신앙에 대한 신뢰가 넘치는 곳이 되기 바란다. 자유의 공기가 넉넉하고 역동성이 넘치는 곳, 탁월한 영성과 경건과 창의적 사색이 넘치는 곳, 창의성을 가진 목회자를 양성한 곳, 그러나 종교개혁자들처럼 계시된 하나님의 말씀에 철저하게 바탕을 둔 왕성한 학문활동이 이루어지는 곳으로 자리 매김 되기 바란다.

색인

12신조, 92
39개 신조, 85, 89
3대 표지, 27, 136
가룟 유다, 98, 131
가시적 거룩성, 64
가시적 교회, 47
가정중심의 삶, 287
간음죄, 154
갈릴레오, 갈릴레이, 341
감리교신학교, 107, 113
감자마름병, 205
강춘오, 98
개신대학원대학교, 124
개인구원, 19
개혁주의 성경론, 37
개혁주의 성령론, 27
개혁주의 전통, 220, 221, 315
개혁주의 정통신학, 89
개혁주의자, 51
객관적 검증, 165
객관적 사실, 183, 184, 192
객관적 연구, 167
객관적 탐구, 343
거룩한 공회, 14
건덕, 91, 153
게쉬히테, 180, 181, 185, 189
결자해지, 29
경배와 찬양, 322
경제사관, 168

계급개념의 직분이해, 244, 245
계급주의 교회이해, 249
계급적 교회관, 337
계몽주의, 185
고려신학교, 37, 45, 52, 60, 116, 118, 150, 152, 317
고려신학교의 부흥, 149
고려신학대학원, 45, 302, 313, 317, 346
고백주의, 39
고베중앙신학교, 116
공개처형, 212
공동기도서, 82
공산주의 유물론, 168
공산주의, 251
관념주의, 185, 186
관습적 신앙, 226
광개토대왕, 157
광야교회, 168, 169
교권석, 248
교권주의적 발상, 117
교리적인 건전성, 330
교리지상주의, 35, 36, 37, 39, 67, 69
교조적인 권위, 255
교파지상주의, 98
교황의 잔재들, 80
교회 개척, 301
교회 다니는 사람, 218
교회사 공부, 156

교회사, 112
교회연합일치운동, 24
교회의 통일성, 48
교회일치를 위한 공동선언문, 30
구례인, 52
구자유주의, 59
구프린스톤신학자, 52
국가교회, 282
국방헌금, 109
국수주의, 198
국제개혁교회협의회, 56
국제기독교연합회, 51
국체변혁, 120
군주제도, 249
굶주린 동족, 204, 215
권위의식, 255
근본주의, 335
기독교의 진정성, 177
길선주, 149
김경재, 23, 60
김관식, 47, 109
김광수, 120
김길창, 103, 115,
김동만, 115
김성일, 298
김양선, 114, 120
김은규, 200
김응순, 114
김익두, 149
김재준, 38, 45, 46, 51, 60, 94, 127, 128
김종삼, 113
김진철, 113
나르시시즘, 229
낙태, 211
남아프리카공화국개혁교회, 162
낭만주의, 161

노태우, 196
논문쓰기방법, 322
농업구조, 209
느헤미야, 148
니케아공의회, 15
니케아신조, 74
다니엘, 195
다따오, 마쯔모토, 127, 128
다원주의, 34, 46, 49, 333, 337
단군교, 199
단군상 조형물 철폐운동, 5, 193
담헌서, 341
당회장, 247
대제사장적인 사명, 132
대한기독교감리회, 21
대한예수교장로회 신앙고백서, 77
도나투스주의자, 64, 172, 332
도르트신경, 77, 334
도중식사, 208
독립교회, 335
독립교회주의자들, 87
독일기독교, 163
돌봄석, 248
동국대학교, 209
동맹과 언약, 83
동방요배, 104
동북신학교, 116
동전의 양면, 30
동학사상, 157
등정로, 23, 42
디다케, 264
디오니시우스, 315
디오니시우스, 위-, 278
라반, 236
라우드, 윌리엄, 82
라헬, 234
랑케, 182

로마가톨릭주의, 24
로버츠, 이반, 149
로빈슨, 존, 59, 60
롱필드, 브래들리, 118
루터, 마르틴, 179, 337
마지노선, 35, 38
마포삼열, 52
만인구원주의자, 60
만인제사장주의, 250
매카이, 존, 41, 42
매킨타이어, 칼, 51
메리, 79
메삭, 195
메이첸, 52
메이첸파, 118
모태신앙, 217
목회 마인드, 329
몬타누스주의, 10
무디, 149
무정부주의, 85
문화사관, 168
문화적 탁월성, 291
문화적응력, 314, 338
문희석, 60
물량주의, 97
미국개혁교회, 77
미국남장로교회, 95, 106
미국북장로교회, 95, 106, 331
미국연합감리교회, 44
미국연합장로교회, 77
미국장로교회, 72, 73, 77, 95, 325
미국정통장로교회, 95
미국합중국장로교회, 46, 95, 96
미니스터, 252
미소기, 102
미스바의 부흥, 144
미스바의 참회, 134

미합중국장로교회, 43, 95
민경배, 129, 130, 131
민족교회사관, 168, 172
민족사관, 168
민족주의, 199, 201
민족혼, 202
민중사관, 168, 172
바르멘신학선언, 31, 74
바르트, 칼, 59
바르트주의, 60, 62, 95
바질, 268, 269
바하이교회, 106
박윤선, 37, 52, 149, 152
박형룡, 37, 52, 115
반공 이데올로기, 135
반민족행위특별조사위원회, 119
반틸, 코넬리우스, 52, 60
발라, 로렌조, 9
배교, 105
백귀난행, 98, 106, 138
백스티, 리치드, 277
백영흠, 107
버클, 헨리, 182
베이비버스터, 280, 287, 294
베이비부머, 280, 294
베이커, 짐, 277
벨기에신앙고백서, 76, 334
변선환, 60
보니페이스 8세, 275
보안법철폐반대운동, 20
봉사자, 258, 259
부루노, 334
부쉬넬, 호레이스, 33
부시, 조지, 280
부제, 267
북한인권실태보고서, 209
분열주의, 98

불타는 전도자, 301
불트만, 루돌프, 59, 60, 187
리이스, 존, 43
리츨, 알버트, 58, 60
만인제사장주의, 338
민족혼, 20
민중사관, 168, 172
바르멘신학선언, 31, 74
바르트, 칼, 59
바르트주의, 60, 62, 95
바질, 268, 269
바하이교회, 106
박윤선, 37, 52, 149, 152
박형룡, 37, 52, 115
반공 이데올로기, 135
반민족행위특별조사위원회, 119
반틸, 코넬리우스, 52, 60
발라, 로렌조, 9
배교, 105
백귀난행, 98, 106, 138
백스터, 리차드, 277
백영흠, 107
버클, 헨리, 182
베이비버스터, 280, 287, 294
베이비부머, 280, 294
베이커, 짐, 277
벨기에신앙고백서, 76
변선환, 60
보니페이스 8세, 275
보안법철폐반대운동, 20
봉사자, 258, 259
부루노, 342
부쉬넬, 호레이스, 33
부시, 조지, 280
부제, 267
북한인권실태보고서, 209
분열주의, 98

불타는 전도자, 301
불트만, 루돌프, 59, 60, 187
비신화화 신학, 59
빌라도, 10
삐아제, 223, 231
사도신경, 4, 9, 14, 16, 31, 33, 34, 40, 66
사드락, 195
사량사관, 168
사변적 신학, 28, 68
사보나롤라, 기롤라모, 275
사부로, 가나이에리, 128
사제단, 264
사제복, 254
사제주의, 249
사회구원, 19
사회기구, 24
사회단체, 42
사회복음주의 신학, 59
사회사관, 168
사회적 신인도, 24
산돌교회-염광교회, 307
삼성궁, 197
상식객관주의, 167, 191
상품화, 5
새로운 기독교, 189, 343
새신앙고백서, 77, 95
선민의식, 63
선생, 282
선임장로, 246
섬김석, 248
성갑식, 107
성경고등비평학, 59
성경고전어, 326
성경관, 3
성경론, 36, 38, 69
성공회대학교, 200

성역화, 254
성찬분배자, 270
성찬예식집행자, 263
세계개혁교회연맹, 18, 21, 50, 51, 54, 55, 56, 70
세계교회, 17, 41, 45, 49, 50, 68
세계교회협의회, 19, 20, 22, 28, 48, 49, 51, 54, 70, 71
세계보건기구, 208
세계식량계획, 208
세례문답용, 16
세종대왕, 157, 179
소명감, 325
소시니언, 76
소크라테스, 268
손명걸, 115
손양원, 52
솔선려행, 109
송영 기능, 40
수도원적 훈련, 321
수석상도, 246
수장권, 80
순교신앙, 309
슐라이에르마허, 프레드리히, 50, 59, 60
스와가드, 지미, 277
스코틀랜드교회, 72, 73, 78, 82, 87
스코틀랜드신앙고백서, 76, 78
스코틀랜드장로교회, 46
스펄전, 찰스, 279
스프라그, 조셉, 44
스피어, 로버트, 34
시대의 변화, 3
식량지원, 215
신사참배거부운동교회, 31
신사참배문제, 94
신성화, 223, 242

신신학, 21, 51
신앙고백공동체, 57, 344, 333
신앙고백교회사관, 168, 169, 171, 172, 173, 174, 175, 176
신앙고백사관, 174
신앙과 신조, 218
신앙무차별주의, 26, 34, 46, 49, 333, 337
신앙발달 모델, 231
신앙발달, 216, 241
신앙선언, 77
신앙의 규범, 75
신앙의 예수, 178
신앙의 완성, 230
신앙인, 218
신자유주의, 59
신조주의, 75
신플라톤주의, 161
신학사, 324
신학석사, 324
신학적 정박지, 26
신학적 함의, 171
실존주의, 181, 185, 164
실증주의, 182, 184, 185
실학, 57
심리사관, 168
아끼라, 미야우찌, 128
아리스토텔레스주의, 161
아리우스주의, 269
아메리카장로교, 118
아벳느고, 195
아빙돈단권주석, 94
아일랜드 감자기근, 204
아일리프신학교, 44
안식교, 55
알미니우스주의, 33
애국기, 107

애쉬빌한인교회, 307
야고보, 146
야곱, 233, 234, 235, 236
양극화 현상, 69
양주삼, 115
어거스틴, 272, 315
언약, 72, 82
언약신학, 90, 331
언어사관, 168
에드워드, 참회왕, 77
에드워즈, 조나단, 149
에라스티안, 85
에리자베스, 79
에릭슨, 223, 231
에모리대학교, 223, 328완전주의 교회관, 172
완전주의적 분파주의, 25, 63, 64
왈도파교회, 171
왕성한 사색, 338
왕정제도, 81
요시요, 하나무라, 128
우남상탐, 275
우리의 신앙고백, 77
우리의 희망의 노래, 77
우주의 중심, 342
원로원석, 248
원로주의, 247
원로회, 340
웨스트민스터 총회, 85, 86, 87, 91
웨스트민스터교회당, 77, 85
웨스트민스터신앙고백서 작성자들, 90
웨스트민스터신앙고백서, 4, 12, 28, 40, 67, 72, 73, 77, 78, 87, 88, 89, 90, 92, 93, 94, 221, 334
에서, 239
에스라, 143, 148

여권문제, 94
역사관념주의, 185, 189
역사적 사실, 181, 189, 190, 191, 192
역사적 예수, 178
역사주의, 168
연방신학, 91
연착륙, 213
영국국교회(성공회), 44, 78, 81, 84, 87
영양식사, 211
영양실조, 207
영역의 주권, 254
영지주의, 10, 33
에큐메니칼 운동, 337
예수전도협회, 138, 139, 155
예일대학교, 193
예측성, 159
오렌지공의회, 15
오리겐, 266, 315
오번선언서, 59
웨스트민스터신학교, 51, 60
웨스트민스터신학자, 52
웨슬레, 요한, 149
위클리프, 존, 342
유엔 인도사무국, 207
유엔식량농업기구, 208
유토피아, 165
유호준, 114
윤성범, 60
은사, 262
의산문답, 341
이근삼, 37
이기론, 157
이기선, 110
이단과 오설, 21
이단재판, 281
이상사관, 168

이성구, 25, 26, 27, 28, 29, 35, 37, 48, 50, 53, 58, 60, 62, 64, 65, 66
이성봉, 149
이성주의, 161
이순신, 157, 179
이승미, 189
이신득의, 32
이신칭의, 3
이야기식 설교, 296
이유빈, 138, 139, 140, 143, 154, 155,
이종성, 126
이형기, 64
익나티누스, 264, 265
인간의 이해, 186
인도장로교회, 92
인본주의 사관, 172
인본주의 사상, 6
인본주의, 316
인신공격, 15
인신매매, 211
인효론적 화살, 130
일본기독교단, 46
일본기독교조선장로교단, 46
일본기독신학교, 116
일사각오, 281
임상목회학, 314
임진왜란, 298
자기 반영적 신앙, 227
자연주의, 183, 185,
자유시장, 285, 299
자유주의 에큐메니즘, 65
자유주의, 21
자유주의 기독교, 343
자유주의자, 56
자존심, 213

장기국회, 83
장로교선교회, 106
장로교인 언약, 31, 74
장로석, 248
장로회신학교, 116, 124
장로회신학대학교, 64, 123, 124, 125
장로회주의, 82, 84, 89
장로회주의자들, 81, 87
잭슨한인교회, 307
저스틴, 315
전승된 교리, 38
전인선, 115
전필순, 115
전향성명서, 105
정경옥, 107
정인과, 114, 115
정체성 확립, 6
정춘수, 115
정치사관, 168
정통과 비정통, 23
정희온, 128, 127
정현경, 60
제1스위스신앙고백서, 76, 334
제2스위스신앙고백서, 76, 334
제2차 세계대전, 151
제3의 성경, 5, 157
제국주의, 332
제네바신앙고백서, 76, 334
제의성, 101
제임스 1세, 79, 81
조선기독교단, 47
조선기독교연합공의회, 47
조선기독교청년회, 108
조선신학교, 45, 51, 60, 60, 94, 112, 113, 127
조선예수교연합공의회, 111
조선예수교장로회 신조, 92

색인 353

조아라, 107
조절의 신학, 131
종교개혁운동, 333
종교다원주의, 21, 26, 289
종교다원주의자, 57, 334
종교혼합주의, 21
종교혼합주의자, 334
주기철, 122, 126, 128
주남선, 52, 103, 110, 120
주님의교회, 307
지상명령, 309
지적 호기심, 338
지전설, 341
지동설, 342
진리와 오류, 23
진리에 대한 민감성, 334, 336, 340
찰스 1세, 81
창세기 저자문제, 94
창의적 목회, 279
창의적 목회자, 313
창의적 사고, 343
채필근신학교, 109, 125
천동설, 333, 334
천부교회, 106
천안삼거리, 346
천인공로할 죄, 133
천조대신의 교회, 105
청교도 운동, 254
청학동, 197
초자연주의, 183
총신대학교, 124, 125, 126
총회신학교, 51
최이, 177
최훈, 104
축자영감, 38
충분조건, 4, 23
충절로교회, 307

취소성명서, 115, 121, 122
치즈와 버터, 297
칸트, 임마누엘, 165, 166, 167, 189
칼빈, 존, 22, 146, 147, 276, 338
칼빈주의, 214, 222, 331
칼빈주의자, 52
칼케돈공의회, 15
칼케돈신조, 74
캐나다연합교회, 43, 44, 46
케리그마, 188
코페르니쿠스, 341, 342
콘스탄틴, 269
콜링우드, 186
콜버그, 223, 231
콩트, 182
퀘이커, 76
크레도, 220
크롬웰, 올리버, 78, 83, 84, 87, 88,
크리소스톰, 존, 268
큰물피해대책위원회, 208
클레멘트, 266
클린턴, 빌, 280
키요히꼬, 무라야마, 127, 128
탁월한 호소력, 296
탈구조주의, 283, 289
탈권주위주의 시대, 288
탈북자 수용소, 211
탈북자, 212
토착화교회사관, 172
통수, 259, 270
통일교회, 106
통일법, 88
통합성, 157
틸리히, 폴, 59
틸타이, 186
팀윅, 291
파웰, 제리, 277

판짜기, 47, 58, 65
편협한 교회관, 67
평양대부흥회, 149
평양신학교, 109, 112, 116, 125
평화통일선교협의회, 53
포괄성, 33
포스트모더니즘, 289
포용주의, 19, 26, 34, 46, 49, 333, 337
포울러, 223, 231
폴리갑, 265
표리부동, 22
프라하대학교, 334
프톨레미, 341
플라톤주의, 161
피니, 찰스, 149
필스, 빌, 43
하나님의 뜻, 159
하나의 교회, 14
하버드대학교, 193
하이델베르크 교리문답, 12, 32, 67, 75, 76, 334
학문의 영역, 68
학문의 자유, 68, 343
학생신앙운동, 94
한국기독교교회협의회, 11, 18, 28, 30, 51, 52, 53, 54, 70, 71, 112, 200
한국기독교언론협회, 98, 99
한국기독교장로회, 21, 23, 94
한국기독교총연합회, 11, 20, 22, 30
한국기독교협의회, 47
한국기독교회, 52
한국장로교대회, 29
한국장로교연합회, 56
한국장로교회, 92
한문화연합, 197

한부선, 117
한상동, 52, 110
한신대학교, 42, 45, 112, 127, 128
함태영, 127
합리주의, 76
해군함상전투기, 106
행정상의 실수, 121
허무주의, 289
헬라사고 양식, 10
협력하는 장로, 261
호주장로교회, 46, 106
홍대용, 341
홍택기, 115, 129, 153
화랑도, 157
화이트헤드, 59
황거요배, 100, 101
획일주의, 47
효과적인 전도방법, 312
후스, 얀, 342
훈장, 285, 286
훼이드빌장로교회, 307
휼병금, 106
히스기야, 144
히스토리에, 180, 181, 185, 189

색인 355

개혁신학과 창의적 목회
REFORMED THEOLOGY AND CREATIVE MINISYRY

2005년 10월 20일 인쇄
2005년 10월 25일 발행

지은이: 최덕성
펴낸이: 이정희
펴낸곳: 본문과현장사이
등록: 제03-01015호(1997년 7월 24일)
　　　서울시 은평구 역촌동 10-82번지

판권소유: 최덕성

서 점 총 판	전화 : 02-357-8585
도서출판 영문	팩스 : 02-382-4411
대　　　표	김 수 관 · 이 정 희

저자운영사이버저널: reformanda.co.kr/cosamo.net

주문: 011-284-4916 (김수관, 이정희)

책값은 뒷쪽표지에 표시되어 있습니다.
ISBN 89-89509-02-5

이 책은 저작권법에 의해 보호를 받는 출판물입니다. 기록된 형태의 저자의 허락 없는 본문의 무단 전재와 무단 복제는 불법입니다.